大历史观下的
人类文明
新 形 态

A NEW MODEL FOR
HUMAN PROGRESS UNDER THE
BROADER PERSPECTIVE OF
SEEING HISTORY

杨增崟 修 政 等著

北京师范大学出版集团
BEIJING NORMAL UNIVERSITY PUBLISHING GROUP
北京师范大学出版社

前　言

习近平总书记在庆祝中国共产党成立 100 周年大会上的讲话中指出："我们坚持和发展中国特色社会主义，推动物质文明、政治文明、精神文明、社会文明、生态文明协调发展，创造了中国式现代化新道路，创造了人类文明新形态。"①这是我们党首次提出"人类文明新形态"概念。如何理解和认识这一概念，是思想理论界高度关注的重要问题。

"文明"一词最早出自《易经》，"见龙在田，天下文明"。在汉语中，文明意谓一种社会进步状态，与"野蛮"一词相对立。所谓"文明"，一般有两种内涵的理解：一是从进化论视角观察，认为文明是人类的文化和社会发展的高级阶段，是人类历史积累下来的有利于认识和适应客观世界、符合人类精神追求、能被大多数人认可和接受的人文精神与发明创造的总和。二是从世界文明多样性的角度观察，文明是指包含特定基因的物质和精神文化的综

---

① 习近平：《在庆祝中国共产党成立 100 周年大会上的讲话》，人民出版社 2021 年版，第 13—14 页。

合体，由于各种文明要素在时间和地域上的分布并不均匀，因此产生了具有明显区别的各种文明。人类文明的存在和发展有其相应的形态，可以用"文明形态"来概括。文明形态是文明的存在形式或呈现样态，它作为人类文明的类别划分及基本单位，既可以在时间维度上描述人类历史发展不同阶段的文明形态，也可以在空间维度上描述不同地域或民族的文明形态。按照社会形态划分，可以划分为奴隶社会的文明、封建社会的文明、资本主义文明、社会主义文明等不同形态。从时间上看，按照科学技术和生产力的发展水平，可以划分为农耕文明、工业文明和信息文明等不同形态。从空间上看，按照民族、地域的不同，可以划分为中华文明、西方文明、印度文明、阿拉伯文明等不同形态。从总体上讲，人类文明是不断发展进步的，在这个总趋势中包含着不同地域或民族文明的差异性和多样性。

习近平总书记指出："中国式现代化，深深植根于中华优秀传统文化，体现科学社会主义的先进本质，借鉴吸收一切人类优秀文明成果，代表人类文明进步的发展方向，展现了不同于西方现代化模式的新图景，是一种全新的人类文明形态。"[①]人类文明新形态凝结中华民族五千多年文明历史的深厚积淀，继承五百多年社会主义发展的文明精华，站在人类文明发展进步的宏阔高度，为人类文明进步做出了不可磨灭的贡献。深刻认识人类文明新形态应树立大历史观。"大历史观"侧重于对历史的动态观察和纵向研

---

① 《习近平在学习贯彻党的二十大精神研讨班开班式上发表重要讲话强调 正确理解和大力推进中国式现代化》，《人民日报》，2023 年 2 月 8 日。

究，强调逻辑与历史的统一，把历史置于总体坐标中进行长时段的考察。人类文明新形态是在漫长的历史发展过程中形成的，是大历史观视野下的理论结晶。

从大历史观角度看，中国共产党团结带领人民创造的人类文明新形态至少可以从三个维度来认识：从中西文明和文化发展比较的维度看，人类文明新形态特定的历史蕴涵与精神实质是资本主义文明所不可能具备的；从中国和西方主要大国现代化之路比较的维度看，人类文明新形态是在中国特色社会主义与中华文明相结合的过程中形成和发展起来的；从由盛转衰和迈向复兴的两个"大变局"比较的维度看，建设中华民族现代文明是实现中华民族伟大复兴的基本维度，体现了近代以后中华民族发展方向和进程的深刻转变。

首先是中西文明和文化发展比较的维度。一个国家和民族走什么样的道路，对其文明和文化的发展走势具有决定性意义。反过来，一定历史条件下，透过一个国家和民族的文明与文化发展状况，大体也能判断出其所走道路的状况。一方面，中西方文明起源不同，但文明是平等的，在交流互鉴中融合发展始终是历史常态。中西方文明的形成和发展有其各自的社会基础和地缘优势，同样源远流长、影响至深。距今约一万年前，黄河流域、长江流域、珠江流域、辽河流域和北方草原文化区都是孕育中华文明的摇篮。在这一过程中，中原华夏族文明率先成为中华文明的核心区域，并逐步向四周迁徙，推动多元一体中华文化的形成。西方文明一般追溯到古希腊时期，被认为起源于地中海沿岸的古希腊和古罗马，集结了苏格拉底、柏拉图与亚里士多德等思想家的深厚智慧，糅合了犹太教与基督教的文化传统，包含着民主、自由的因子，是近现代西方文化的重要源头。另一方面，人类文明的多样性始终是一个客观现象，文明之间并没有高低优劣之分。目前学术界普遍承认的 12 个古文明，中华文明是其中唯一完整延续至今的原生文明。公元前 1000 年到前 500 年这段时期，绝大多数古老的原生文明走向衰败或灭绝，但更多的新生文明进入繁盛时期，人类世界逐渐走向繁荣。随着西方率先开启现代化进程，人类也逐步开启了经济全球化的历史进程，同时"西方文明优越论"与"西方中心主义"也成为占主导地位的文明观。习近平总书记指出："人类只有肤色语言之别，文明只有姹紫嫣红之别，但绝无高低优劣之分。认为自己的人种和文明高人一等，执意改造甚至取代其他文明，在认识上是愚蠢的，在做法上是灾难性的！"[1]人类文明新形态与西方孕育的资本主义文明相比，表面上有许多相似之处，比如在物质文明方面，但实际上截然不同，其特定内涵与精神实质是资本主义文明所不可能具备的。

客观上讲，由于制度文化和历史机缘等许多原因，资本主义在西欧最先诞生，西欧部分国家开创的现代化道路也率先开启了现代化征程。西方式现代化模式所代表的先进生产力前所未有地发掘了人类改变世界的潜力，却也以极具破坏性的方式给没有进入现代化的国家带来深重灾难。中华文明在近代的"蒙尘"并不是

---

① 习近平：《深化文明交流互鉴 共建亚洲命运共同体》，《十九大以来重要文献选编》(中)，中央文献出版社 2021 年版，第 81 页。

文化与文明本身的先天缺陷造成的，本质是民族文明在人类文明开始层级跃迁的阶段出现迟滞的结果。面对"救亡压倒启蒙"的历史性境遇，中国共产党团结带领中国人民找到并依靠马克思主义及其中国化理论开辟了中国道路，并激活了中华民族历经几千年创造的伟大文明，使中华文明再次迸发出强大的精神力量。中国面对西方文化的冲击从被动抵触到自觉学鉴再到今天平等视之的嬗变，足以说明找到了马克思主义并用马克思主义的立场观点方法指导中国实践、发展中华文明不仅是正确的而且是有效的。

其次是中国和西方主要大国现代化之路比较的维度。西方资本主义国家的工业化、市场化之路以及自由、民主等价值观带来了西方近400年的繁荣与兴盛，也造成了其他国家对西方现代化道路的盲信。中国在短时间内取得成功并带来了不同于西方主导的现代化之路，证明了西方资本主义国家的现代化道路并非唯一、普遍和永恒的模式。中国式现代化是在中国共产党这一马克思主义政党领导下的社会主义现代化，是一种新式现代化道路。

现代化最早诞生于西欧，从18世纪60年代工业革命开始，到19世纪40年代中国被西方列强的坚船利炮带入世界历史，整整间隔将近一个世纪的时间，其中的缘由值得深思。西方国家因为率先进行工业革命，从而引领世界现代化道路的探索。工业革命在给西方资本主义国家带来生产力飞跃式发展的同时，也使得他们积累了大量的物质财富。在相当长的一段时期内，现代化之路的实质就是西方自由民主和市场化之路，最早出现的现代化模板就是西方资本主义现代化。与西方"先发原生性"现代化不同，中国的现代化是"后发内生性"的。鸦片战争打开了中国封闭的大门，中国与西方的巨大差距激发了一批有识之士强烈的忧患意识，他们努力尝试革故鼎新，在器物、制度和思想三个层面学习西方，后来的历史证明这条路根本行不通。探索中国现代化道路的重任，历史地落在了中国共产党人身上。在长期探索和实践中，中国共产党领导中国人民取得了中国式现代化的重大成就。中国式现代化是人口规模巨大的现代化，是全体人民共同富裕的现代化，是物质文明和精神文明相协调的现代化，是人与自然和谐共生的现代化，是走和平发展道路的现代化。中国的现代化不同于西方的现代化，在于其拥有基于自己国情和历史背景的鲜明特色，蕴含丰富的中华优秀传统文化内核，体现科学社会主义的先进本质。中国式现代化创造的人类文明新形态是在中国特色社会主义与中华文明相结合的过程中形成和发展起来的，既不同于西方文明，也不是中华文明的自然延伸。

最后是由盛转衰和迈向复兴的两个"大变局"比较的维度。如今，中国面临百年未有之大变局，与近代相比具有由被动到主动的崭新姿态。习近平总书记指出："在近代中国最危急的时刻，中国共产党人找到了马克思列宁主义，并坚持把马克思列宁主义同中国实际相结合，用马克思主义真理的力量激活了中华民族历经几千年创造的伟大文明，使中华文明再次迸发出强大精神力量。"① 这种激活的过程，是中华民族走向伟大觉醒与文化现代化的过程，

---

① 习近平：《在党史学习教育动员大会上的讲话》，人民出版社 2021 年版，第 11 页。

是马克思主义中国化的文化启蒙、文化实践与文化创造的过程，是中华文明洗去旧日尘埃重放光明的过程。

　　为了拯救民族危亡，中国人民奋起反抗，仁人志士奔走呐喊，太平天国运动、戊戌变法、义和团运动、辛亥革命接连而起，各种救国方案轮番出台，但都以失败告终。中国迫切需要新的思想引领救亡运动，迫切需要新的组织凝聚革命力量。十月革命一声炮响，给中国送来了马克思列宁主义。在中国人民和中华民族的伟大觉醒中，在马克思列宁主义同中国工人运动的紧密结合中，中国共产党应运而生。"中国产生了共产党，这是开天辟地的大事变，深刻改变了近代以后中华民族发展的方向和进程，深刻改变了中国人民和中华民族的前途和命运，深刻改变了世界发展的趋势和格局。"①在新中国成立特别是改革开放以来长期探索和实践的基础上，经过党的十八大以来在理论和实践上的创新突破，我们党成功推进和拓展了中国式现代化，创造了人类文明新形态。人类文明新形态与资本主义文明形态、传统中华文明形态有质的差异。虽然与其他社会主义的文明形态同属社会主义的范畴，但绝不是其他社会主义文明形态的再版。

　　中国共产党是创造人类文明新形态的根本所在。中国共产党走过百余年历程，成为百年大党。在世界上 4000 多个形形色色的政党中，在世界上 130 多个共产党组织中，中国共产党能够创造人类文明新形态，取得如此辉煌的成就，产生如此重大的影响，

---

　　①　习近平：《在庆祝中国共产党成立 100 周年大会上的讲话》，人民出版社 2021 年版，第 3 页。

为人类作出如此巨大的贡献，其背后有深刻的原因。

中国共产党既坚持为中国人民谋幸福、为中华民族谋复兴，又坚持为世界谋大同、为人类谋进步，是一个具有强大政治领导力的政党。政党的性质是政党的阶级属性和本质特征的集中体现。中国共产党自成立之日起，就明确其是按照马克思主义建党原则建立的工人阶级政党。中国共产党作为工人阶级政党，始终秉承人民性这一马克思主义的鲜明品格，始终坚守人民立场这一马克思主义的根本立场，始终肩负着为人类谋解放这一马克思主义的崇高使命。1921 年 3 月，李大钊在《团体的训练与革新的事业》一文中写道："既入民国以来的政党，都是趁火打劫，植党营私，呼朋啸侣，招摇撞骗，捧大老之粗腿，谋自己的饭碗，既无政党之精神，亦无团体的组织，指望由他们做出些改革事业为人民谋福利，只和盼望日头由西边出来一样。"[①]因此，有必要组织一个与之完全不同的团体，"这个团体不是政客组织的政党，也不是中产阶级的民主党，乃是平民的劳动家的政党，即是社会主义团体"[②]。中国共产党就是这样一个"平民的劳动家的政党"。

中国共产党凝聚了全国各民族和各方力量，是最有凝聚力的政党，彻底改变了近代中国一盘散沙的局面。1901 年，梁启超在《中国积弱溯源论》中写道："四万万同胞，自数千年来，同处于一小天下之中，视吾国之外无他国焉。""是故吾国民之大患，在于不知国家为何物。""不知国家与朝廷之界限也"。孙中山先生面对近

---

① 《李大钊全集》第 3 卷，人民出版社 2006 年版，第 270 页。

② 同上书，第 271 页。

代中国的境况指出："四万万中国人，一盘散沙而已。"曾亲历中日甲午战争的英国人泰莱说："此役非中国与日本战，实李鸿章与日本战，大多数中国人于战事懵然未知。"这种一盘散沙的状态，是中国人民长期受剥削、受欺压、受奴役的结果。穷凶极恶的侵略者、腐朽没落的清政府、割据混战的封建军阀，使中国人民看不到希望、见不到亮光。中国共产党的诞生，从根本上改变了这种局面。

中国共产党是一个充满朝气、蓬勃向上、秉持正道，且对广大青年和进步人士充分开放的政党。1940年，南洋华侨陈嘉庚访问延安后感叹："在那里，人人平等，相亲相爱，有如兄弟。刻苦耐劳从事建设，成绩斐然。""余观感之余，衷心无限兴奋，梦寐神驰，为我大中华民族庆祝也！""中国有救星，胜利有保证，中国的希望在延安！"①马克思主义政党有改造世界的宏大抱负，中国共产党在使命愿景的激励下，不断奋斗、接续前进，秉持开放包容的态度，永葆生机活力、始终朝气蓬勃。只有这样，才能堪当创造人类文明新形态的重任。

中国共产党既坚持发扬党内民主，又坚持党的集中统一领导，是一个具有强大制度优势的政党。无产阶级政党与其他类型的政党相比，其鲜明的特征就是组织的严密性、制度的完善性。要建设和管理好一个拥有9800多名党员的大党，制度更带有根本性、全局性、稳定性、长期性。中国共产党之所以能够把如此大

---

① 宣言：《我们为什么能够成功》，《人民日报》，2021年9月27日。

的一个政党整合起来，形成强大凝聚力和战斗力，是因为我们党始终坚持民主集中制这一根本制度。

中国共产党既善于凝聚全党的力量，又善于密切联系人民群众，是一个具有强大组织优势和社会号召力的政党。100多年来，中国共产党之所以能成为当今世界拥有党员人数最多的执政党，是因为我们党有强大的凝聚力。我们党之所以有强大的凝聚力，是因为我们党拥有坚定的人民立场、崇高的政治理想、坚强的领导核心、科学的理论引领、严明的纪律规矩、选贤任能的机制。正因为有了这样的组织优势，我们党才有了强大的吸引力、感召力；正是这些组织上的优势，保证了我们党能够集中中国工人阶级和中国人民、中华民族的先进分子，集中全国各领域德才兼备的优秀人才，充分发挥他们在人民群众中的先锋模范作用。

中国共产党是一个具有强大自我革命精神，敢于斗争、勇于胜利的政党。中国共产党既能够为人民坚持真理，又能够为人民修正错误，具有强大的自我革命精神。只有这样大公无私的政党，才能心中装着人民、民族和国家的利益，自觉接受人民的监督，才有正视问题的自觉和刀刃向内的勇气；只有这样的政党，才能站在人民立场、站在全局高度看待自身存在的问题，有强烈的忧患意识、自省意识，能够察觉自身存在的问题；只有这样的政党，才能以党的自我革命引领社会革命，从而跳出以往执政者无法跳出的治乱兴衰历史周期率。

中国共产党科学地对待传统文化，是一个能够改造旧文化、引领文化发展的政党。总体上看，在漫长的发展过程中，中华传统文化已经包含了一些现代性的因素，例如，理性、仁爱、包容、有教无类、选贤任能等。但在工业革命时代，这种中国的人文传统有许多不适应时代的地方，需要创造转换和自我更新，需要进一步现代化。中国共产党找到了马克思主义和中华优秀传统文化之间的契合性，将二者相结合，造就了一个有机统一的新的文化生命体，"让马克思主义成为中国的，中华优秀传统文化成为现代的，让经由'结合'而形成的新文化成为中国式现代化的文化形态"①。

因此，创造人类文明新形态具有极其深远的意义。人类文明新形态是 21 世纪中国共产党人的文明观，是用马克思主义文明观从世界潮流发展高度看待人类社会发展所得出的科学结论，科学回答了在当今世界处于"百年未有之大变局"背景下人类文明向何处去、中国应当如何作为的时代之问，对未来中华文明和世界文明的发展都具有深远的理论和实践意义。

经济全球化以来，中国的历史主线就由原来的治乱循环这一条线，变成了中华文明和西方文明两线并行。"西学东渐"与近代中国知识体系的形成、救亡图存过程中向西方发达国家学习治国强国"良方"、改革开放初期高等学校学科建设学习西方经验等，过去我们在一定意义上对西方概念、理论与研究范式等存在不同程度的盲信和迷信。如今，这种情况已经发生改变，我们开

---

① 习近平：《在文化传承发展座谈会上的讲话》，人民出版社 2023 年版，第 6 页。

始从仰视西方到平视世界，从单向度学习西方到多向度把握西方，从不同程度盲信西方到实事求是审视西方。人类文明新形态的提出，是世界自大航海时代以来人类文明发展进程中的重大事件及重要里程碑，标志着世界资本主义文明历经辉煌后开始走向式微，标志着世界社会主义在历经艰难曲折后开始走向辉煌。

在人类探索新文明的道路上，中国共产党人所倡导的人类文明新形态，包括人类新文明的目标、原则、任务、途径、举措等，必将成为重要参照，也必将使世界人民进一步认清，要改变世界的乱象，必须树立新的文明观，探索和创造超越旧的西方资本主义文明的人类新文明。从理论上看，人类文明新形态的提出极大地丰富和发展了马克思主义的文明观。马克思、恩格斯在研究和批判资本主义文明的基础上提出了未来社会新文明的设想，但由于当时在实践上没有实现社会主义制度，这些设想没有能够付诸实施。列宁把社会主义理论变为现实，对社会主义新文明进行了探索性实践，特别是开始探索在"一球两制"条件下如何建设新文明的途径。但由于列宁的这种探索时间较短，加之后人缺乏经验，在社会主义建设中出现了严重失误和挫折，创造社会主义新文明的问题一直没有得到很好解决。从实践上看，人类文明新形态的提出必将极大推动中国文明和世界文明的发展。中国是人口大国，看似独立的中国事件，都会不同程度地具有国际性意义。同时，中国共产党全面参与全球经济发展、政治建设、社会治理、生态环境治理以及文化繁荣发展等事业，极大地推动了人类文明的发展。

对人类文明新形态的认识和研究，必将随着中国式现代化的深入推进而不断发展。本书从大历史观的角度尝试探讨人类文明新形态的生成过程，并力图用史实、故事和通俗的语言呈现人类文明新形态在当代中国实践展开来的精彩画卷，希望能激起读者对人类文明新形态问题的思考。

目　录

第一章　"轴心时代"——文明的起始　　／ 1

　　第一节　从茹毛饮血到刀耕火种　　／ 2

　　第二节　《易经》《尚书》《诗经》和《荷马史诗》《希伯来圣经》——
　　　　　　自然与政治的法则和神祇与英雄的历史　　／ 15

　　第三节　人类群星闪耀之时　　／ 28

第二章　"帝国时代"——文明的并行　　／ 35

　　第一节　封建贵族、门阀士族与古代平民文化——东方文明
　　　　　　的千年演变　　／ 36

　　第二节　神的眼还是人的眼——西方文明走过了一条怎样的
　　　　　　道路　　／ 47

　　第三节　"大中华"——儒家文化对中华文明的决定性影响
　　　　　　／ 56

　　第四节　中国"变色龙"——有限交往下欧洲的中国文明观
　　　　　　／ 66

第三章　"资本来到人间"——西方文明的发展与扩张　/ 74

第一节　文艺复兴、宗教改革、启蒙运动给欧洲带来了什么
　　　　/ 75

第二节　"黑镜头"下的"旧世界"——英国的崛起之路　/ 86

第三节　美国是如何成为"新罗马"的　/ 95

第四章　"第二条道路"——两种制度竞争下的文明之争
　　　　/ 106

第一节　马克思为什么堪称最伟大　/ 107

第二节　苏联往事——我们的事业失败了吗　/ 114

第三节　"红星照耀下的中国"　/ 124

第四节　壮丽航程——新中国的伟大文明成就　/ 134

第五章　"历史终结论的破产"——资本主义文明还有没有下
　　　　一站　/ 144

第一节　"我不能没有敌人！"　/ 145

第二节　"依旧被狼群围猎下的世界"　/ 155

第三节　"脱实向虚"或是一条不归路　/ 163

第四节　"美国不再伟大"　/ 173

第六章　"中国答案"——社会主义中国与人类文明新形态
　　　　/ 185

第一节　新时代十年的伟大变革的文明意义　/ 186

第二节 中国共产党是人类文明新形态的领导核心 / 198

第三节 人类文明新形态的深远意义 / 207

附 录 名词解释 / 216

参考文献 / 263

后 记 / 265

第一章 | "轴心时代"——文明的起始

地球，已知宇宙中唯一孕育出文明的星球，在无垠的时空中显得如此孤单。40亿年前，生命偶然在地球上诞生。起初的生命在这个星球上是如此的脆弱与不适，以至于偶然一场成规模的地质运动、随意升高或降低一点平均气温或空气含氧量都足以使初生的生命气息归于永恒的死寂。在随后近40亿年的时间里，经历了数次物种的大爆发和大灭绝，生命从征服海洋到征服陆地和天空，少数幸运儿们躲过了一次次灭顶之灾，才终于等来了一个地质与气候相对稳定的时期繁衍扩张。沧海桑田之间，直到20万年以前人类祖先才站立在这颗蓝绿色的星球上。在接下来的时间里，我们的祖先进化、迁徙、定居，直到公元前3500年，最早的人类文明——苏美尔文明才终于诞生。而就是在这短短的几千年中，我们已经从一群朝不保夕的野外觅食者演变成为支配整个星球并走向宇宙的高级文明。回望这段文明的历史，我们不禁感叹于人类之伟大。从原始社会到当代，人类文明在这片土地上不断发展，那一条条时代的分割线，分明是历史长河流淌而过的痕迹。承载人类文明的地球——无限宇宙中的一个渺小原子——让一切存在都有了意义。

第一节 从茹毛饮血到刀耕火种

人类祖先从学会仰望星空开始，也就开始了沉思。人类越是仰望星空，就越是好奇。我们从哪里来？又将何去何从？这恐怕是最早出现的哲学思考。但想要开启文明的进程，仅靠惊讶与好奇是不够的，现实是，人类自诞生以来就开始进行与自然的"生死赛跑"。而让人类掌握自己的命运，从一切生命种群中脱颖而出的法宝就在于人类掌握了一项独特的技能——劳动。唯物史观认为，人类必须首先满足衣、食、住、行这些基本的物质生活需求，才有可能从事政治、宗教、艺术创作等活动。进化论者坚信：人类作为一种高级动物，深深地根植于基因的首先是对食物和安全等基本需求的欲望。生存与繁衍的需求是早期人类进步的原动力和内在驱动力。然而要满足这些需要，首先必须进行社会劳动，生产出各种物质资料，从而满足人们的生存生活需要。因而，劳动能力的强弱、生产能力的大小，就成为衡量人类文明发展状况的重要依据。

从生产发展的角度看人类文明史，首先我们需要简单理解"生产力"这个概念。简单地说，生产力就是人类改造自然的能力。创造生产力、改造自然的唯一路径，就是人类最朴实无华的存在方式——劳动。无论你觉得劳动是光荣的还是痛苦的，你所能看到的关于历史和现实的一切都是人类的劳动成果，没有任何一样我们所在享用的"人造物"是可以不经劳动就得来的。人类的历史就是被人类劳动创造出来的历史，在几千年的创造与消耗中，文明发展显著地呈现为一个劳动生产力不断提升的过程。因此恩格斯在阐述劳动在"从猿到人"转变过程中的决定性作用时指出：劳动"是整个人类生活的第一个基本条件，而且达到这样的程度，以致我们在某种意义上不得不说：劳动创造了人本身"[1]。

(一)远古"茹毛饮血"之时

生命在地球上逐渐繁衍，经历了漫长的进化过程。在这个过程中，物种的生存环境不断发生着变化，适应环境的物种继续繁衍，不适应的则被淘汰——这就是"物竞天择，适者生存"的生物进化论。在这一过程中有的物种进化飞速，有的物种进化缓慢，但总的趋势是在不断地演化中，生命形式从简单到复杂，从低等到高等，逐步发展出人类这样的高级智慧生物。3000万年至800万年前，古猿朝着人的方向演进。大约200万年前，古猿进化为

---

[1] 恩格斯：《自然辩证法》，人民出版社2015年版，第303页。

人属动物。自诞生之日起，人类就持续追求更好的生存条件，头也不回地向着文明社会前进，只是这个过程非常漫长。

有学者认为，最早在 600 万年前，最迟在 100 万年前，东非和南非生活的一种古猿，已经具备了人的某些特征，比如有了像人一样的颅骨，更重要的是能够部分地直立行走了。1974 年，在非洲埃塞俄比亚出土了一具比较完整的骨骸化石，是一位女性。考古学家给她起了个很好听的名字，叫"露西"。露西生活在 320 万年前，身高约 1.1 米，年龄不大，拥有人的四肢，能够直立行走。

经常性的直立行走，使人类的双手解放出来，可以从事其他劳动。经常性的劳动，又使人的大脑和思维得到发展。在约 200 万年前至 20 万年前，印度尼西亚、中国、东非、西北非和欧洲都出现了一种能够经常性直立行走的人，我们称他们为直立人。这些直立人的体型和生理结构与现代人没有多大差别，我们把他们视作自己的直系先祖。中国境内的直立人主要有元谋人、蓝田人、北京人、和县人、郧县人、沂源人、庙后山人、汤山人等。

《人类简史》中这样描述这些最早的人类的生活："如果到 200 万年前的东非逛一逛，你很可能会看到一群很像人类的生物，有些妈妈一边哄着小婴儿，一边还得把玩疯的小孩抓回来，忙得团团转；有些年轻人对社会上种种规范气愤不满；也有些垂垂老矣的老人家，只想图个清静；有肌肉猛男捶着自己的胸膛，只希望旁边的美女能够垂青；也有年长的充满智慧的大家长，对这一切早就习以为常。这些远古时期的人类已懂得爱和玩乐，可能产生了亲密的友谊，也会争地位、夺权力，不过这些人和黑猩猩、狒狒、大象也没什么不同。"

直立人发展到约 25 万年至 5 万年之前，拥有了更大脑容量，积累了更多生活经验，大大提高了智力水平，演进为"智人"。智人出现在亚、非、欧三大洲。中国的大荔人、丁村人、马坝人等都是这种智人。他们还能够人工取火，改变大自然的能力得到进一步提升。在约 10 万年至 1 万年前，智人完全变成了现代人。中国的山顶洞人就是这样的现代人，生活在约 1.8 万年前。

我们通常将人类史前时期称为"石器时代"，证明石器的制作和使用是衡量文明是否诞生的主要依据。当古人类刚从树上转移到地面生活后，他们的生活和现在的野生动物的生活没有太大区别。古人类居住在森林里，主要以采集和狩猎为生。古人类的食物来源于在自然环境中的直接获取，如果实、坚果、根茎、昆虫、鱼类和野生动物等。他们通常不会固定居住在一个地方，而是经常迁移以便寻找更丰富的食物来源和更适宜的栖息地。在这个时代，人类还无法制作出适合不同生产方式的专用器具，因此他们的狩猎和采集能力相对较弱。简单的石块、木棒、骨器和双手帮助人类度过了艰难的早期生活。《人类简史》就提到，早期石器最常见的一种用途，就是把骨头敲开，人类才能吃到里面的骨髓。

在人类学会生火之前，经历了漫长的"茹毛饮血"时期。"茹毛饮血"，语出《礼记·礼运》："未有火化，食草木之实，鸟兽之肉，饮其血，茹其毛。"意为太古之时，人们还不知熟食，生吃禽兽。因为没有掌握生火技术，基本只能食用植物的果实以及飞禽走兽的生肉。那时人们还不会制作衣物，只有猎杀剥取动物的皮毛才能披身御寒。生产力水平之低让原始人类过着朝不保夕、风餐露宿的生活。由于没有稳定的食物来源，原始人的饮食时间非常不规律，并且呈现出显著的季节性。在食物丰沛的雨季和春夏时节他们能够一天吃多顿，但随着旱季或冬天到来，食物短缺和持续饥饿是常态。古人类的食物来源与栖息地的自然禀赋有极大关联，但采集或猎获的食物几乎都无法支撑种群的大规模繁衍。

原始人类也没有现代人意义上的卫生观念，经考古研究发现牙齿疾病和严重外伤普遍存在于原始人类的化石中，更不用提生食所带来的寄生虫感染等疾病。仅能茹毛饮血的古代人类基本活不过 20 岁（据一些考古学和人类学的研究，史前人类的平均寿命可能在 20～40 岁），史前时代的婴儿死亡率可能高达 20％～50％，这意味着每五个新生儿中就有一到两个在 1 岁以前去世。总的来看，茹毛饮血时代的古人类每天都在生死线上苦苦挣扎。

在与恶劣生存环境的反复斗争中，随着岁月变迁，人类也逐步点亮了一些"科技树"。人类文明的整体进步——语言系统的产生和生产工具的升级，离不开原始人类的重要特征——群居生活。群居生活首先提高了原始人生存和繁衍的机会，其次，密集的生活交往促进了符号系统和语言系统的诞生。群居带来的最初的分工协作，带来了技术进步和生存知识的传承，甚至产生了初步的等级结构和行为规范。经历上万年的发展，原始人类已经成为一个可以利用创新生产工具不断扩宽自己生存空间、改善自己生存方式的，可以通过复杂的语言和符号系统彼此交流、分工协作的特殊群体，进而彻底与自己的纯粹动物性区别开来，成为"最特殊的动物"，已经准备好了迎接文明的曙光。而人类开启自己的文明历史，最为关键和具有里程碑意义的还是对火的使用。

（二）"刀耕火种"的生产方式

早在大约 80 万年前，就已经有部分人种偶尔会使用火，而到了大约 30 万年前，对直立人、尼安德特人以及智人的祖先来说，用火已是家常便饭。关于人类使用火的起源有种种传说。在希腊神话里，第一株火种是由作为泰坦神族的普罗米修斯从太阳神阿波罗处偷来的，替人类盗火的普罗米修斯被震怒的神王宙斯下令用锁链束缚在高加索山的悬崖上，受罚每日被鸷鹰啄食肝脏。与西方神话不同，在东方的神话故事中，一位圣人云游至燧明国，在一棵叫燧木的火树上看到有鸟用嘴啄木，霎时火星四溅，于是圣人领悟出"钻木取火"的道理，从此燧明国的人民生活在光明和温暖中，后世称圣人为"燧人"（燧明国，不识四时昼夜，有火树名燧木，屈盘万顷。后世有圣人，游日月之外，至于其国，息此树下。有鸟若鸮，啄树则灿然火出。圣人感焉，因用小枝钻火，号燧人）。无论真实的历史上人类如何学会用火，火的使用都导致了原始人日常生活和生产方式的飞跃式发展。食用熟食不但确保了原始人拥有更健康的身体，更促进了大脑的发育。火不但可以更好地防御猛兽，而且能够在寒冷的天气中取暖，因此气候和地域等因素对原始人类活动的限制大大减弱。火是人类第一次控制和利用的重要的自然力。恩格斯就曾经说过："就世界性的解放作用而言，摩擦生火还是超过了蒸汽机，因为摩擦生火第一次使人支配了一种自然力，从而最终把人同动物界分开。"①

在人类生活和生产方式的不断进化中，每前进一步都代表着文明的飞跃。生火、用火让人类结束了茹毛饮血的时代，是人类发展历史上最为关键的一步。即便现代科学发现某些未进化的猿类也可以简单地制作和使用工具，但创造和使用火依然是人类的独特能力，其他一切生物面对熊熊燃烧的火焰只有心生畏惧。火的使用是人类从"茹毛饮血"的生活向"刀耕火种"的生产生活过渡的前提，但人类从狩猎采集生活方式过渡到农耕生活方式还有许多中间环节。那人类是从什么时候开始从游猎生活逐渐转变成农牧生活的呢？

或许是从不再频繁地迁徙开始。频繁迁徙是人类社会进入文明时代之前最为主要的特点，在这一过程中，人类的社会生产生活没有一个固定的活动范围或明确的地理位置。人类的先祖仅能靠着在丛林间采集野果和猎杀动物，勉强获取维持生存的食物。但他们这时还无法驯化野生动植物，食物来源是极其不稳定的。春华夏荣，秋实冬杀，人类要随时面对自然的洗礼。冬天是人类最冷酷的敌人，即便因为学会生火而不至于被冻死，可是燃烧的火焰中生长不出食物。冬季无法外出采集，能捕猎的动物数量也急剧减少，这样的原始环境极大地限制了人类种群的繁衍，没有食物，就不能养活足够的人口，每年冬天的饥饿和寒冷便会带走

① 恩格斯：《反杜林论》，人民出版社 1999 年版，第 118 页。

大量的生命。即使个体能够撑过四季的变化，地球仍在漫长的岁月中悄然地改变着自身环境，随着第四季冰河期到来，气候逐渐寒冷、植物大量死亡、空气中含氧量减少，初生的人类文明面临着命运的抉择，是活下去还是灭亡。

彼时因为冰期的到来，非洲森林的植被大量减少，土地逐步变为草原和荒漠，人类被迫走出森林，我们的祖先逐步适应了平原生活。平原生活使原始人类能够有条件发现和驯化作物，随着第一颗种子落向地面，标志着人类开启新的纪元——农业生产的诞生。农业（随之而来的畜牧业）是人类最早的生产方式。人类抓住了间冰期这个全球气候回暖的重要机会，发展了早期农业生产，逐步获得了稳定的食物来源。不同地理区域的气候差异是巨大的，深刻影响了早期农业。西亚和北非的人们广泛种植小麦和大麦，东亚和南亚的人们栽培粟和水稻，中南美洲的人们则种植玉米。在中国，南方古人类寻找到了水稻的祖先，而在雨水并不充足的北方，人们只找到了狗尾巴草和野糜子（也就是后来的谷子和糜子），这些成了远古时代中国人的主要粮食来源。

农业生产的诞生意义重大。在这之前，人类被动适应生存环境，从自然中索取食物，自然提供什么我们就只能得到什么。农业就是人类对自然的深刻改造，从此人类靠着自己的农业种植生产食物，自己为自己提供食物。因此，我们今日吃到的稻谷经过了起码万年以上的驯化过程。与此同时，畜牧业也诞生了。固定群居的人类开始有机会将一些动物的幼崽从小培育，聚落周围的某些动物也因靠拣取人类留下的食物残渣为生而与人类聚落形成共生关系，通过一代代的选择、培育，与人亲近、攻击性弱的动物被逐步驯化，而有些物种被驯化的原因仅仅是因为一个简单的原因——好吃。事实上，我们的祖先是智慧的，几乎把这个世界上所有能驯化的和美味可口的动物，都替我们遴选了出来。农业开启了人类改造自然的先河，在此基础之上，原始人类社会的生活方式乃至社会结构，从根本上来说是人类的文明形态，发生了质的变化。

最初的农业生产模式是"刀耕火种"。人类祖先以石斧砍伐地面上的树木等枯根朽茎，草木晒干后用火焚烧。经过火烧的土地变得松软，地表草木灰可以用作肥料。农作物播种后便不再施肥，一般种一年后就易地而种。古代中国以先进的农耕技术闻名于世，因此我们现在对"刀耕火种"一词感觉十分落后。但这种农业方式是史前生产力发展的一次有决定性意义的巨大进步，几乎奠定了以后几千年古代社会农业发展的局面。往后几千年古代社会的每一次技术进步和生产力发展几乎都围绕着农业。随着农业生产而产生的太阳历、二十四节气、星宿、天文等知识构成了古代农业社会的永恒记忆。

在铁器发明之前，"刀耕火种"的"刀"实际上是石刀或石斧。人们制作石刀、石斧、石镰刀、石磨盘、石磨棒等，用来收割农作物、给农作物脱粒、磨粉等。石器工具也使得先民们能够更加容易地将动物肉和骨头分离，便于人们分食，而有效解决了人类不锋利的牙齿撕咬生肉的困难。而为了适应渔猎生活，还发明了骨质鱼叉、鱼钩等，用来猎取鱼类动物。考古发现证明，石器时代的原始人的食谱是十分丰富的。人类制作器具前需要思考和设计，这极大地锻炼了人类的想象力。在这一时期，人类学会了制作陶器，在新石器时期的末期，人类也学会了使用金属。最早被使用的金属是铜——这种不活泼金属最容易冶炼。金属农具进一步解放了人们的双手，制作各种生产工具和生活器具极大地开发了人们的智力，提高了人们的生产力。

原始农业的发展不但为古人类极大地解决了生存问题，维持了定居生活，带来了人口激增。农业生产带来更广泛的分工，产生了剩余财富等，而以上的一切都昭示着一个全新的时代——等级社会的到来。

(三) 从原始社会到奴隶制社会

农耕普遍取代狩猎采集后，人类也开始稳定的定居生活，这是人类文明进程中的一大飞跃。农业生产带来的稳定的生活使人类不再需要为了获取食物而四处奔波，人类可以更好地发展自身的社会关系、创造文化。定居后，人类不但开始大量创制生产工具，也开始建造房屋和其他建筑物。旧石器时代人类建筑物多为简单的棚屋，主要由木材、树皮、草料、泥土等天然材料构筑而成，新石器时代则出现了泥砖和石制建筑。这些建筑物主要用于居住、存放物品和进行生产活动。

人类是群居动物，群居与定居相结合的直接结果就是形成有统一血缘关系的组织，后面慢慢发展为远古时期的氏族。在恶劣环境带来的生存压力之下，人们无比看重氏族关系，族群中的长辈会想方设法地保留氏族的有生力量以及扩大氏族规模。因此，生育对于种群来说是神圣的。在繁衍后代这件事情上，人类最早实行的是族外群婚制，一方面人类尚无法从科学的角度理解生育这一生理现象，彼时唯一能够确定的是子女与母亲的血缘关联；另外一方面出于哺乳的需要，新生儿都是跟随母亲留在母亲所在的氏族。在婚姻制度尚未形成的时代，孩子们只知其母不知其父，形成了早期母系社会。

原始社会还产生了分工。这种分工不但基于劳动的内容，也逐渐固定于性别。在原始社会的分工中，青壮年男子主要承担的是狩猎、捕鱼、防御野兽等任务，女子主要承担采集食物，制作食物、衣物，养育老幼等任务。采集活动比起狩猎等任务，收获稳定，可能更好供氏族成员糊口。古老的采集活动加上慢慢发展出来的农业以及畜牧业，相比渔猎活动，既稳定又涉猎广泛，这就使得妇女成了氏族中生产资料的主要提供者和加工者，这也就奠定了妇女在整个社会经济活动中的主导作用。当然，随着人类的农业经验积累，农耕和畜牧技术的快速发展，制陶器、铜器等的技术出现，女性生理的先天局限性日益凸显，而男性在体力等方面的先天优势也慢慢展现，男女在氏族中的地位逐步地改变，男子开始慢慢占据主导地位，形成了最原始的父系社会。

在远古时代，人类在与野兽搏斗的同时，也在与其他人类部落相互厮杀。有考古证据表明，人类的祖先——智人，就是在灭绝和融合其他原始人种的基础上发展至今的。最初战争的目的是为了争夺生存空间，随着语言的丰富和早期信仰体系的建成，战争的原因也多种多样了。聚落战争中失败的一方会成为俘虏，在人类的生产力都不足以养活自身的时期，战俘的唯一命运就是被屠杀。随着粮食生产能力的提升，能为俘虏提供余粮时，战俘展现出自己的利用价值，这些人便成了早期的奴隶。生产力的发展带来的是个人占有的不平等，氏族内部因为失去财产而无法生存的流民成为奴隶的补充。部族首领吸纳了、俘虏了流民，成为最早的奴隶主。奴隶为奴隶主劳动，自身的生命也是奴隶主的私有财产，甚至他们的子女也是奴隶主的私有财产，奴隶制便诞生了。

从原始社会到奴隶社会，人们完成了从猿到人的进化。工具的制作和早期生产活动，逐渐改善了人们的生活条件，促进了人类意识的觉醒和生产力水平的提高。能人、直立人时代的打制石器，弥补了人类与动物相比的生存劣势，适应了"茹毛饮血"的早期生活；智人时代各种精巧的骨制品和精美的装饰品显示出人类审美意识的萌芽。新石器时代生产工具的进步使得社会形态开始发生根本性变革，人们从母系氏族社会转向父系社会，又促使社会不平等和早期文明的产生。当生产力发展到了一定程度时，人类在养活自己的同时也积累了一些富余的产品，私有制也随之出现，原始社会开始分化。一些能力强或者具有某些优势的家族或个人积累了可观的财富，他们逐步摆脱了劳累和枯燥的生产活动，且能够利用自己的财富或者影响力对弱势人群进行统治。人们为了更好地发展生产、解决矛盾、管理社会，逐渐建立起一套管理体系，建立起强制机关。直到这时，文明和国家的影子已经开始出现在这片大地之上。

回到我们开头所说的，远古社会到奴隶社会这一时代变化，归根结底都是生产力的提升，尽管提高生产力的方法和过程充满了各种恐怖和残酷，但不能否认的是，奴隶社会相较于茹毛饮血的远古时代，仍然是一个巨大的进步。也正是在这个时候，美索不达米亚平原出现了第一个城邦，法老催使着他的数万名奴隶建造起属于他的金字塔，恒河平原上的部落们争夺起了土地，华夏民族在黄河边开始生根发芽。文字、音乐、绘画开始诞生，我们现在熟知的历史和文明国家开始呈现在大地之上，而驱向下一个时代的车轮也随之转动。行至公元前3000多年，人类实现了历史性飞跃，迈过了没有文字记述、没有城市生活、没有国家管理的门槛，成功进入了文明社会。

一颗石头，一簇火苗，点亮了人类文明的黑夜，从茹毛饮血到刀耕火种，从刀耕火种到禾下乘凉，从直立行走到九天揽月，这数千年只不过是宇宙一刹，却是一场爆炸式文明演变。在漫长的历史发展过程中，中华远古时期正是中华民族初步形成的时期。中华民族的祖先们，由最初散居在各地洞穴的原始居民，到通过移动的洞穴"巢室"，汇聚到富饶的平原大地形成一个个村落，再到氏族部落和部落联盟，直至"人文始祖"伏羲将各个氏族部落统一到"龙"的旗帜下，孕育了中华民族的雏形，形成了早期的华夏文明。

第二节 《易经》《尚书》《诗经》和《荷马史诗》《希伯来圣经》——自然与政治的法则和神祇与英雄的历史

人类文明发展的第一步总是要解决生存问题，在如何"活下去"的问题得到解决之后，文化才能产生。正如上文所讲，群居、定居和普遍交往促进了语言的产生，火的使用、工具的制造促进了人脑的发育，频繁的迁徙和拓展生存领域丰富了人类的符号系统。在人类的整个文化系统中，语言和文字是密不可分的。人类定居的事实造成了记录的极端必要性，记录的符号载体和物质载体也是密不可分的。人类最早期用绳结记事，在东方，人们先后用龟甲、兽骨、竹片、木片、缣帛等作为书写材料，西方人则把文字记录在黏土、石头、莎草纸和羊皮上。随着人类社会生活经验的积累，文字记录被逐步编排为书籍。书是人类文明史上的重要创造，它的出现使人类文明传承成为可能，人类的精神成就得以以文字的形式实现永恒。

彼时的地球，诞生于公元前 4000 年前的奴隶制已经历经了数千年发展，在欧亚大陆两端，分别崛起了不同的文明形态。书籍是人类知识和文化的主要载体，可以说人类文明史的很大一部分就是被书写出来的。追寻书籍的历史，就是回顾人类自身进步的阶梯。幸运的是，中西两大文明都留下了重要的典籍，为人类文明作出了奠基性的重要贡献。不同的历史典籍，像是潜藏在文脉深处的基因，始终流淌在人类的精神血脉中，塑造了不一样的民族性格。

如果讨论东西方两大文明最早期的著作，中华文明将首推《易经》《尚书》和《诗经》，而西方文明最著名的作品则是《荷马史诗》和《希伯来圣经》。两种风格迥异的著作，冥冥中也昭示着两种文明形态从一开始就注定要走不同的发展道路。下面我们将视野首先望向东方。

(一)《易经》《尚书》《诗经》——中国古人的智慧

《易经》被称为"群经之首"和"大道之源"，是阐述天地世间万象变化的古老经典。《易经》包括《连山》《归藏》《周易》三部易书，其中《连山》《归藏》已经失传，现存于世的只有《周易》。按《汉书·艺文志》的记载，《周易》的形成，简单说是"人更三圣，世历三古"，具体而言，就是上古时期伏羲留天地之象，中古时期周文王演《易经》之道，近古时期孔子及弟子注《易经》而成《易传》。这一过程中，经传合一，终成《周易》。

《周易》的形成，周文王无疑是最重要的一环。据司马迁在《史记》中的记载：商朝末年，周文王广施德政，远近百姓纷纷投奔，周国由此日渐繁盛。然而，这一切引起了商纣王的猜忌。不久，商纣王将周文王拘禁于羑里，并杀死了他的长子伯邑考。在被拘禁的 7 年中，周文王并未在绝境中沉沦，而是潜心推演始祖伏羲氏留下的天地大道，并由前者的八卦推演出六十四卦。同时，周文王把自己对天下大势的认识融入其中，由此推演出最古老的《易经》。这就是"文王拘而演周易"的故事。最初的《易经》，主要反映了周文王修身处世、治国理政的德行和思想。数百年后，出于对周文王的仰慕与追怀，晚年的孔子对《易经》最为痴迷，因此手不释卷，以至"韦编三绝"。意思就是说，孔子对《易经》爱不释手，就连串接简册的用熟牛皮做的绳子都被磨断了三次。最终，孔子及其后学阐释《易经》的著作被编为《易传》，成为《周易》的重要组成部分。

《易经》通过八卦形式（象征天、地、雷、风、水、火、山、泽八种自然现象），推测自然和社会的变化，它提出了万物生长的根源是阴阳两种势力相互作用的结果，在肯定事物运动变化永无止境的基础上，提出了"穷则变，变则通"和"天地革而四时成，汤武革命顺乎天而应乎人"等命题，这些都是中国古代的朴素辩证法的观点。《周易》的基本原则，是观察自然规律以安排人的言行。自然规律是变化中有其不变，循环不已而永葆生机，人要学会"穷则变，变则通，通则久"，以通天下之志，以定天下之业，以断天下之疑。正因如此，《易经》的伟大不在于创造了或者间接产生了一系列的"算命之法"，而在于它启发我们明了人间的"贞正之道"，如果我们能沿着《易经》指明的这条"贞正之道"，人生道路必然能够"元亨利贞"。《易经》并不局限于占卜预测，而倾向于"天命最终还是靠人事"的思想，这或许也是中华民族比其他国家和民族更早进入世俗社会的原因之一。

天道有常，阴阳互应而刚柔相济；君子有为，自强不息而厚德载物。千百年来，古代先贤仰观天文、俯察地理，在物换星移间苦苦寻找乾坤变化、万物始终的终极规律。正所谓，推天道以明人事，《周易》在揭示人与自然、人与社会等多重关系的同时，也对中国古代的政治、经济、文化等各领域都产生了极其深刻的影响。以此而论，中华民族之所以历众劫而不覆，逢畏难而不倾，与《周易》中所提倡的精神也是分不开的。数千年来，《易经》高踞于中华民族传统文化精神的源头，密切地联系着整个社会人生。穷则思变，变中求新，新中求进，进中突破，这是中国先哲对事物发展变化规律的深刻总结，也是当代中国发展进步的现实写照。如孔子所云："加我数年，五十以学《易》，可以无大过矣。"从这个角度而言，《周易》也是一部人生之书，它可以帮助人们在生活中采取正确的人生态度，并在前途命运上作出正确的人生选择。

《尚书》是中国最古老的皇室文集，是中国第一部上古历史文件和部分追述古代事迹著作的汇编，它保存了商周时期特别是西周初期的一些重要史料。《尚书》的产生似乎和汉字"书"的出现有某种关系。《尚书》最早就叫做《书》。上古时代，人们把刻写在竹木简册上的政事记载叫做"书"。直到孔子在2500多年前，将其整理成教授弟子的教材，也叫《书》，称为《尚书》是汉代出现的。《尚书》的"尚"字，在古代通"上"，就是指上代、上古。所以，《尚书》其实就是"上古之书"的意思。

《尚书》记载了中国历史上非常伟大的思想传统，其内容上起唐尧虞舜，下迄春秋前期的秦穆公，涉及1300余年的历史，主要记录上古君王的文告和君臣谈话，被誉为"政书之祖，史书之源"，其内容包括君主训令、政府公告、出征誓词以及君臣之间的谈话纪要等。《尚书》共五十八篇,按照时间顺序编排分成四部分,《虞书》《夏书》《商书》《周书》。中国的传统启蒙教材《三字经》在介绍《尚书》时用了这样十二个字:"有典谟,有训诰,有誓命,书之奥。"即《书》的奥义充分地体现在典谟、训诰和誓命当中。这里说的是《尚书》的六种体例:典、谟、训、诰、誓、命。典是先王们用来治国的典章制度,如《尚书》的第一篇叫《尧典》,记载了尧和舜治理国家的一些事情。谟是记载古时君臣谋划治国方略的言论,如《皋陶谟》篇就主要记载了舜和大臣们讨论国家大计的对话。训即大臣对君主的劝谏。诰主要是君主对臣民的告示、告诫以及劝勉。誓是在战前君主对将士的动员令或宣战令。命就是君主所颁布的正式命令。

打开《尚书》,格言警句俯拾皆是:谈及官吏选用,有"知人则哲,能官人""官不及私昵,惟其能;爵罔及恶德,惟其贤",要做到知人善任、唯才是举、无偏无党。处理对外关系时,应以"睦乃四邻""协和万邦"为最高准则。围绕为政者个人的修身立德,有"与人不求备,检身若不及",要从自身着眼,时刻自重自省、自警自励;"不矜细行,终累大德;为山九仞,功亏一篑",要从细节着眼,从小事做起,做到兢兢业业、慎始慎终。而"满招损,谦受益""有容,德乃大""克勤于邦,克俭于家"……这些出自《尚书》的名句,其思想内涵更是早已超越政治的范畴,成为全体民众共同遵循的道德规范。

"民本"这一概念即萌发于《尚书》。在《尚书》多篇中均可看到,为政者们不仅提出了"民惟邦本""民心"为重的思想,并且也在治国理政的实践中有所体现。翻开《尚书》首篇《尧典》，文中对尧帝的颂扬是同百姓密切相连的。如"克明俊德，以亲九族。九族既睦，平章百姓。百姓昭明，协和万邦。黎民于变时雍"。自《尚书》始，在中国悠久的历史中，民本思想的传承与发展带来了不可忽视的巨大影响和伟大力量。当世界各个文明都还匍匐于神与鬼的脚下时，中华文明最早发现了天地间的黎民百姓才是国家的主体。这在当时的影响和意义，可谓石破天惊。后来孟子说的"民为贵，社稷次之，君为轻"，荀子说的"水则载舟，水则覆舟"，都是源于这里。这是中华文明一次伟大的历史转折，也是人类文明的一次伟大飞跃。

《诗经》也是中华文明最早的典籍之一。作为中国最早的一部诗歌总集，《诗经》不仅反映了商周贵族、国人等不同阶层的社会生活，也以"国风"的形式展现了华夏文明在地域层面的多样性特征。同时，周代贵族对于《诗经》的多种展演方式及其演变彰显出周人礼乐文明的兴衰起落，因此孔子感叹道："诗可以兴，可以观，可以群，可以怨。"

"天听自我民听"，采诗就是"自我民听"，王在诗里，倾听风，此谓国风的来源。3000多年前的周朝，专门设置"采诗之官"。每年春天，就会像采摘花果一样，会摇着木铎深入民间收集民间歌谣，作为施政的参考。采诗官行走于田间阡陌，将其听到的民谣小调，看到的风土人情，体味到的人间疾苦，采集成了一支支田园牧歌，构筑起先民们最淳朴的精神世界。因此，《诗经》写的都是我们熟悉的生活：瓜果蔬菜、花木鸟兽鱼虫、男女情感、夫妻相处、农耕生活、军旅情愫……真实、生动、清澈、温暖，质朴得可爱。草木之美，"桃之夭夭，灼灼其华"。衣着之美，"青青子衿，悠悠我心"。情感之美，"既见君子，云胡不喜"。季节之美，"七月在野，八月在宇，九月在户，十月蟋蟀入我床下"。

《诗经》还有一个来源，庙堂之上，天子听政，公卿、列士献诗。这样的政治，亦风雅如诗，故《诗经》中，便有了大雅、小雅。而颂，则是庄严的祭祖歌。诗歌内容的采集、诗歌音乐的谱写、诗歌形式的演奏，都是有严格要求的。某种程度上说，吟唱诗歌是一种高级的教育形式。中国古代历来重视"乐教"，因为它关乎人的品德品行，关乎乡土社会的风气风俗。一旦"乐教"出现混乱，人的品质也会随其败坏，"礼崩乐坏"说的就是这个道理。诗歌虽属文艺的范畴，但在当时承担了教化育民的作用。《诗经》是周代诗礼文化的重要内容，也是礼制建设的有机组成部分，更是实现礼乐文明建构的重要途径。孔子谓"诗之所至，礼亦至焉"（《礼记·孔子闲居》）。周人通过建构"诗教""礼教""乐教"体系而逐渐形成了"诗礼文化"，经由历代王族宗子、公族宗子与家族宗子的大力倡导而不断完善，进而经由历代上自庙堂下自民间的创新性传承与创造性转化，逐渐成为华夏礼乐文明与中华优秀传统文化的精神内核。

从西周到春秋，五百多年间，中国先民就这样"诗意地栖居"。诗源于歌，歌源于谣，谣是对生活最原始的描写。鲁迅先生曾经比喻说，中国文化第一首歌谣就是先民们抬木头时发出的"吭唷吭唷"的声音。歌谣是生活的提炼，诗赋是心灵的呼喊。《诗经》里的诗就是中华民族先民们最早的心声。先民在诗里，向我们倾诉文明初曙时的欣喜和恐惧。

从春秋到今天，两千五百多年间《诗经》一直处于儒家经典中数一数二的地位，成为古往今来读书人必读之书。《诗经》解释了几千年前中国人为何会这么想、这么做，也解答了今人如何借祖先的智慧，让自己过得更好。爱情、生活、战争、饮食、文化、志向、生死问题，都能从这里找到答案。三千年前的古人，"诗意地"创造了今天中国人的情感逻辑和思维方式。

惟殷先人，有册有典。《易经》《尚书》和《诗经》，每一页文字，都昭示着先人圣贤的智慧。两千多年文明典籍的传承，数万字的经典著作，是历代先人为民族复兴、为国家建设、为天下生民追寻的精神传承。读《尚书》，方知"禹敷土，随山刊木，奠高山大川"的伟大壮举、"民为邦本，本固邦宁"的中华传承。读《易经》，方知"天行健，君子以自强不息；地势坤，君子以厚德载物"的为人之道。读《诗经》，方知中国的文字有多美，多有力量。《易经》《尚书》和《诗经》是中华文明的源头活水，中国传统文化的精髓，也是为人处世的最高哲学。中华文明历经几千年传承不断，一个很重要的原因就是我们有这些作为先民智慧结晶的文化典籍，它们是中华民族无论面对什么艰难处境都可以栖身给养的精神家园。

(二)《荷马史诗》《希伯来圣经》——西方文明的基底

当中国的先祖们在东方创造出辉煌文明时，在世界的另一端，西方文明的理性与浪漫从古老的海洋传说中脱颖而出。其中，《荷马史诗》集古希腊口述文学之大成，是古希腊文学的巅峰之作，也堪称古代西方文学中最伟大的作品之一。而以《希伯来圣经》为重要载体的宗教文化是西方文明源头之一，对西方文明的塑造乃至整个人类文明发展都产生了重要影响。

《荷马史诗》写于公元前 9 世纪，相传是由古希腊诗人荷马创作的两部长篇史诗——《伊利亚特》和《奥德赛》的统称，是他根据民间流传的短歌综合编写而成的。《荷马史诗》两部史诗都分成 24 卷。恩格斯曾这样评价《荷马史诗》："荷马的史诗以及全部神话——这就是希腊人由野蛮时代带入文明时代的主要遗产。"①

《伊利亚特》叙述阿开亚人的联军围攻小亚细亚的城市特洛伊（Troy）的故事。史诗以阿喀琉斯（Achilles）的愤怒为主题，以联军统帅阿伽门农（Agamemnon）和勇将阿喀琉斯的争吵为楔入点，集中地描写了战争最后几十天发生的故事。在围城战的最后一年，阿伽门农与阿波罗祭司的矛盾招致军中出现瘟疫。在为解决此事召开的会议上，阿喀琉斯愤怒于阿伽门农侮辱了自己的尊严，因此拒绝再为联军出战。勇将缺席后的联军经过多番激烈交战，希腊方一度陷入不利，阿喀琉斯的好友代其出战并战死沙场。在这样的契机下阿喀琉斯重返战场，并在与特洛伊王子赫克托耳（Hector）的决斗中取得了胜利，接着阿喀琉斯为挚友举行了葬礼。后来在特洛伊国王普里阿摩斯的哀求下，赫克托耳的尸体被赎回，特洛伊为王子也举行了葬礼，《伊利亚特》的故事至此结束。总的

---

① 《马克思恩格斯全集》第 21 卷，人民出版社 1965 年版，第 37 页。

来看，《伊利亚特》的基调是把战争看成正当、合理和伟大崇高的事业，但同时又描写了战争的残酷、给人民带来的灾难以及人民的厌战反战情绪，并通过英雄们的凄惨结局，隐约地表达了对战争的谴责。

《奥德赛》叙述伊萨卡(Ithaca)国王奥德修斯(Odysseus)在攻陷特洛伊后归国途中十年漂泊的故事，集中描写的是这十年中最后一年零几十天发生的事情。奥德修斯因得罪了海神，受神祇捉弄，在海上漂流了十年，到处遭难，最后受诸神怜悯始得归家。当奥德修斯流落异域时，伊萨卡及邻国的权贵们欺其妻弱子幼，向其妻珀涅罗珀(Penelope)求婚，逼迫他的妻子改嫁，珀涅罗珀则是用尽了各种方法拖延。故事最终的结局是奥德修斯扮成乞丐归家，与其子一起杀尽求婚者，恢复了他在伊萨卡的权力。《奥德赛》歌颂了英雄们在与大自然和社会作斗争中表现出的勇敢机智和坚强乐观的精神。

《荷马史诗》的主题思想是歌颂氏族社会的英雄，因而只要代表氏族理想的英雄，不管属于战争的哪一方，都在歌颂之列。《伊利亚特》中的英雄主义主要表现在歌颂战争和勇气上。例如，阿喀琉斯是一位典型的战争英雄，他以无畏的勇气和战斗技巧赢得了人们的敬仰。他的英勇无畏、执着的荣誉感和对朋友的深深忠诚都体现了古希腊深刻的英雄主义理想。然而，阿喀琉斯的激进、执拗和过于专注于个人荣誉，也揭示了英雄性格中注定的悲剧性。《奥德赛》中的英雄奥德修斯则更注重智慧和策略。他不仅在战争中表现出色，还在回家的旅途中经历了许多艰难的冒险。奥德修斯的那种智慧和坚忍精神使他成为"痛苦的旅行者",因此他的英雄形象更加复杂和全面。在《荷马史诗》中,英雄不仅是力量和勇气的象征,也是智慧和决心的象征。英雄也具有人性的弱点和缺陷,这使得他们的形象更加立体和真实。荷马对英雄的态度既有赞美,又有批判,他描绘的英雄既有崇高的理想,也有深深的悲哀。

在《伊利亚特》中,战争被视为英雄展现其勇气和力量的舞台,是实现个人荣誉和声望的主要方式。尽管战争被赞美为英勇和荣誉的舞台,但荷马也并未忽视战争的残酷和毁灭性。他详细描绘了战争的血腥和残忍、家庭的破碎,以及士兵的痛苦和死亡。战争不仅仅是英雄和懦夫、胜利者和失败者的简单对立。在战争中,每个人都有他们自己的动机、情感和道德困境。这使得战争变得更加复杂和多元。

《荷马史诗》就像一只望远镜,让我们望穿千年的迷雾,一窥西方古典文明的基石。它不仅反映了公元前 11 世纪到公元前 9 世纪地中海早期文明的社会情况,而且反映了迈锡尼文明的独特发展。它是西方早期英雄时代的大幅全景,在艺术层面也是绝妙之作。它以整个希腊及四周的汪洋大海为画布,描绘了基于自由主义和英雄主义的社会情景,并为日后希腊人的道德观念(进而为整个西方社会的道德观念)立下了典范。继此而来的,首先是一种追求成就、自我实现的人文伦理观,其次是一种"人神同性"的自由神学,剥除了精神世界中的神秘恐惧。时至今日,这部充满传奇色彩的史诗当中,穿插记录的民俗风情已成为考据公元前 8 至 9

世纪的迈锡尼文明最为重要的文本依据，同时它所呈现的人类与神明之间、英雄与英雄之间的爱欲、憎恨、仇怨和悲喜，也成为当代学者溯源西方古典人文理念最重要的依据。《荷马史诗》中关于英雄主义、自由主义、漂泊与回归，这些西方文学的母题隐喻，至今仍是西方思想史的奠基石。

《希伯来圣经》是古代希伯来人的神话传说、历史故事和文学作品的汇集，为犹太教的启示性经典文献，内容和《旧约》一致，但编排不同。《旧约》在被翻译成希腊文以后，和基督教的经典《新约》组成《新旧约全书》，随着基督教的传播，对世界各国尤其是对西方文化和艺术产生了重大而深刻的影响。

《旧约》共分 39 卷，包括三个部分。第一部分，《托拉》(*Torah*)。《托拉》(原意为"教导")，也称《律法书》或《五经》，由《创世纪》《出埃及记》《利未记》《民数记》和《申命记》组成，主要描述了世界的起源、人类的早期发展、犹太始祖故事以及古代以色列人进出埃及的历史。这五卷书确定了犹太教的宗教信仰，应遵守的戒律和犹太民族的生活规范以及生活方式，告诉犹太人应做什么和不应做什么，提出了犹太人应有的生活准则和行为规范。第二部分，《先知书》(*Neviyim*)。前期先知书(指没有留下著作的先知)由《约书亚记》《士师记》《撒母耳记》《列王纪》这 4 卷组成，主要讲述了以色列人从进入迦南到建立王国直至王国分裂并相继被灭的历史。后期先知书包括三位大先知的著作和《十二小先知书》，记载先知的事迹和言论，体现对公平与正义的不懈追求。第三部分，《圣文集》(*Ketuvim*)这部分内容包括了诗歌、谚语、小说、戏剧、历史著作等诸多方面的文学形式。

犹太教是最早的一神论宗教。一神论指对唯一神祇的信仰和崇拜，是犹太教的核心。犹太人提出的一神论实际上也是人类试图从现实世界的千差万别的事物中寻求其共性的一次努力。一神教的神是一种个体的神圣存在，完完全全地独立于自然并完完全全地掌控自然。自然界以及其中的任何组成，无论是太阳、月亮、星辰，还是山川海洋，都来源于它，因它的意愿而存在，并服从它的治理和统治。这个被视为"神圣的存在"被称为"上帝"（God）。一神论不仅认为"上帝是独一的"，而且承认神的造物主地位。根据一神论思想，神不仅创造了自然界和自然界的秩序，而且创造了世人应当遵守的伦理道德以及与伦理道德相应的社会秩序。这样一来社会便具有了统一的评判标准，从而使建立一个公正的社会成为可能。

"原罪论"是《旧约》的重要观念。按照《旧约·创世纪》的说法，人类始祖亚当和夏娃，本来生活在上帝设立的伊甸园中，但因为受了蛇的引诱而偷食禁果，被上帝逐出伊甸园。基督教神学家们据此提出"原罪"的概念，认为因为人类始祖的堕落，所有的人类都生而有罪。原罪只有通过救赎才能摆脱，才能获得永生。作为犹太教徒，要想获得救赎，就需要坚信上帝的恩典，等待"弥赛亚"降临。原罪和救赎，乃至以此为基础的对"后世""末世"和"天国"的深刻期待，便构成了犹太教—基督教信仰的核心，可以说是决定了西方文化中人性论的基本价值取向，也是西方文明与其他文明的重要差异之一。

几千年来，希腊的《荷马史诗》与《希伯来圣经》一起，双峰并峙，渗透在西方精神世界的方方面面，在人们的思想中此起彼伏，影响深远。两部经典，汇成了欧洲文化的渊源。我们仔细体悟就会发现，欧美，乃至全球的文苑智者、影视剧作，迄今都是不断从两者中汲取创作灵感的。

第三节　人类群星闪耀之时

自人类摆脱茹毛饮血的原始时期，相继发展出刀耕火种的农业文明，历史上第一次文明大爆发的时代到来了。依据目前已经确证的考古发现，苏美尔文明、古埃及文明、闪米特文明圈（巴比伦、阿卡德、亚述）、埃兰文明、米诺斯文明（克里特）、古印度文明（哈拉帕）、中华文明、赫梯文明、迈锡尼文明（古希腊青铜时代）、印度文明（吠陀）、腓尼基文明、奥尔梅克文明，这12种文明是被当今学术界所普遍承认的人类古文明。这些伟大的文明，有些不幸毁于战火，有些终被异族文化消灭或覆盖，绝大部分最终在历史长河中销声匿迹。有些文明则对后世文明的形成和发展产生了巨大的影响，甚至有的文明历经几千年延续至今从未断绝。这场三千年前的文明大爆发，好似经大爆炸开启的宇宙，在无垠黑暗中有无数的星辰闪烁。又好比寒武纪的那场生命大爆发，漫长的人类历史终于有了生机和颜色。在这些文明中，尤以古希腊、古中国、古印度和古波斯的文明成就最为耀眼，堪称人类文明的

"群星闪耀"。

德国哲学家卡尔·雅斯贝尔斯在 1949 年出版了《历史的起源和目标》一书，雅斯贝尔斯在这本书中讨论了历史的起源、历史知识的模式和历史的主观性与客观性等一系列重要问题。他深入分析了古希腊、古罗马和基督教的历史传统，借鉴了康德、尼采和海德格尔的哲学思想，将历史的起源定位于超越性经验（experience of transcendence），认为人类一直被驱使着去理解超越自身的世界，而这种冲动正是历史起源的动因。但本书最广为人知的理论还是雅斯贝尔斯在书中提出的"轴心时代"理论，雅斯贝尔斯认为，"轴心时代"是人类文明发展史上的一个极其关键的时期，在公元前 800 年至公元前 200 年，当时世界各地的几个主要古文明都经历了一次彻底的转变，形成了富有自己文明特色的哲学、文学和信仰系统。

总的来看，公元前 500 年左右，世界上有几个处于不同发展阶段的重要文明。在地中海地区，古希腊人正在经历一场文化和知识的复兴；在波斯，阿契美尼德帝国正处于其权力的巅峰；在印度，孔雀王朝开始兴起；而彼时的中国，周王朝正在慢慢失去对权力的控制。

公元前 500 年到公元前 300 年这段时间被称为古希腊的"古典时代"。这一时期的古希腊人在哲学、文学、艺术和早期科学等方面取得了显著的文明成就。苏格拉底、柏拉图和亚里士多德等古希腊哲学家们展开了关于存在、道德、知识和人本质的激烈讨论，形成的古希腊哲学思想至今仍影响着、框定着西方哲学的研究范畴。以至于怀特海（Alfred North Whitehead）说："两千五百年的西方哲学不过是柏拉图哲学的一系列注脚而已。"古希腊的文学也得到了蓬勃发展，像荷马的《荷马史诗》，埃斯库罗斯、索福克勒斯、欧里庇得斯的经典悲剧，以及阿里斯托芬的喜剧，这些作家创作的作品都流传至今。在历史著作方面，希罗多德被称为"历史之父"，其著作《历史》是西方最早的历史著作之一。修昔底德所著《伯罗奔尼撒战争史》是政治现实主义的早期体现。古希腊的艺术成就更是达到了新的高度，有菲狄亚斯等雕塑家创作出的一些流传百世的雕塑名作，包括奥林匹亚的宙斯雕像和帕特农神庙的门楣。除了文化成就，古希腊人还对科学和数学的发展作出了重要贡献。毕达哥拉斯提出了著名的"毕达哥拉斯定理"，欧几里得撰写了《几何原本》，希波克拉底被称为"医学之父"，阿基米德更是被誉为"百科全书式的科学家"。

与此同时，波斯的阿契美尼德帝国（公元前 550 年至公元前 330 年）正处于其国力的顶峰。波斯帝国由居鲁士大帝（Cyrus the Great）在公元前 6 世纪建立，武德充沛的波斯帝国迅速扩张，陆续征服了吕底亚、巴比伦等著名王国，控制了如今东起埃及、西达印度的广大领土。除了杰出的军事才能，居鲁士大帝还以他的宽宏大量而闻名于世，他允许被征服的民族保留自己的语言和风俗习惯。根据《希伯来圣经》的记载，居鲁士大帝甚至允许被巴比伦王尼布甲尼撒二世掳走的犹太人返回耶路撒冷，并重建圣殿。大流士一世（Darius the Great）是另一位著名的波斯统治者，是波斯帝国的第三位皇帝。他开创了中央集权的行政系统，统一了货币和度量衡，开凿运河兴修道路，制定法典创建邮政，堪称波斯帝国的"秦始皇"，波斯帝国在他的统治下达到极盛，但也随着他的去世迅速由盛转衰。

公元前 500 年左右的印度，孔雀王朝（Maurya Dynasty）开始崛起。孔雀王朝是由旃陀罗笈多（Chandragupta Maurya，月护王）建立的，他击溃了印度北部的难陀王朝拥有强大战象的二十余万军队，使南亚次大陆的印度河流域和恒河流域历史上第一次处于同一帝国的控制之下。在这一基础上，他的孙子，著名的阿育王（Asoka the Great）成就了更大的伟业。阿育王在公元前 273 年至公元前 232 年统治着孔雀王朝，他的军队几乎征服了整个印度次大陆，而对古印度文明影响最为深远的是，阿育王最终皈依了佛教并将其确立为国教。阿育王在世时所倡导的政治宽容、非暴力主义对整个印度的文明形态和民族性格的形成起到了非常重大的影响。

春秋（公元前 770 年至公元前 476 年）和战国（公元前 475 年至公元前 221 年）是塑造中华文明形态的最重要的历史时期，这一时期的中华文明正式完成了从青铜时代向铁器时代的过渡，实现了从奴隶制走向封建制的历史跨越。政治动荡、军事冲突和思想争鸣是这一时期的历史主题，春秋战国诞生了许多著名的哲学流派，诸如儒家、道家、墨家、法家、名家、纵横家等学派思想相继出现，诸子百家探索的领域涉及政治、哲学、历史、军事等领域，探索、争论、借鉴、融合，形成了多元化的思想流派，史称"百家争鸣"。这一时期不但为后世留下了《论语》《道德经》这样的传世巨著，而且诞生了《楚辞》这样伟大的文学作品。春秋三百年间，弑君三十六、亡国五十二，诸侯奔走不可保其社稷者不可胜数。战国二百余年，七雄争霸，始皇帝屠戮百万终成一统，这是中华民族历史上动荡的一页。而"百家争鸣"的深刻变革，又使春秋成为无比灿烂的一页。博大精深的中华文明自此奠基，绵延两千多年的残酷奴隶制社会被它埋葬，一个崭新的时代，被他雄浑的双臂托举出东方的地平线。

就如灿烂的宇宙中既有恒星也有行星一样，除了四大主要的古文明外，还有许多文明在公元前 800 年至公元前 200 年间获得了长足的发展，取得了重要的文明成果。

大约于公元前 4500 年至公元前 1900 年，古代美索不达米亚地区（今天伊拉克的一部分）的苏美尔文明发明了已知世界上最早的写作系统——楔形文字，这种文字起初用于记录商业交易，后来发展为用于法律、文学和宗教文本的复杂文字系统。古巴比伦文明继承了早期苏美尔文明的许多特征，它的中心地区位于两河流域的南部——即今天的伊拉克地区。古巴比伦城是王国的政治和经济中心，它不但拥有宏伟的"空中花园"（据传由国王尼布甲尼撒二世在公元前 6 世纪建造，作为礼物送给他的王后阿米蒂斯），而且在汉谟拉比国王统治的时期（约公元前 1792 年至公元前 1750 年在位）制定了著名的《汉谟拉比法典》，其成为世界上保存最完整的古代法律文献之一。法典使用的文字是古代苏美尔—阿卡德的楔形文字，内容被刻在一根高约 2.25 米的玄武岩石柱上，柱顶雕有汉谟拉比王站在太阳和正义之神沙马什面前接受象征王权的权标的浮雕。

在两河流域的诸多大河文明相继迸发的时候，地中海沿岸也产生了一系列重要的海洋文明。腓尼基文明是古地中海地区的重要海洋文明，大约存在于公元前 1500 年至公元前 300 年。腓尼基并不是一个统一的国家，而是由多个城市国家组成，每个城市都有自己的政体和信仰。腓尼基的地理位置为其成为古代海上贸易的枢纽提供了条件，使其成为连接东西方的贸易中心。腓尼基对人类文明最重要的贡献是大约在公元前 1050 年左右发展起来的字母系统，这是世界上最早的字母书写体系之一。这个字母系统包含 22 个字符，每个字符代表一个辅音，这一创新使得书写和阅读变得更加容易。腓尼基字母对后来的希腊字母和拉丁字母产生了深远的影响。

古埃及文明是人类历史上最早的文明之一，从公元前 3100 年开始至公元前 332 年亚历山大大帝征服埃及时结束。这个横跨了三千多年的文明，于数千年的时间里在尼罗河流域繁荣昌盛，留下了丰富的文化遗产和众多的文明成就。在建筑领域，古埃及人建造了巨大的胡夫金字塔和宏伟的卡纳克神庙、卢克索神庙。在农业领域，古埃及人发展了高效的灌溉系统，懂得利用尼罗河洪水沉积的肥沃泥土促进农业丰产。在宗教信仰方面，古埃及人形成了丰富复杂的多神论信仰，每个神都有特定的象征意义和神话故事。统治者也被神格化了，法老被认为是神的化身，是国家和宗教的最高权力象征。在政治层面，古埃及人建构了强大的中央集权体制，形成了从法老、贵族、祭司、官员到平民、奴隶的完整社会分层。古埃及人发明了象形文字，对文明传承发展的最重要贡献是莎草纸（Papyrus）的制造，此后莎草纸和羊皮纸成为传承和记录西方先贤思想文字的主要载体。

"轴心时代"——文明历史长河中气吞山河的转折点，是人类精神地图上一道划时代的光芒。世界各地多种文明的心脏强烈搏动，涌动着哲学、宗教和文化的激流。如同众星汇聚成银河，轴心时代的文明成就汇集成人类智慧的璀璨星系。在这个时期，人类对于存在的意义、道德的本质和宇宙的秩序有了前所未有的深刻洞见。那些伟大的思想不仅孕育了信仰和哲学体系，更成为后世文明演进的根基和灵魂。"轴心时代"的先哲们，他们的智慧如同璀璨的流星，穿越时空的界限，照亮了后世的文明天空。他们留下的思想和教诲，如同永恒的北斗，指引着后来几千年的人类在道德和精神的海洋中航行。这是一个英雄辈出的时代，也是一个精神的黄金时代，闪耀的人类文明"群星"，其辉煌至今仍照耀着人类的文明道路。

第二章 | "帝国时代"——文明的并行

回望历史的长河，我们可以发现，多元中心并存、多文明并行发展，一直是世界文明发展的总体格局。中华文明与欧洲文明，作为两个具有相对独立起源的文明，分别位于亚欧大陆的东西两端。而在亚欧大陆的中央地带，印度文明和两河流域文明也几乎在同一时期崭露头角，由此逐渐形成了亚欧大陆四大文明区域并立的局面。公元前 2 世纪后，东方与西方都进入了一个重要的统一时期。在这个时期，欧亚大陆上陆续诞生了一些强盛一时的人类帝国，这些帝国的政权影响力空前强大，标志着古代文明的鼎盛时期。各大帝国通过政治、军事、经济等多种手段，将自己的影响力扩展到了广泛的地区，推动了各地区间的文化交流和融合。在中华文明方面，秦始皇统一六国后，中国进入了一个长达两千多年的封建社会时期。在这个时期，中国经历了多次政治、经济、文化等方面的变革和发展，逐渐形成了具有鲜明特色的中华文化。在欧洲文明方面，罗马帝国的崛起和扩张也推动了欧洲文明的发展。而不论是中华文明还是罗马文明，它们文化的影响力不仅局限于本土，还对周边国家和地区产生了深远的影响。

第一节 封建贵族、门阀士族与古代平民文化——东方文明的千年演变

中国古代的王朝更迭，不仅代表着统治权力的转移，更诠释了文明整体的变迁。在帝国统治的时代，创造中华文明的主要群体不断扩展，从贵族精英阶层到名门望族的士大夫阶层再到平民阶层，中华民族的文明主体不断壮大。而东方文明的底色，也从秦汉时期的"贵族文化"到魏晋时期的"士族文化"，再到宋元明清时期的"平民文化"，历经了数千年的演变与发展，逐步实现平民化、世俗化、人文化是中华文明的重要特征。

(一)"富垺王侯"——封邦建国的璀璨余晖

中国古代分封制又称"封邦建国"，是肇始于西周的政治制度。分封的目的是在国家治理体制不发达的情况下最大限度地巩固中央王朝的统治，分封的对象和做法是把王族、功臣和先代的贵族

（异姓功臣贵族、同姓王室贵族、先代帝王后代等）分封到各地去做诸侯，建立诸侯国。至春秋战国时期，诸侯国为了争夺霸权，纷纷在自己的封地内采用再分封的形式巩固自己的地位。到秦汉时期，封邦建国制度迎来了最后的辉煌。

"秦王扫六合，虎视何雄哉！挥剑决浮云，诸侯尽西来。"公元前 221 年，秦始皇"以眇眇之身，兴兵诛暴乱，赖宗庙之灵，六王咸伏其辜，天下大定"。攻灭六国之后，秦始皇"分天下以为三十六郡，郡置守、尉、监"，确立了以郡县制为基础的中央和地方国家体制，并在此基础上建立了统一的多民族的中央集权国家政体。郡县制全面推行之后，与之相对的分封制却并没有因秦始皇统一六国而退出历史舞台。由于历史文化传统的影响，坚持分封制的思想和舆论依然广泛存在，分封制甚而在秦汉时期产生较大的影响。汉承秦制，刘邦建立西汉帝国后，鉴秦之衰，大封宗族与功臣，以至于西汉时期诸侯贵族富可敌国。司马迁在《史记·平准书》中就说道："故吴诸侯也，以郡山铸钱，富埒天子。"意指诸侯富有的程度与皇帝相当。

经济基础决定上层建筑，思想观念和文化形态则反映了社会关系的性质。正因如此，秦汉时期的文化艺术具有鲜明的贵族化特征。儒学正统地位的建立和巩固，国家教育体制的逐步健全，成为适应集权政治需要的文化建设成就的重要标志。文学在当时主要有三股潮流：汉赋、乐府诗、散文。赋在汉代逐渐走向了兴盛，成为宫廷文学，经常描述建筑的精美、贵族游猎的生活等。最出名的是司马相如的《子虚赋》《上林赋》。他靠这两篇作品，得到了汉武帝的赏识，《子虚赋》《上林赋》塑造了强大的帝国形象，并且还塑造了仁政爱民的帝王形象，具有极高的艺术价值。秦汉时期的艺术品类相当繁复，特别是秦始皇陵及铜车马和兵马俑、西汉霍去病墓前的大型石刻、东汉武威铜奔马等令世人注目的雕塑作品，皆可称为秦汉艺术的代表之作。

秦汉时期在贵族群体中流行的神仙思想与延寿的愿望，也使绘画多呈现神仙美术的特点，其题材包括青龙、白虎、朱雀、玄武等神兽，天界、人间、冥界的生活状况，以及升天成仙等画面，使绘画表现出了浪漫、奇幻、神秘等艺术特征。西汉后期尤其是东汉出现了较多的反映贵族现实生活的作品题材，包括车马、猎物、宴乐、侍从、出行等，表现了贵族对纵情、享乐生活的追求，描绘了他们较为现实的私人生活，使绘画呈现出更多的现实与世俗色彩。宫廷府寺的墙壁上，贵族、官僚、地主的宅第的墙壁、墓壁上，盛行以绘画装饰，其中最有代表性的是汉景帝之子鲁恭王在曲阜修建的灵光殿。据王延寿《鲁灵光殿赋》记载，壁画先是太古裸体粗犷奇怪的神话人物，其次是穿戴冠冕的黄帝、尧、舜，再次是夏、商、周三代兴亡。

两汉是经学的昌盛时代，涌现出一大批成绩卓著的经学家，董仲舒、孔安国、刘歆、马融、郑玄等不胜枚举。其中郑玄更是改变经学众说纷纭的局面，成就了两汉经学"小一统"。科技四大家有蔡伦、张衡、张仲景、华佗。其中蔡伦改进造纸术，对人类文明的保存传播作出了伟大贡献；张衡，制造了人类第一架"漏水转浑天仪"和第一架"候风地动仪"，揭示了月亮不发光的原因，还是汉赋四大家之一;医圣张仲景,著有中医四大经典之一《伤寒杂病论》;神医华佗,发明了"麻沸散",被誉为外科圣手。

秦汉时期的文明创造和文明积累,在中国历史上呈现出耀眼的辉煌,其社会结构和政治形式,给中国近 2000 年文化传统的形成和历史演进方向带来了深刻的影响。其军事、经济、文化、艺术都发展迅猛,高度繁荣,呈现出了秦汉帝国的泱泱雄风。经历这一时期,以"汉"为标志的民族文化共同体初步形成。以"大汉""皇汉""圣汉""强汉"自称的民族对于世界文明进步作出了巨大贡献,保留了光荣的历史记录。正是因为秦汉时期历史文化贡献的丰富,使得"秦"和"汉"长期成为代表我们国家、民族的公认的文化符号。

(二)"王谢风流"——门阀士族的荣辱兴衰

"朱雀桥边野草花,乌衣巷口夕阳斜。"唐代诗人刘禹锡的《乌衣巷》,不但带火了秦淮河上的朱雀桥,将南岸的乌衣巷包装成中国最富内涵、最具风情的古巷,还勾起了人们对"王""谢"这两大高门士族及门阀制度的好奇心。乌衣巷位于秦淮河上文德桥旁的南岸,是六朝时期高门士族的聚居区。王、谢两大士族就居住在此,两族子弟都喜欢穿乌衣以显尊贵身份,乌衣巷因此得名。两晋时期,乌衣巷一度门庭若市、冠盖云集,两大氏族走出了王羲之、王献之及山水诗派鼻祖谢灵运等文化巨匠,他们不但是比肩甚至超越皇权的门阀政治的见证者,他们的艺术成就也代表了当时中华民族的文明高峰。

士族门阀是中国古代社会中一个特殊的社会阶层，其主要特点是由一些有官职、有地产的士人组成的门阀组织。这些士族门阀并不是以家族血缘为基础，而是以地域、势力、官职等因素为基础形成的。门阀士族萌生于东汉，发展于三国，形成于西晋，并在东晋时期达到鼎盛。魏晋南北朝时期的政局十分动荡，不断的战乱使得天下政权分裂没有形成大一统。私学的兴起，门阀士族等世家大族逐渐掌握了思想文化上的领导权。在以门第、出身作为考核人才的标准下，士族的影响力在这一时期达到了顶峰，以至于"上品无寒门，下品无士族"的现象愈演愈烈。

汉帝国的瓦解使得维护封建专制统治的儒家伦理纲常受到极大冲击，人们的思想从儒家名教的桎梏中解脱出来，人的独立人格和自觉精神得到一定程度的发展。汉末至隋约400年内，基本上处于长期分裂割据、战乱频仍、社会动荡不安的时代。那时每一个人、每一个家庭家族、每一个社会政治集团、每一个割据政权，要求得生存、自立和发展都必须充分发挥人的主观努力，或者发挥人才的优势，这样的社会环境十分有利于个人聪明才智的充分展示。加之东汉末年统一帝国的瓦解，人们热衷于寻找重新统一和治国的理论。这些时代条件不仅使得各类人才辈出，而且促使学术思想界儒、玄、墨、名、法、纵横、佛、道以致兵家都应时而出，形成了我国历史上所谓第二个"百家争鸣"的时代。

这一时期名家迭出，各派融合，成果之丰硕远胜两汉，直开以后宏阔的唐宋文明之格局。以"名士"为代表的魏晋思想家们，如荀粲、何晏、王弼、夏侯玄、嵇康、阮籍等人，突破了两汉独尊儒术的樊篱，大胆地把儒家以外的各家思想，其中主要是道家思想引入儒家，后期又把外来的佛教思想改造成中国化的禅宗，最终形成以儒为主，兼涵道、禅的魏晋玄学。文学上，前有"三曹七子"，后有嵇阮、潘陆、左思、陶潜、二谢，任何一个都不逊于其他时代的文学巨擘。陆机的《文赋》、刘勰的《文心雕龙》、钟嵘的《诗品》都是了不起的文学理论作品。在艺术上，魏晋的音乐、绘画、雕塑、建筑，尤其是书法，都达到了前所未有的高度。嵇康的《声无哀乐论》是中国第一篇音乐理论文章。顾恺之号称"三绝"：画绝、文绝、痴绝。王羲之与其子王献之的书法更是人尽皆知。在科学上，魏晋南北朝时期都有远远超过前代的成就：范晔、孙盛、沈约等人的历史学，裴秀、郦道元等人的地理学，何承天、祖冲之等人的天文历法学，华佗、嵇康、陶弘景等人的医术和养生学，葛洪、陶弘景等人的炼丹学（化学的起源），马钧、祖冲之等人的机械发明，在当时世界都占据顶尖地位。

"王谢风流今寂寞，江山形胜亦凄凉。"正所谓盛极而衰，自隋唐始，因为专制集权的体制不允许贵族成为皇权的威胁，门阀士族阶层也开始走上了下坡路。另一方面，隋唐时期，科举制度兴起为平民阶层走向政权中央提供了合法的路径。武则天以前，关陇贵族依然对政权的政治权力有所垄断。武则天即位以后，对科举制度加以巩固，对进士科尤为重视，由此对关陇贵族的打击就越加强力。门阀士族的力量在经历了打击之后，近乎消亡。晚唐的黄巢起义（875 年—884 年）给唐王朝带来沉重的打击，所谓"内库烧为锦绣灰，天街踏尽公卿骨"，士族时代也随着这股浊流东流入海，不复回头了。

(三)"布衣雄世"——平民文化的繁荣兴盛

宋建立后，赵匡胤吸取了五代时期军人执政的教训，制定与士大夫共治天下的国策。有宋一代，政权对知识分子的尊重和重视可谓是其他朝代无可比拟的。文人治国的制度由汉武帝开始，到宋代完全成为行之有效的制度，平民知识分子群体的扩展和社会经济的发展，中国在宋代彻底进入了古代平民社会。

人身依附的松弛，婚姻财产关系的明晰自由，使得宋朝人口流动性较大，创造了源源不断的劳动力，工商业高度繁荣，城市化进程不断加快。宋朝不抑制土地兼并，手工业、造船业、酿酒业、冶铁业不断发展。宋朝设立市舶司，发展海外贸易。在边境设立榷场，加强各政权之间的交流。商品经济的发达，创造了许多平等的商品市场主体。在民俗文化方面，宋朝率先推出了许多话本、侠义小说；宋词的出现，成为街头巷尾人们的一种唱谈；在休假、饮食、节日上，宋朝也接近现代。难怪有人说，封建文明的顶峰在宋朝而不在唐朝。"朝为田舍郎，暮登天子堂"，社会中下层有能力的读书人通过科举进入社会上层，获得施展才智的机会，从而使得封建王朝的统治基础更加稳固。门阀势力的消失和印刷术的发展，也促进了文化事业的发展。大批书籍流入普通读书人的家庭，使普通百姓也有受教育的机会，而不再为门阀势力所专属。大批平民读书人的出现，也大大促进了两宋文化的繁荣。

元明时期则将平民文化进一步发扬光大。因为民间教育的普及，平民百姓通过科举不断涌入上层社会，富于生活气息的平民文化与精致的贵族文化开始大面积接触，雅俗之间没有了严格界限，中国文学终于开始在宋代开了以"口语化"为标志的民间语言写作的先河。汉族精致的诗词歌赋对蒙古贵族没有吸引力，但他们能看懂戏的内容，读书人既然不能参加科举，当然会大量投身于剧本创作。正因如此，元朝的戏曲获得了空前繁荣。明代平民文化兴盛的主要标志是大量类书与通俗读物的出版传播。日用类书籍、童蒙读物、儒家经典及科举读物、医药类书、小说戏曲读物等几大类图书的大量出版，明代传奇的兴盛以及大量民间曲本的存在均表明：以商人和平民阶层作为主要消费者的文化市场正在逐步形成。不但诗歌、文章、散曲等高雅文学染上了世俗气息，就连小说戏曲、唱本、鼓词、山歌等形式的文化产品也都纷纷受到重视，兴盛一时。在过去的文学产品中，人们大多将目光聚焦于帝王将相、读书人的身上，但是在明朝小说中，作者笔下的主角却从读书人变成了商人，从帝王将相变为了普通百姓。

宋朝官员叶廷珪在《海录碎事·人事·敏慧》中写道，"袁绍称郑玄以布衣雄世"，意指"平民成了世间的英雄"。在宋元明时期，平民文化地位不断提高，兴盛一时，"布衣雄世"可谓如是。嘉靖初年，文学家李梦阳曾说出了一句成为明代文学思潮标志性口号的话："真诗乃在民间。"如此俗情俗境，正为弃儒就贾、士商相混的民间文化和社会风气作了生动的注脚。

自秦汉以降，中华帝国的政治格局在从封建分封的体制走向专制集权的体制的过程中几经波折，最终以民主革命终结封建制度结束，体现为贵族体制的隐退和平民社会的逐步彰显。随着政治上的变革和经济上的发展，士族与平民之间的交往日益频繁，阶级意识逐渐淡化，平民的知识和文化水平逐渐提高，在社会文化方面，适应商业和市民需要的文化领域取得非凡成就。从汉赋、唐诗到宋词、元曲、明清小说，语言呈现出由辞藻华丽、句式严整到句式活泼、通俗易懂的变化，文化发展呈现出平民化、世俗化的趋势，也越来越被人民所共享。中华文明数千年的延续发展，不仅彰显了人民性底色，也说明一种文明只有由最广大人民创造、为最广大人民服务、有利于最广大人民福祉时，才具有广泛而持久的公正性，才可能得到最广大人民的支持、参与，才可能长久存续下去。所谓中华文明具有突出的连续性，实际上是因为中华文明的发端、发展恰恰是这样一项伟大的事业。

(四)中华文明的独特性

中华文明赓续不断，具有五千多年的辉煌发展历史，形成了具有中国特色、中国特征的精神标识，是中华民族在中华大地上创造的伟大文明形态。2023 年 6 月 2 日，习近平总书记在文化传承发展座谈会上指出，中华文明具有突出的连续性、创新性、统一性、包容性、和平性。[①] 这五个突出特征，充分体现了中华文明

① 习近平：《在文化传承发展座谈会上的讲话》，人民出版社 2023 年版，第 2—4 页。

具有有别于其他文明的独特性。

中华文明具有连续性。目前学术界普遍承认的 12 个古文明，中华文明是其中唯一完整延续至今的原生文明，绵延至今的中华文明有着一脉相承的精神血脉。这既有中国百年考古发现的实证，又有中华历史典籍与出土文献的连续性佐证。例如，从《史记》到《明史》共计 3212 卷是不断裂文明史的历史实录；先民智慧的结晶《易经》《尚书》《诗经》等文化典籍作为中华民族的精神支撑绵延数千年。正如习近平总书记指出的："中华文明源远流长，从未中断，塑造了我们伟大的民族，这个民族还会伟大下去的。"[1]

中华文明具有创新性。创新性是中华文明始终保持生机活力的最突出特性，习近平总书记在庆祝改革开放 40 周年大会上的讲话中指出："以数千年大历史观之，变革和开放总体上是中国的历史常态。"[2]春秋战国时期的商鞅变法、秦始皇郡县制改革、汉代的"文景之治"、唐代的"贞观之治"、北宋的王安石变法、清代雍正的摊丁入亩政策等，无一不推动了历史的发展和时代的进步，不计其数的变革和图强汇聚成了中华民族的历史长河。中华文明在创新中开辟历史，也必将在创新中迈向未来。

中华文明具有统一性。中华文明是以中原华夏地区和华夏族的文明为核心，不断吸收周边民族文明，至秦汉交融成多元一体

---

[1] 任仲平：《增强实现中华民族伟大复兴的精神力量——深入学习领会习近平总书记在文化传承发展座谈会上重要讲话精神》，《人民日报》，2023 年 6 月 4 日。

[2] 习近平：《在庆祝改革开放 40 周年大会上的讲话》，人民出版社 2018 年版，第 40 页。

的中华文明，形成你中有我、我中有你的民族共同体。历朝历代的中国人始终秉持着国土不可分、国家不可乱、民族不可散、文明不可断的共同价值追求，牢固树立家国情怀，矢志不渝追求统一。可以说，一部中国史就是一部多民族共同交融发展、团结一心维护国家多元一体的历史。

中华文明具有包容性。中华文明是由多元文化汇聚而成的，超越了地域、血缘、宗教的界限。从历史上的佛教东传、古丝绸之路，到近代的"西学东渐"，再到改革开放以来的全方位对外开放，中华文明始终重视与其他文明的交流互鉴，在与其他文明的不断交流中兼容并包形成了开放的体系。火锅作为我国传统美食之一，多种香料与食材相互配合，口味丰富多样，蕴含着"五味调和"的和合观念和"和而不同"的文化特质，很能体现出中华文明的包容性。

中华文明具有和平性。和平、和睦、和谐是中华文明五千多年来一直传承的理念和主张，"和为贵""化干戈为玉帛""家和万事兴"等价值理念世代相传。在外交方面，中华民族崇尚"协和万邦""四海之内皆兄弟""亲仁善邻"等和平思想，明朝郑和下西洋的壮举，为世界带去丝绸、瓷器和茶叶，为中西方文明交流作出了重要贡献。

伟大的中国人民和中华民族在五千年的历史长河中创造了一个绵延至今、生机盎然、多元一体、兼容并蓄、协和万邦的灿烂中华文明。中华文明在自身的发展历程中与世界其他文明一道共享了人类文明发展的诸多共性：我们创造了灿烂的农耕文明，用双脚探索了陆地和海洋，极大地拓展了自身的生存空间；我们创造了自己的文字与语言，用典籍传承了思想和历史，将暂时的成就锻造成永恒的经典。更重要的是，中国自古以来的文明创造，就是在这样一个地域辽阔、人口巨大、民族众多的基础上进行的，又是从开端之处就逐步被文字统一、思想正朔所规范的，因此更具有其他民族、其他文明所不具备的鲜明个性。中华文明既有"万变"，又不离"其宗"，是人类文明发展史上的"主角"之一，有自身独特的"故事线"。

第二节 神的眼还是人的眼——西方文明走过了一条怎样的道路

在廓清东方文明几千年的发展脉络后，我们着手进行理解西方文明发展史的工作。诚然，相比于东方王朝悠久的大一统历史、作为单一文化中心的巨大辐射力和几乎从未间断的文明传承，梳理出西方文明的发展脉络是一件十分复杂和艰巨的任务。如果说可以用治乱兴衰的历史视角去审视东方，我们可以看到一个"合久必分、分久必合"的大中华，当你以满怀期待的目光去审视西方，你所能看到的多半是无数文明在持续几千年的冲突中艰难融合。

这个面积只有一千万平方公里的半岛型大陆，如今星罗棋布地分布着四十几个国家，而在历史上，这个数字曾是几百个。从阿尔卑斯山脉到高加索山脉，从莱茵河畔到伏尔加河畔，从伊比利亚半岛到巴尔干半岛，这片狭小的陆地又被分为西欧、东欧、中欧和南欧。这一划分所指涉的不仅仅是地理上的方位，更多的是文化上的差异。来自北方的维京人的战船、遥远东方蒙古人的铁蹄、阿拉伯人的新月弯刀，许多文明征服过这片土地又融合于这片土地，文明冲撞与交融创造出的是人类历史上繁杂且精彩的文明形态——西方文明。希腊的先哲与神话、罗马的荣耀与辉煌，穿透中世纪的晦暗，经历瘟疫和战争的洗礼，西方终于率先迎来了现代文明的曙光。

理解西方文明有许多条进路，塑造和影响了西方文明的因素非常丰富，战争、瘟疫、商贸、地缘，但如果从"文明"的文化属性这一角度回看近代以前的西方历史，我们会发现哲学与宗教，具体来说是西方的理性主义、人文主义传统和一神教信仰，极其明显地塑造了整个西方的文明形态。浪漫地说，这双洞穿宇宙一切奥秘的眼睛，究竟是人理性的瞳孔还是至高存在的全视之眼？

文艺复兴、宗教改革和启蒙运动共同塑造了近代西方文明，引领这一系列运动的是人类理性和人文的光辉，它的起源要从古希腊哲学中寻找。完整世界的开拓先驱是一批批传教士和清教徒，支撑他们突破万难的是对上帝的虔诚信仰，对神的虔信源自罗马时期一神教对多神教的代替。即便随后到来的"黑暗的中世纪"也不全然是黑暗的，哲学与宗教在这个时期相互影响，架起人与神之间的桥梁的任务最终由理性和信仰共同承担。那被文艺复兴所复兴的、被宗教改革所革新的、被启蒙运动所启迪的东西，要从欧洲文明的大历史中找寻。

西方的理性主义传统起源于古希腊哲学对世界本源问题的关注，当人类开始摒弃原始的图腾或祖先崇拜，开始独立思索世界的起源时，就是人类运用理性思维的开始。古希腊哲学是西方理性思想的开端，它倡导一种理性的精神，代表一种对普遍性和必然性的追求。虽然不是每个哲学家都是理性主义者，但理性主义是西方哲学的基底。

泰勒斯（Thales）提出"水是万物的始基"，哲学进入合理说明世界结构的阶段，寻求统一性和普遍性成了古希腊哲学的基本特征。哲学家相信通过人的思考和总结就可以把握一切的开端，哲学扬弃了之前朴素的信仰和传说，开始以一种理性主义的态度思考世界。赫拉克利特（Heraclitus）认为"火"是万物的本源，火在一定分寸上燃烧，在一定分寸上熄灭，这种"分寸"就是"逻各斯"，这是一种支配万物的理性准则。毕达哥拉斯（Pythagoras）认为"数"是万物的本源，数字是一种纯"形式"，"万物本源"从感性的具体事物上升到"形式"。具有普遍性、思辨性和抽象化的特征的"数"并不是由对日常经验的归纳总结得到的，它具有一种自上而下的规定性。于是毕达哥拉斯开创了一条从抽象的概念给予万物规定性的道路。巴门尼德（Parmenides of Elea）对"存在"进行了分析，提出"存在者存在，不存在者不存在"这样的观点，这就避免了以感官为基础的认识，以彻底理性的角度来思考"存在"，将思维与感性经验对立起来。巴门尼德区分了"真理之路"和"意见之路"，如果人们从感性经验出发去探寻世界的本源就会走上"意见之路"，得到的是不确定和不真实的知识；运用理性去思考"存在"

的理性哲学可以得到确定性的真知。反对可感事物的不确定性，追求知识的理性确定性成了此时希腊哲学的特征。

西方哲学、科学、理性主义传统的奠基是在苏格拉底到亚里士多德的哲学中完成的。苏格拉底（Socrates）在回应智者派时提出"认识你自己"的口号。也正是在应对智者派的过程中，苏格拉底诞生了把"确定性"转移到主体一侧的冲动，这也意味着将对世界本源的探索转向对主体的认识。人可以在认识自身、追求自身实现的过程中达到真理，就从特殊性达到普遍性。苏格拉底提出"美德即知识"，强调把握普遍的"善"，扩大了哲学的研究视域，将普遍道德纳入哲学的思考。这意味着科学从此不能简单地满足于对"个别者"的处理，而是逐渐把目光转向了制约"个别者"的"普遍者"一侧。这也同时意味着，不光自然（physis）的东西有成为科学课题的可能性，伦理（ethos）的东西亦然。苏格拉底思想的出现使西方文化发生了根本的转变，理性成为处理自然领域和人类生活领域、道德领域的共同原则。

柏拉图（Plato）是理念论的创始人，柏拉图将普遍的东西定义为"理念"，"理念"是"共相"，标志着事物的本质，是永恒不变的实际存在。柏拉图进一步发展了巴门尼德的思想，将世界分为"理念世界"和"现象世界"。"现象世界"是不断变化的杂多，是不真实的；"理念世界"是不变的、真实的、客观存在的。我们必须通过"理性"才能真正地认识"理念"，认识的最终目的是达到"善的理念"，柏拉图奠定了理性主义哲学的基本范式。亚里士多德（Aristotle）是古希腊哲学的集大成者，在亚里士多德哲学中，科学是关于经验事实的学问，哲学(形而上学)是关于万物根基和原则的学问，数学、自然科学和形而上学都被定义为理论科学。亚里士多德的研究为哲学和许多具体科学划定了研究范围，在亚里士多德的哲学中，哲学(形而上学)不仅作为科学出现，而且作为关于最高和最终问题的"第一哲学"出现。

总的来说，自古希腊就诞生的理性主义传统是西方哲学中最重要的哲学方法，它强调理性和逻辑在获取知识和追求真理上的重要性，另外也间接肯定了超越感性世界的存在和普遍性真理的存在。理性是一种伟大的能力，而这能力显然是"属人"的，是可以通过对话、反思或教育来培育的。理性就好比人齐心合力建造"巴别塔"，企图靠自己的能力通往天堂，但上帝还是降下了"神罚"，阻止了人类的"通天塔"(The Babel)计划。

如果说中华文明几千年来，一直拥有一个高度发达的世俗社会和源远流长的平民文化，西方则自罗马时代起就被宗教塑造着整个文明形态。相比理性主义传统更多影响的是西方对科学的发展和现代政治、法制的确立，宗教则几乎影响着西方人生活的方方面面。无论是基督教，还是后来的天主教、东正教，抑或是宗教改革后的新教，其教义、宗教经典、宗教礼仪如何嬗变，对唯一的神——上帝的信仰是从未动摇的核心。

从人类能控制和使用火，可以建造房屋抵挡风雨开始，自然崇拜或原始图腾崇拜就慢慢被抛弃，取而代之的是人格神和多神论。也就是神不再是神秘莫测的自然，而是优秀的、强壮的、俊美的人，会被神化。象征太阳的阿波罗、象征智慧的雅典娜、象征美丽的维纳斯……这些人格神不但有同人类一样的容貌和声音，而且有同样的性格脾气，宙斯也会爱上凡间女子并与之偷情，天神也会爱慕、嫉妒甚至是死亡。

而某种程度上可以说"一神论"思想是人类思想史上的重要发明。这表明人类抛弃了对图腾和祖先的低级崇拜，彻底超越对有限的、实存的事物的思考，将自己思维的边界拓展到了极限，创造出了一个在逻辑上无法证伪的"纯粹概念"。由此为基点出发的一神论宗教，在漫长的历史岁月中形成了一整套涵盖哲学、政治、伦理、文化的体系与规范。

一神教，是相对于多神信仰而言的，一神教相信存在一个唯一的神灵的信仰，他被认为是至伟至大的存在和一切的创造者。一神教的起源和发展是复杂的，每一支分支都有自己独特的宗教历史和神学观点。在这里我们重点考察犹太教、基督教这两个主要的一神教传统。

犹太教是三大一神教中最古老的宗教，其起源可以追溯到三千多年前。犹太教的基本信仰植根于希伯来语《圣经》，其中包括《旧约》的前五部（创世纪、出埃及记、利未记、民数记和申命记），以及随着时间推移而增加的一些其他文本。《旧约》在开头就回答了世界起源、人类起源和犹太民族起源的问题。根据犹太传统，该宗教的创始人是亚伯拉罕、以撒和雅各，他们也被认为是犹太民族的始祖。犹太教最重要的特征之一是强调上帝与犹太民族之间的契约。根据犹太人的信仰，上帝选择了以色列人作为他的特殊子民，并在西奈山与他们订立了盟约，并赐予先知摩西十条诫命和《托拉犹太律法》。犹太民族颠沛流离的悲惨经历决定了犹太教中"救世主"(弥赛亚)概念的重要性。"弥赛亚",意为救世主或救赎者,根据犹太传统,弥赛亚将恢复大卫王国,重建耶路撒冷的圣殿,重奉犹太律法,并将分散在世界各地的犹太人民聚集到以色列国,弥赛亚还将打败以色列的一切敌人,最终建立一个持续一千年的公义统治。在罗马时期,犹太人民经受着严酷不公的法律、沉重的苛捐杂税和频繁的暴力杀戮,无不期待着救世主的降临。

既然都信仰同一个上帝,那为什么起源于犹太教的基督教会与犹太教水火不容呢?基督教是在公元1世纪从犹太教中产生的,它的基础是相信拿撒勒人耶稣是上帝的儿子,就是犹太《圣经》中预言的拯救者"弥赛亚"。拿撒勒城无非是以色列北部一座不起眼的小城(当时以色列全境都被罗马帝国所统治),犹太人的救世主怎么可能在这种地方现身呢?这引起了犹太教势力强大的法利赛派(Pharisees)和撒都该派(Sadducees)的强烈不满,因此向驻耶路撒冷的罗马总督告发了耶稣。在这些人看来,耶稣妄称"弥赛亚",耶稣的追随者自然就是邪恶的异端分子。

根据基督教传说,耶稣被罗马人钉死在十字架上,并在三天后复活,他的追随者开始坚信他就是人类的救世主。早期的基督教社区主要由接受耶稣为弥赛亚的犹太人组成,但该宗教很快就传播到整个罗马帝国的外邦人中。犹太教是专属于犹太人的封闭宗教,其核心教义之一就是神只拯救犹太民族。但基督教倡导"神爱世人",其教义本身就蕴含着成为世界性宗教的基础。

　　早期的基督徒在罗马帝国的统治下受尽了迫害，一方面是他们的一神论信仰与当时罗马流行的多神教根本冲突，另一方面是早期基督徒经常为了躲避迫害而被迫采取小范围夜间聚会和进行秘密的宗教仪式。这些行为完全无法博得罗马普通民众尤其是上流社会的好感。这一时期，山顶的十字架、城市的斗兽场和城墙上的火刑柱无不见证着早期基督徒的悲惨处境和遭遇。

　　历史的清算总要到来，随着罗马帝国的残暴统治，帝国的危机不可避免地爆发了。由于奴隶制不可避免的衰落，从公元3世纪开始，罗马帝国逐渐陷入内忧外患之中，史称"3世纪危机"。经过几次异族入侵战争的洗劫，大量的罗马上层人士被抛入底层社会，并最终选择了基督教。

　　从4世纪起，帝国的统治者改变了对基督教的态度，经历了从镇压到包容、从扶持到利用的过程。公元313年，东西罗马皇帝君士坦丁一世和李锡尼共同颁布《米兰敕令》，宣布罗马帝国境内有信仰基督教的自由，并且返还了已经没收的教会财产，承认了基督教的合法地位。公元392年，皇帝狄奥多西一世宣布禁止信仰基督教以外的宗教，基督教成为罗马国教。自此，西方文明彻底和对上帝的信仰绑定在一起。

　　一神论宗教在塑造西方文明的发展中发挥了重要作用。随着罗马帝国的衰落，基督教会崛起为一股强大的政治力量和社会力量，甚至在一定程度上主导和主宰了欧洲封建社会的发展，这是在中国没有出现过的现象。可以说，整个西方文明就是"神人共塑"的结果。

基督教对西方文明产生了巨大的影响，塑造并启发了西方的文化、信仰、价值观和制度。基督教艺术一直是西方艺术史上的主导力量，从罗马地下墓穴的壁画到中世纪高耸的哥特式大教堂，基督教艺术一直是表达宗教信仰、价值观和经验的强大媒介。教堂里达·芬奇和拉斐尔的宗教绘画，米开朗基罗的雕塑作品，但丁的《神曲》和弥尔顿的《失乐园》，赞美诗、合唱和管风琴，西方的艺术大多都打上了深刻的信仰烙印。除了艺术，基督教对西方科学也有重大影响。上帝创造宇宙是有秩序和目的的，这一信念激发了许多基督教学者潜心研究自然，促进了天文学、数学和物理学等领域的重要发现和突破。基督教在西方教育的发展中也发挥了关键作用，大学、学校和修道院等宗教机构为扫盲和知识传播创造了条件。中世纪的大学，如牛津和剑桥都是由教会建立的，这些本用于培养牧师和宗教学者的圣地，后来成为推动人类文明进步的中心。基督教也对西方政治和社会结构产生了深刻的影响。基督教在西方民主的发展中发挥了关键作用，自由、人权和平等的思想深深扎根于基督教思想中。基督教也影响了西方社会结构的发展，从家庭单位到福利国家。基督教的婚姻和家庭概念一直是西方社会的基石，为个人关系和社会稳定提供了一个框架。同样，基督教的慈善理念是现代慈善组织和社会福利项目的源头，如教会医院、孤儿院和施食处等。

理性主义和一神教信仰最终在欧洲的中世纪相遇，纵然理性主义强调用人的理性和逻辑来理解真实世界，而基督教正统认为信仰和启示是知识的唯一来源。但从司各脱到奥卡姆，从奥古斯

丁到托马斯·阿奎纳，用理性和逻辑来理解上帝的本质以及上帝
与人类之间的关系，试图调和理性与信仰的努力从未停止。随着
文艺复兴、宗教改革和启蒙运动的到来，理性逐渐战胜了信仰，
"人的眼"终将代替"神的眼"审视世间的一切，而那位"至伟至大、
全知全能"的神也从未离开属于她的"圣殿"。

第三节　"大中华"——儒家文化对中华文明的决定性影响

习近平总书记在北京大学师生座谈会上指出："中华文明绵延
数千年，有其独特的价值体系。"[①]中国拥有上下五千年的悠久历
史，中华文明是世界上唯一的五千年一以贯之从未中断的文明，拥
有自己独特的文化和精神内核。儒家文化对中华民族意识的影响既
深且远，对"大中华"的形成与发展起着举足轻重的作用。一方面，
因为儒家文化这种不完全、不直接服从和依赖于经济、政治、社会
变革的相对独立性和自身发展的规律，它才得以成为封建统治者巩
固统治的官方意识形态，对维护王权的威严和封建社会的稳定发挥
了重要作用。另一方面，也正是儒家文化这种独特性，才能使中国
传统文化在长期的发展历程中虽经历了蜿蜒曲折和外来文化的种种
冲击，却一直保持形式结构的相对稳定性，使中华文化连绵不断、
生生不息，使中华文明在人类文明史上独树一帜、璀璨夺目。

---

① 习近平：《青年要自觉践行社会主义核心价值观——在北京大学师生座谈会上
的讲话》，人民出版社 2014 年版，第 7 页。

(一)儒家文化对我国农耕文化的影响

在古代,农业生产是人们社会生活的基础,而中国传统文化是建立在农业社会基础上的。中国传统文化表现出典型的农业文明特征与心态,"日出而作、日入而息,凿井而饮",躬耕田亩、春种秋收,世世代代、年复一年。这种生产方式,注定了中国古代文化的农业型物态特征,形成了独具一格的"实用—经验理性"的农业文化特征。而从另一个角度来说,农耕文明得以沿袭五千年,不单单是因为国情使然,从文化角度来看,它是国家推崇的一种"善"的文明。从本质上讲,它是传播艰苦奋斗、勤俭经营的优秀品质,是一种勤劳、朴实、诚信的道德文明。它塑造形成了勤劳朴素、谨慎谦虚、尊重传统、恪守道德的社会心理特征。而这些文化特征与道德标准和后来衍生发展的儒家思想内涵有惊人的相似之处。

农耕文化中的尊重传统、崇尚中庸的社会心理特征可在儒家思想中"仁"这一最高的道德原则、道德标准和道德境界,亦是儒家学说的核心中找到影子。儒家思想将整体道德规范融为一体,形成了一种以"仁"为核心的伦理思想结构,包括孝、弟(悌)、忠、恕、礼、知、勇、恭、宽、信、敏、惠等内容。其中,孝为仁德之本,是儒家伦理思想体系建立的基础。孔子的儒家思想主张的是传统六德(智、信、圣、仁、义、忠)、六行(孝、友、睦、姻、任、恤)、六艺(礼、乐、射、御、书、数)的社会化教育。这些与农耕文明中小农经济下人们所倡导的勤劳、孝顺、德行、顺应传统，中庸求和的特点相一致，这也正是先于儒家思想的周代农耕文化思想所固有的基础思想。因此说传统儒家思想根植于西周文化思想，儒家思想里蕴含着丰富的农耕文化思想理念和意识是十分合理的。此外，儒家思想典籍之中蕴含了许多继承了中国农耕传统文化的优秀特点，比如耕读传家、尊师重教、勤俭持家、和睦邻里等。这些儒家思想对人的熏陶与教导核心就是要让人成为一个正大光明、知书明理、生活严谨、宽容善良、理想崇高的人，这也是中国几千年以小农经济为主体的儒家农耕文化的一贯追求，同时也直接体现了中国几千年艰苦奋斗、勤俭节约的农耕文化思想和传统的儒家思想。

从某种程度上来说，儒家文化推动了我国农耕文化的发展。儒家文化之所以具有如此强大的生命力，一定程度上是因为这种思想植根于农耕文化如此深厚的中国古代社会。儒家哲学经过孔子、孟子、朱熹等思想家的精心诠释，像强大的永恒磁场一样深深吸引着人们，成为中华民族重要的文化基因和道德载体。同时，这种内生的文化基因和道德载体也与农耕文化相得益彰，并在与农业生产实践结合的过程中不断发展和升华，从而形成中国农业文化非常连贯的影响和辐射。中华儿女眷恋土地，热爱生产，儒家文化跨时空的影响力、辐射力对农耕文化的推动是显而易见的，但令人难以置信的是，它能有如此强大的生命力，这种精神内核已然成为中国人民所向无敌的动力源泉。每当中华民族面临生死存亡的关键时刻，它的作用就会更加凸显，并可能起到力挽狂澜的作用。时过境迁，儒家文化中的人格理想、乐观进取和舍我其谁的实践精神，依旧影响着一代又一代人。

(二)儒家文化对国家政治结构的影响

儒家建立在宗法观念基础上的伦理政治理想对秦汉以后中国国家政治结构产生了深远的影响。中国能长期延续"家天下"政权模式，其中宗法制度原则的实质是家族制度的政治化。这种政权模式在中国传承了两千多年，王朝的更替往往意味着新旧家族的兴衰。秦始皇以郡县制取代分封制，对宗法血缘关系进行强力破坏，但是他并没有摆脱宗法关系的控制，他自命为"始皇帝"，希望其家族子孙世代传袭皇位。他说："朕为始皇帝，后世以计数，二世三世至于万世。"(《史记·秦始皇本纪》)秦二世灭亡之后，代之而起的是刘姓的汉家天下，布衣刘邦一旦成为帝王，就将天下视为私产，他与臣僚约定，"非刘氏而王，天下共击之"。在皇位继承方面，大多施行的是嫡长子继承制。虽然历史上存在不少非血统后裔继承皇位的案例，但并没有超出宗法血缘关系的范围，仅是对嫡长子继承制的补充。

"亲亲"伦理政治原则的不断扩张。"亲亲"是儒家提倡的伦理原则，儒家思想的核心是"仁"和"义"，其中"仁"的首要内容是"亲亲"。子曰："仁者，人也，亲亲为大。义者，宜也，尊贤为大。"亲亲原则包含两层含义，家庭亲亲原则与社会亲亲原则。家庭亲亲原则调整的是家庭或家庭内部成员同他人之间的利益关系；社会亲亲原则调整的是家庭同国家、社会之间的利益关系。"亲亲"是宗法制度的基础，在西周的社会政治秩序中，亲亲成为首要的政治原则。儒家由亲亲而重孝，重孝而慎终追远。古代的宗法文化不仅让人民对君主有一种血亲的归属感，同时它也构成一种现实的政治力量。亲亲伦理政治原则影响国家政治的另一表现是，它造成任人唯亲的官僚习气。总的来看亲亲原则给中国传统的政治涂上了浓厚的宗法色彩。

宗法原则是维持王朝政治的重要力量。根植于农业社会的宗法制度和宗法观念在中国产生了深远的影响。一方面，当王朝陷入危机时，皇室和贵族会自觉地承担起拥护国家、拥护社会、振兴王朝的政治使命，使"家天下"政权模式得以不断复制和发展。在中国古代，王公贵族享有优厚的待遇，他们习惯于视皇室为国家利益的代表，当国家遇到危机时，皇室成员自然会成为他们支持的对象。例如，西汉末年，刘秀凭着皇室后裔的身份和自身的雄才伟略白手起家，重建汉王朝。另一方面，在宗法文化渗透下，人们将皇权视为自然法则，不仅旧贵族想要复兴家族，农民起义的领导人也复制旧有宗法模式建立新王朝。两千多年来的封建社会，王朝国姓多次更替，但王朝的政治模式并没有根本改变。家国一体、父权与皇权相结合的政治结构，在中国历史文化的形成发展过程中发挥了独特的作用。以亲亲为基础、以君王国家为核心的伦理文化，是中国传统社会持久凝聚的精神保障，也是中华文化历经磨难而未断绝的文化动力。在魏晋南北朝数百年的分裂时期，几乎不存在统一的国家，中华文化仍可以通过以血缘为基础的社会组织而得以保存传承。当然，宗法制度的原则与君主制度的结合也对中国文化产生了显著的负面影响。墨守成规是社会对个人的普遍要求，很容易养成唯上、唯书、唯亲的被动性格，会逐步造成大多数人缺乏文化创新的活力。

(三)儒家文化对中华民族精神的影响

民族精神是一个民族赖以生存和发展的精神支撑。在历史长河中，农耕文明的勤劳质朴、崇礼亲仁，草原文明的热烈奔放、勇猛刚健，海洋文明的海纳百川、敢拼会赢，源源不断注入中华民族的特质和禀赋，共同熔铸了中华民族伟大的民族精神。从主体向度来理解中华民族个性，古老的中华民族最有代表性的民族个性可以表述为五："以人为本"的人文主义精神，"和而不同"的开放兼容意识，"义以为上"的价值优先观念，"内圣外王"的文化实践品格，"天人合一"的人生心灵境界。今天，这五个传统民族个性依然具有相当的现代性，完全可以通过内容、形式、功能的现代性转化创造而继承和发展，成为中华民族现代文明的重要思想源泉。

"以人为本"的人文主义精神使中国人特别关注人道、人伦、人性、人格、人情，重视爱人、敬人、育人、立人、治人，强调尊重人才、培养人才、选举人才、运用人才和管理人才。儒家讲仁者爱人，讲"己所不欲，勿施于人""己欲立而立人，己欲达而达人"。一方面克己，做内省功夫，修身正身，"吾日三省吾身""躬自厚而薄责于人""君子无终食之间违仁，造次必于是，颠沛必于是"；另一方面推己，行道于天下，"行五者于天下"，做到"恭、宽、信、敏、惠"，从而立人达人，"修己以安人""修己以安百姓"

"博施于民而能济众"。这就是儒家学者所汲汲追求的人道，它以"性相近，习相远"为逻辑起点，具体落实在"人伦"关系网络中，通过不断培育每一个人的道德主体人格而延伸开来，把人的价值和尊严具体地落实在感性的生活世界里。所以孔子以"修己安人"为己任；孟子主张尽仁心行仁政，认为"人皆可以为尧舜"，而且"民为贵，社稷次之，君为轻"；荀子直言"人有气、有生、有知，亦且有义，故最为天下贵也"，认为人既能"明分使群""制天命而用之"，又可"化性而起伪"，人人皆可以为大禹。而一切学问，目的在于提升生命个体的生活能力和道德境界，即所谓"古之学者为己"。可见"人"不仅是手段，而且是目的，是终极目的。如果我们能在宗法人伦中救出天然人伦，如果我们能把修己的内容换作共产主义思想、无产阶级思想，如果我们能把安人与安百姓建立在人民当家作主、发挥群众的首创精神的基础上，那么儒家的这种人文精神就有特别值得创造性转化和创新性发展的必要。

"和而不同"使中国人能独立自主坚持原则，但又坚信三人行必有我师，乐意择其善者而从之，发现其不善者而改之，主张"协和万邦"与各个国家和平相处从而天下太平。"以和为贵"绝不是没有原则的"和稀泥"与折中主义。这至少可以从两方面理解：一是"和而不同"，即所谓"在人之下，视自己为人"，尊重上级但不"唯上"，让自己的意见充分发挥作用，在不同意见的"碰撞和合"中使真理呈现出来，从而"和实生物"促使新生事物的生成；二是"和而不流"，即所谓"在人之上，视他人为人"，尊重百姓但不"流俗"，保持独立思考的品性，在经验常识的反思批判中避免陷入"集体平庸"，充分体现生命主体的首创性和能动性。中华民族的"和合"个性表现在重视天人和、人人和、身心和三个方面，亦即人与自然、个人与他人、个人与社会、个人与自身、个人与历史的和谐。但归根到底，人与人的和谐是一切和谐的关键所在。人人和的核心就在"据礼""明分""有序""分利"，使社会各个阶层的生命个体各司其职、各有所得、各享其乐，尽量达到"义"的标准，做到"公正公平""互赢互利"。中华民族之所以"贵和"，与其说是把"和"当作目的，不如说是基于"实用理性"的要求把"和"当作手段。一是因为"和"能"生"，"生物""生财""生利"从而"万事兴"；二是因为"和"能"合"，"同心协力""群策群力"，即所谓"正德利用厚生惟和"，通过"历史合力"发挥巨大的作用；三是因为"和"能"解"，"化解"冲突、仇恨。尽管"仇必和而解"未免有点绝对化，但"和"作为解决冲突争端无疑是基本的手段，只要不是对立面的斗争达到了对抗性的矛盾，"和"就不可或缺。"和"在"不同与不流"的原则下通过符合"义"要求的"礼"制度设计达到"己立己达与立人达人"的有序社会，可以说兼具工具理性和价值理性双重功能。如果我们把有"等级性的礼"换作体现公平正义平等精神的社会主义道德规范和原则，如果我们在承认矛盾与斗争性的前提下来肯定和谐目标和手段，如果我们在独立自主的前提下来推行和平外交，那么儒家的这种和合精神就有特别值得提倡的必要。

"义以为上"使中国人重视价值判断和道德判断，不管是经济行为、政治行为、文化行为还是社会行为，都要求按照"仁义礼智信"的标准进行评判，使其符合当时的社会规范和实践要求。在经济上，就是"君子爱财，取之有道"，一切经济行为都需要符合经济伦理，"见利思义""不义而富且贵，于我如浮云"。在政治上，就是"道之以德，齐之以礼"，广施仁政，"以不忍人之心，行不忍人之政，治天下可运之掌上"。正可谓正心正身，己正而天下正；"治国平天下""壹是皆以修身为本"。尤其是要"尊王贱霸"，因为"以力服人者，非心服也，力不赡也；以德服人者，中心悦而诚服也"。在文化上，就是"立德立人、立功立言"，刚健有为自强不息，积极努力实现自己的人生理想和社会理想，在有限的感性现实生活世界中实现无限的超越以达精神生命的不朽。在社会上，就是"仁者爱人""泛爱众而亲仁"，人与人之间以诚相待，做到"恭、宽、信、敏、惠"，从而使"老者安之，朋友信之，少者怀之"。尽管"义以为上"的价值判断带有"应然"的理想性质，而且"义"在不同时代有着特定的内涵，但其对现实"实然"的反思批判功能和引导规范功能即使在现代社会同样不是可有可无。如果我们强调发展是第一要务与硬道理，如果我们在儒家的"仁义礼智信"中注入现代的正义、自由与平等精神，那么儒家的这种道义精神就有特别值得提倡的必要。

"内圣外王"使中国人重视向内做道德修养功夫，格物致知，正心诚意，修身以成贤、成圣、成就理想人格，向外主动施行仁德仁政，齐家治国平天下实现和谐有序的社会理想。"内圣外王"的观念虽然最早出现在《庄子·天下》篇中，但真正更为系统的明确表达则是在儒家那里。《大学》中的"三纲八目"人生晋升阶梯成为耕读社会中华民族主体最富有实践品格的个性追求。后来，宋代学者张载又把这种格物、致知、正心、诚意、修身、齐家、治国、平天下的"内圣外王"之道浓缩成著名的"四为"教，即"为天地立心，为生民立命，为往圣继绝学，为万世开太平"。这种积极有为、奋斗不已的实践精神，成为中华民族绵延不绝、生命力强的内在动力和鲜明个性。如果我们把内圣修己转换成用无产阶级思想和共产主义思想改造自己与认识自己，如果我们把外王事功转换成在物质实践基础上改造世界与认识世界，那么儒家的这种自强精神就有特别值得提倡的必要。

"天人合一"使中国人重视人与自然和谐相处，在乐山乐水中追求天人一体的精神境界，尊重自然发展规律，注意保护生态环境实现可持续性发展。孔子学生曾点有一段话颇能表达一种充满自然生命情怀的天人合一境界。"莫春者，春服既成，冠者五六人，童子六七人，浴乎沂，风乎舞雩，咏而归。"人与自然之所以能如此和谐融洽，关键在于合理开发利用自然资源。如果我们在大力弘扬科学技术是第一生产力的前提下来谋求"天人合一"，如果我们祛除"天人合一"中对天的"神学"理解，如果我们抛弃用"天意"来为不合理的秩序论证，那么儒家的这种"天人合一"精神就有特别值得提倡的必要。

习近平总书记在文化传承发展座谈会上指出："中国文化源远流长，中华文明博大精深。只有全面深入了解中华文明的历史，才能更有效地推动中华优秀传统文化创造性转化、创新性发展，更有力地推进中国特色社会主义文化建设，建设中华民族现代文明。"①中华民族之所以能在五千多年的发展中，历经磨难而信念愈坚，饱尝艰辛而斗志更强，创造出灿烂的中华文明，民族精神始终是重要的力量源泉。作为传统文化主流的儒家文化对于中华民族精神的形成和发展起到了决定性的影响，在塑造中华民族优秀品格和优良传统方面起到了决定性的作用。此外，在新的历史条件下，我们要端正对儒家文化的态度，对它进行客观的审视，才能更好地继承其优点，扬弃其不足。

第四节　中国"变色龙"②——有限交往下欧洲的中国文明观

让我们简单回顾一下人类的古代历史。公元前 334 年至公元前 324 年，马其顿国王亚历山大完成了对希腊、埃及和波斯的征服，他的军队越过兴都库什山直抵恒河，建立了西方历史上第一个横跨欧亚非的帝国，一个以古希腊式海洋文明为代表的整体性西方文明初步形成。从公元前 230 年到公元前 221 年，同样用了十年时间，秦始皇嬴政东出函谷关扫清六合，书同文、车同轨，九州华夏归于一统，以黄河流域农耕文明为代表的华夏文明完成中央集权政体的建构。两个统一帝国的建立是中西方两种文明形

---

① 习近平：《在文化传承发展座谈会上的讲话》，人民出版社 2023 年版，第 1 页。
② "中国变色龙"这一标题灵感来源于英国著名汉学家雷蒙·道森（Raymond Dawson）的代表作《中国变色龙——对于欧洲中国文明观的分析》一书。

态存续和发展的保障，也是我们得以从整体上讨论中西交往的前提。随着人口的增长，人类的生产活动和经济活动不断向外拓展，中国与西方不可避免地在历史中碰面。然而，彼时中国与西方世界的交往被外兴安岭至喜马拉雅山脉无数高耸的雪峰和茂密的丛林组成的天然"长城"阻隔，仅有阿尔泰山脉与天山山脉之间险隘的关口维系着两个世界之间微弱的交通。

从公元前 200 年至公元 1300 年这 1500 年间，是一个东亚"全盘中化"和西方"走向东方"的过程。这是一个罗马帝国自衰落后未能东山再起，西方逐步分化为"基督教世界"和"伊斯兰教世界"对立的时代，也是一个中华文明作为一个"乌托邦"世界，以其包容、富足、先进的形象和其独有的神秘感，"不可遏制"地吸引身处中世纪的欧洲"中国热"的时代。中西思想文化交流在这一时期的主线是伴随着日益频繁的贸易往来，进行器物和技术间的交流。

在东西方艰难地突破地理限制、进行有限交往的时期，大唐王朝是世界文明的中心，其影响力跨越西北的天然屏障，远及波斯。唐王朝通过一系列征服与和亲建立起朝贡贸易体系明确了其在亚洲的政治中心地位，其制度、文化的广泛传播也令整个"中华文化圈"到唐代基本形成，这是西方人得以从整体视角定位"东方文化"的历史基础。

随后的宋朝是当时世界上人口最多、经济最发达的国家，科技的传播伴随着海运的兴盛而发展，传统"四大发明"至宋朝时已基本传至西方。弗朗西斯·培根激动地说："印刷术、火药和磁铁改变了整个世界许多事物的面貌和状态，并由此产生无数变化，以至于似乎没有任何帝国，任何派别，任何星球，能比这些技术发明对人类事务产生更大的动力和影响。"在唐宋时期中西方的思想文化交流历程中，欧洲人初步形成了对中国的整体印象——富庶、优越、神秘，这一判断符合当时中国的封建经济发展水平和国际交往情况。

但即便是在唐宋时期，我们也只能从有限的意义上讨论中西交流，东方与西方在本质上还是两个孤立的系统，而这一切都将因为蒙古人的崛起、西征和统一大帝国的建立而产生质变。蒙古帝国的诞生对东西方交流的影响是两面性的。首先，蒙古人的三次西征跨越了从前几乎不可逾越的地理界线，建立起横跨欧亚的超级帝国，地理意义上的东西方首次被纳入同一个政治版图，由血腥的征服带来的"和平"与"繁荣"为真正意义上的中西思想文化交流提供了保证。这一时期，大量欧洲的冒险家、传教士随着商队涌向中国。不仅是商品和财富，像马可·波罗这样的旅行家也将中国的风土文化带回欧洲。后来，一位从未踏足中国的神父胡安·门多萨(Juan Gonzales de Mendoza)以马可·波罗的行记为蓝本撰写的《大中华帝国史》塑造出一个完美、优越的中华帝国形象，为此后两个世纪欧洲的"中国崇拜"提供了依据。但蒙古人无情的征伐和屠戮也给欧洲人带来了对东方面孔的无限恐惧，在西方对东方的印象中，"大汗的国土"从一开始就显露出复杂的特性，东方既是"天国"也是"地狱"。

讨论西方人的中国文明观，绝对无法绕开的是《马可·波罗游记》，这本书对当时的西方世界产生了难以估量的影响。这本书为马可·波罗带来了显赫的名声，甚至日后使他成为享有世界声誉的人，马可·波罗的名字就像恺撒大帝和哥伦布一样在西方家喻户晓。

《马可·波罗游记》是一本极富浪漫主义与传奇色彩的作品：威尼斯青年马可·波罗被东方的传说深深吸引，他与家族因为经商需要踏足蒙古统治区域的腹地，突发的战争将他们一行人回国之路阻断，机缘之下最终受邀觐见忽必烈大汗。波罗兄弟受忽必烈大汗的款待在汗八里（北京）滞留了数月，并带着大汗致罗马教皇的一封信回归威尼斯（却因教皇逝世而没能完成使命）。1271年马可·波罗再次启程，这次他游历了中国广袤的国土，甚至在大汗的授命下出任扬州总督三年，在离开故乡二十余年后忽必烈才允许马可·波罗返回祖国。马可·波罗返回威尼斯的消息迅速传遍了整个城市，从中国带回的无数奇珍异宝使他成为巨富。但随后威尼斯与热那亚的战争让马可·波罗身陷囹圄，在狱中他向碰巧同为战俘的名叫比萨的路斯蒂切洛的传奇作家口述了他在中国的传奇经历，这一系列故事才得以保存下来。

马可·波罗在描述中国时酷爱使用"伟大"一词，他将中国形容为一个城市数量众多、规模宏大、极尽繁华的地方，马可·波罗讲述，"苏州共有6000座桥梁，桥拱非常高大，桥下甚至可以同时通行两艘大型船只"。更重要的是，忽必烈大汗被描述为一位威严、开明的皇帝，甚至在书中讲述了忽必烈大汗对基督教葆有很大兴趣，声称"如果教皇真的派来有能力向大汗宣讲我们信仰的人，他肯定会成为一位基督教徒"。

不得不说书中的这些内容很好地迎合了当时欧洲从贵族到平民的心理，一方面重商主义氛围和初兴资本主义萌芽令欧洲商人对东方的财富不可遏制地向往，马可·波罗将中国描绘成了遍地财富和发财机会的商人天堂。另一方面大汗奢华的宫殿和庞大的后宫、广袤的土地是欧洲许许多多蕞尔小国的王公贵族统治理想的放大版本。西征的蒙古大军让整个欧洲感受到了生死存亡迫在眉睫，但马可·波罗描述下的大汗不但文明开化、仁慈公允，甚至渴望皈依上帝。这一切都令中国成为当时的欧洲人一致向往的"彼岸乐土"。即便《马可·波罗游记》的真实性在当时便受到质疑，甚至后世的史学研究表明很可能马可·波罗并未到访过中国，但不可否认马可·波罗引发的东方热潮框定了欧洲人"中国文明观"的最初版本。

西方 14 至 16 世纪有关中国的作品几乎都与《马可·波罗游记》一样，对中国充满溢美之词，但随着蒙古帝国的衰落和明王朝的建立，东西方愈加频繁的接触使情况发生了微妙的变化。葡萄牙人伽利奥特·佩雷拉因走私在福建海域被捕，于 1549—1552 年被明朝官府囚禁，在他的记述中如实写到，"虽然城市像我所述的那样庞大，但居民却很软弱，没有什么资材"。

如果说旅行家和冒险家对中国的了解只停留于表层，那么对中国人精神实质的理解则主要通过欧洲传教士向东方的一系列传教活动逐步揭开。耶稣会传教士奉教皇敕令向东方散播福音，其中以在中国获得永久居留权的传教士利玛窦最为著名。1583—

1610 年，利玛窦在中国度过了人生中最后的时光。利玛窦拥有丰富的数学及天文学知识和精湛的绘图技艺，他为明朝神宗皇帝绘制了以中国为中心的世界地图，更难能可贵的是他系统研习了儒家经典。耶稣会的其他传教士在利玛窦死后将他在中国记录的文字摘录整理成《耶稣会士利玛窦神甫的基督教远征中国史》，利玛窦向欧洲介绍了孔子、佛道两家，伦理观念甚至是太监制度，尤其指出中国"整个帝国是由文人学者阶层即通常称作哲学家的人进行统治的"，仁慈的专制君主搭配哲学家治国，这注定为启蒙时期的思想家思索欧洲社会的改良方案提供了理想化的模板。

靠着这些耶稣会士的努力，"四书""五经"等一系列传统文化经典被翻译成欧洲语言。伴随着欧洲文明与中华文明在思想层面的碰撞，至启蒙运动时代，欧洲思想家们对中国的印象产生了两极分化，推崇者极尽赞美，贬低者则将中华文明形容得一无是处。法国启蒙运动领袖伏尔泰极为推崇中华文化，他认为在中国发现了"新的精神世界"，认为儒学是"理性宗教的楷模"，认为中国人是"所有的人中最有理性的人"，伏尔泰还将元曲《赵氏孤儿》改编为《中国孤儿》，在剧中将儒家所推崇的忠诚奉献精神和成仁取义品质表现得淋漓尽致。该剧 1755 年在巴黎上演，轰动法国剧坛，万人空巷，在启蒙时代的法国乃至整个欧洲产生了广泛影响。狄德罗对儒家哲学也十分赞赏，狄德罗在《百科全书》中撰写了"中国哲学"的条文，对自《易经》至明末清初的中国哲学史详加梳理。他甚至还分析了《易经》与莱布尼茨二进制的关系，并认为中国具有悠久的抽象思维传统，中国哲学是借助符号、象数、形象来探讨宇宙的本原以及人与宇宙关系的高明体系。孟德斯鸠一生中也以极大的兴趣研究中国，留下了大量文字。他最著名的作品《论法的精神》共三十一章，其中二十一章涉及有关中国的讨论，其中"中国政体的特质""中国的良俗""中国人的礼仪"等章节干脆完全以中华文明为讨论对象。罗伯斯庇尔在1793年起草的《人权和公民权宣言》第六条中甚至直接引用了孔子的"己所不欲，勿施于人"。

启蒙运动中对中国文化的反对和贬低声音同样不少，赞同中国"德治"的孟德斯鸠，曾撰长文论述中国专制主义与文化习俗的缺陷。声称"宁愿做野蛮人"的卢梭指出"中华文明的进步恰恰造成了社会的弊病"。主张"人类精神不断进步"的孔多塞则称中国"被一群儒生的迷信所阻碍，故不能进步"。后来的康德对中华文明也多有批评，认为儒家学说"抱着传统习俗死死不放，对未来生活却漠不关心"[1]。"他们的道德和哲学只不过是一些每个人自己也知道的、令人不快的日常规则的混合物"[2]，至于道家，则"宁可耽于幻想，而不是像一个感官世界的理智居民理所应当的那样，把自己限制在这个感官世界的界限之内。因此，就出现老子关于至善的体系的那种怪诞"[3]。

从以上历史可以看出，随着东西方联系的紧密，中华文明在欧洲人心目中的形象愈发清晰也愈发复杂。欧洲的知识阶层对中

---

① 见［德］康德：《中国（口授记录）》。

② 见［德］康德：《自然地理学》。

③ 同上。

国从幻想到学习,最终将中华文化作为批判的对象的历史,与资本主义制度的发展和西方中心主义的形成有着密切关系。

在长达几百年的东西方有限交往的历史中,西方既有对东方异国情调的幻想与迷恋,又有对东方堕落、软弱的蔑视。不可否认的是,人类的近代史由欧洲开启,西方是掌握历史主动的一方,因此我们在这里讨论有限交往下欧洲的中国文明观,而不讨论中国人对西方文明的态度。总的来看,随着东西方的地理壁垒被打破,随着交往程度的不断加深,在近代欧洲人的眼中,中华文明的形象是神秘且复杂的,中国就像一条"变色龙"。欧洲人中国文明观长达几个世纪的嬗变背后是资本主义最终确立了其在全球的统治,世界也处在了资本主义文明形态的主宰之下。本书接下来的任务,就是理解资本主义文明。

第三章 | "资本来到人间"——西方文明
的发展与扩张

　　在《共产党宣言》中，马克思如此评价资本主
义到来后的世界：一方面，"资产阶级在它的不
到一百年的阶级统治中所创造的生产力，比过去
一切世代创造的全部生产力还要多，还要大"①。
另一方面，"资产阶级在它已经取得了统治的地
方把一切封建的、宗法的和田园诗般的关系都破
坏了"②。从文明的角度看，"资产阶级，由于一
切生产工具的迅速改进，由于交通的极其便利，
把一切民族甚至最野蛮的民族都卷到文明中来
了"③。"它迫使一切民族——如果它们不想灭亡
的话——采用资产阶级的生产方式；它迫使它们

---

① 《马克思恩格斯选集》第 1 卷，人民出版社 2012 年版，第 405 页。
② 同上书，第 402—403 页。
③ 同上书，第 404 页。

在自己那里推行所谓的文明,即变成资产者。一句话,它按照自己的面貌为自己创造出一个世界。"①纵观人类文明历史,从"资本来到人间"后,世界便由西方文明主宰至今。可西方文明真的如他们自己描绘的那样是伟大正确、光鲜亮丽的吗?或许革命导师恩格斯早已道出真相:"所以文明时代越是向前发展,它就越是不得不给它所必然产生的种种坏事披上爱的外衣,不得不粉饰它们,或者否认它们——一句话,即实行流俗的伪善。"②

第一节 文艺复兴、宗教改革、启蒙运动给欧洲带来了什么

文艺复兴,宛如历史长河中的一股春风,为欧洲拂去了笼罩千年的中世纪阴霾。这是一场思想的觉醒、艺术的复苏和科学的曙光。人文主义者如彗星划破天际,以拉丁文辞铸就新知,以希腊美学重塑艺术。文艺复兴不仅唤醒了达·芬奇、米开朗基罗这样的天才,也让人类的视野从教堂的尖顶延伸至星辰大海。这是一段思想解放的岁月,人们开始探究人的价值、自然的秘密和社会的构架。宗教改革是宗教信仰的大地震,马丁·路德那铿锵有力的《九十五条论纲》犹如一记重锤,砸碎了罗马教廷的思想禁锢。这场改革洗刷了教会的腐败,让宗教文本的解释权从僧侣的手中

---

① 《马克思恩格斯选集》第 1 卷,人民出版社 2012 年版,第 404 页。
② 《马克思恩格斯文集》第 4 卷,人民出版社 2009 年版,第 197 页。

回归至信徒心中。基督教世界的分裂也促使了教育的普及和民族语言的发展，铺就了通往现代民主政体和主权国家的道路。启蒙运动照亮了理性和科学的道路，伏尔泰、卢梭、洛克等哲学家以尖锐而深刻的笔触质疑传统，讴歌理性，追求自由。这一时期，科学的进步彻底地改变了人类对世界的认识方式，政治理论也因社会契约论等思想而重新构建。启蒙精神最终引导了美国独立战争和法国大革命，重塑了西方世界的政治地貌。这三股历史巨潮，相互交织，共同铸就了现代西方文明的底蕴。它们不仅彻底改变了过去，也为未来的发展奠定了坚实的基础。

文艺复兴始于 14 世纪，是一场由精英阶层领导的文化层面的革命和复兴运动，极大地改变了欧洲的文明面貌，文艺复兴给人类的艺术、文学、科学和哲学都带来了重大变化。这场运动使欧洲在意识形态层面开始与封建文明决裂，它是以反封建、反天主教会、反对神学蒙昧主义为主要内容的伟大的思想解放。中世纪晚期欧洲面临着总体危机。"阿维农之囚"（Avignon Papacy）后，教权地位下降，封建生产方式逐渐解体。人们由于信仰的失落和价值符号的错位，在时代转型的风云中，直面生存深渊，渴望走出蒙昧的漫漫黑夜。学之染人，甚于丹青。欧洲文艺复兴画卷，充分揭示了先进文化和先进知识分子在历史关键时期的启蒙作用。先进文化代表了人类社会前进的方向，是人类社会发展的灵魂，是促使社会进步的导向和动力之一，它发挥着震古烁今、振聋发聩的精神解放的作用，直接将新兴资产阶级推上了欧洲经济、政治和文化舞台的中央。

提到文艺复兴，就不得不提到阿拉伯人的贡献。古希腊的智慧，曾一度因时代的变迁和罗马帝国的衰落而面临被永久遗忘的命运。然而正是在漆黑的岁月中，一群来自沙漠和绿洲之地的守护者——阿拉伯的学者们，他们以博学、敬畏和热情，为欧洲和人类守护了这些珍贵的文化遗产。在阿拉伯帝国的阿拔斯王朝时期，尤其是在哈伦·拉希德（Harun al-Rashid）和他的儿子阿尔·马蒙（Al-Ma'mun）的统治下，巴格达成为阿拉伯学术与文化的中心。帝国的哈里发在巴格达创建了诸如智慧之家①这样的机构，在其中工作的学者们被赋予了翻译古希腊文本至阿拉伯语的任务，毕达哥拉斯、柏拉图、亚里士多德、希波克拉底、欧几里得、普罗提诺、盖伦、苏胥如塔、阿耶波多、苏格拉底及婆罗摩笈多的著作统统在这里被翻译成阿拉伯语，"百年翻译运动"使阿拉伯人在医学、哲学、天文学、数学和工程学等领域取得了长足的进步。阿拉伯学者并不仅仅满足于翻译，他们还对文本进行了深入研究，提出了自己的观点和创新。阿拉伯人通过建立学校、图书馆和学术机构，古希腊的知识在伊斯兰世界中广泛传播。阿拉伯语成为中世纪世界的科学和哲学语言之一。随着伊斯兰世界与欧洲的接触日益频繁，许多阿拉伯语文本又被重新翻译成拉丁语，从而被欧洲学者所接触。经历中世纪千年文化和思想桎梏的学者们惊叹于自己的历史之中有如此璀璨的文化成就，欧洲文艺复兴时期的艺术家、学者和科学家开始重新评估古希腊和罗马的文化遗产。

---

① House of Wisdom，"智慧之家"是伊拉克阿拔斯王朝时期巴格达的一所图书馆及翻译机构，它是翻译运动中的重要机构，被视为伊斯兰黄金时代的一个主要学术中心。

　　自 14 世纪初至 17 世纪 30 年代共三百余年的文艺复兴时代，先进知识分子的思想体系和精神象征是"人文主义"。人文主义是一个历史范畴的特定概念，其主要标志是以人为中心，反对以神为中心，提倡人性，反对神性。文艺复兴并非古代希腊、罗马奴隶制文化的复活，而是利用古典文学艺术作品中的现实主义成分，自然科学和哲学中的唯物主义因素，去反对封建的神学体系和经院哲学。人文主义在哲学观上表现为人本主义，在政治思想上体现出民族主义，在伦理思想上集中表现为反禁欲主义，在文学艺术上展现出现实主义。人文主义思想的主要特征是：强调以人为中心，主张发展人的个性、才智和自我奋斗，赞扬英雄史观；肯定现实世界和现世生活，向往享受、功利和致富，反对禁欲、悲观和遁世；否定对罗马教皇和天主教会绝对服从，嘲笑僧侣的愚昧，蔑视贵族的世家出身，反对封建特权和等级制；提倡理性，追求知识和技术，重视科学实验，反对先验论，主张探索自然，欣赏资产阶级新文化的语言符号系统和各种表现形态。

　　文艺复兴时代，人文主义的核心是"以人为本"，因此它肯定人性和人的价值，要求享受人世的欢乐，要求人的个性解放和自由平等，推崇人的感性经验和理性思维。"以人为本"在哲学层面就是反对人被边缘化，强调人在宇宙中心的主体性，肯定人在社会发展中的主体地位和作用；它同时是一种价值功能取向，尊重人的价值，肯定人是权利和责任的主体，描述人内心的丰富、刚毅和身体之美；它也是一种思维方式，否定封建文化和神学的主导地位，提倡人的个性，树立人的自主意识。人文主义思潮发挥了积极进步的历史作用。然而，社会的积壳层岩永远不是一朝一夕所能凿穿的，疏浚如导壅，发明如烛暗，人文主义思潮随历史的发展，其体系也是逐渐丰满的。同时，文艺复兴还引发了欧洲社会各个方面空前的、深刻的变革，展现出近代欧洲革命的曙光。

欧洲文艺复兴如怒海波涛，"教会的精神独裁被摧毁了"①（恩格斯语）。它敲响了封建制的丧钟，改变了"万马齐喑"的局面，加速了民族国家的形成，展示了近代曙光初露的黎明；留学意大利热潮中群贤荟萃，创造了精英文化；现实主义的文学艺术获得了空前的繁荣；难以企及的佳作荣膺世界不朽名著之列；空想社会主义先驱者的思想开始萌育；近代自然科学和新人文科学迎着暴风雨诞生。文艺复兴史的经验证明，必须同反动势力渊薮和落后传统坚持长期斗争，不畏强暴，殚精竭虑，艰苦实践，才能与时代同步。

中世纪，常因其在欧洲历史上的某些时期表现出的文化和经济停滞而被冠以"黑暗时代"的称号，但这一标签并不能全面反映整个中世纪时期。实际上，在这个历时约一千年（5 世纪至 15 世纪）的时段，其间也涌现出许多文明成就和重要进展。中世纪见证了哥特式建筑和罗马式建筑的兴起，哥特风格特征包括尖顶拱门、飞扶壁和彩色玻璃窗，巨大的罗马式立柱和高大穹顶见证了一座座美轮美奂宗教建筑的诞生。中世纪机械钟表的发明提供了更准确的时间测量方法，对社会和经济活动产生了积极影响。中世纪

---

① 《马克思恩格斯选集》第 4 卷，人民出版社 1995 年版，第 261 页。

时期，拉丁语逐渐分化为各种罗曼语族语言，如法语、西班牙语、意大利语等，为民族国家的诞生提供了重要基础。11 世纪和 12 世纪的商业复兴促进了城镇的发展，这些城市成为后来文艺复兴和现代城市化的先驱，马可·波罗的东方远行成为欧洲人探索世界的先声。中世纪见证了大学制度的诞生，像意大利的博洛尼亚大学（欧洲大学之母）、法国的巴黎大学（经院哲学的研究中心）和英国的牛津大学（英语世界第一所大学）在中世纪相继组建，这些大学设置课程，授予学位，发展出了完善的学院制度，大学在教学过程中开展讲座、辩论和考试，并且享有高度的自治权，对人类文明产生了久远的影响。

16 世纪初，在文艺复兴运动的顶峰时期，宗教改革运动爆发。宗教改革是欧洲史上的一次重要的思想解放运动，遍及欧洲众多国家，它对于欧洲的价值不仅仅是促进社会的发展，更是促进了人们思想的解放，使人们从神的信仰禁锢中逐渐脱离，开始关注人本身。

14 世纪至 16 世纪，西欧社会正处在向近代过渡的重要变革阶段。随着社会生产力的不断发展，出现了新兴的资本主义。这些新兴的力量想要谋求发展，但是却遭到天主教的阻碍。天主教不仅在政治上干涉国家事务，阻碍了民族国家的形成和统一；而且在宗教以及文化上都严格束缚着人们的精神思想，人们将自己的一切全都寄托给上帝，完全依附于上帝。而对于现实社会则处于消极悲观的态度，因为在他们的旧有观念中，只有神可以主宰一切，所有的灾祸和磨难都是上帝给予的，他们只能通过向上帝忏悔才能获得心灵的救赎。在天主教的统治下，国家的大部分实权其实都掌握在天主教势力的手中。所以天主教势力不光掌握了权力和地位，而且通过这些特权也为自身谋得了大量的财富，其内部也滋生了不少腐败问题。随着天主教的弊端逐渐显现出来，人们也开始对其产生了信任危机，于是天主教的神权统治被动摇，逐步走向瓦解。与此同时，新兴的资本主义力量不断壮大，资产阶级和新贵族逐渐形成，他们对封建贵族所拥有的特权十分不满。而且当时民族主义观念盛行，人们对于建立统一的民族国家的要求愈发强烈。英国和法国都建立了新的君主制度，他们采取加强集权以及奉行重商主义等措施，促进了民族国家的发展，这也就刺激了其他欧洲国家的新兴力量，希望也能找到一条发展的新道路。尤其是当时的意大利和德国仍旧处在分裂割据的状态之下，人民极度渴望统一。随着文艺复兴的思想解放运动兴起，在这场运动中，涌现出了一大批思想家，他们反对封建思想下对人的精神自由的束缚，批判蒙昧专制，倡导自由和平等，追求世俗的享乐以及对科学知识的渴求，这对天主教也是重大的冲击。

其实中世纪的市民阶层之中也涌现出了反对天主教的思想，也就是"异端"思想。12世纪到13世纪，城市逐渐兴起，随着城市的发展，市民阶层出现了。这些新兴阶层对教会的大一统的神权统治极为厌恶。所以"异端"思想的出现对教会的合法地位又是一次冲击。1376年，英国的皇家顾问威克里夫公开反对教会的腐化，此后又将《圣经》奉为信仰的根据，并且将其翻译成英文，销路颇广。而且当时印刷术已传至欧洲，文化得以更广泛地传播，这对于宗教改革的宣传也起了极大的推动作用。当时的《圣经》只有神职人员才能阅读，而普通的信徒难以接触到。而如果进行传抄经常会出现很多错误，往往一个小错误就影响了整段意思。1456 年德国人古腾堡印刷出了拉丁文版的《圣经》，使得《圣经》从教堂走入普通家庭，而不再被神职人员垄断，关于宗教改革的理论思想也可以通过批量印刷使其更广泛地传播。思想、政治以及传播方式等都已经具备了，时机已经成熟，于是宗教改革就将矛头指向了罗马教会，提出了改革诉求，提出建立"民族教会"以适应民族国家发展，或者建立"廉价教会"以满足新兴的资产阶级的需求。

思潮不断涌动，力量不断汇集，变革也就开始迸发。宗教改革运动首先发端在德国。15 世纪末的德国正处于分裂割据的局面，社会处于动荡之中，经济发展在欧洲也处于滞后状态。但是教会却在此时将巨大的财富收入自己的囊中，在教会的剥削下，各地人民起义不断，德国社会也是千疮百孔。罗马教皇兜售赎罪券引燃了宗教改革的导火索。1517 年，罗马教皇利奥十世以修缮圣彼得大教堂为借口向教徒大量兜售赎罪券。教会扬言，只要购买这种赎罪券，所有的罪恶就会被洗涤干净，灵魂就会得到救赎。这引发了德国人的不满，尤其是一直致力于改革宗教的德国神学教授马丁·路德。他在 1507 年获得神父一职，此后便开始教授《圣经》，在教授《圣经》过程中他开始慢慢觉醒，又眼见教会的腐败行径，所以他便将对于教皇发布赎罪券的批判，也就是《九十五条论纲》张贴在威登堡大学教堂的门口，此后他的《九十五条论纲》布告被认为是宗教改革的序幕。马丁·路德在布告中表达了自己的观点，最重要的就是"因信称义"，也就是人人都可以和上帝直接对话。在印刷术的助力下，马丁·路德的观点瞬间传遍全国，并且得到了很多民众的支持，尤其是德国的贵族和人文主义者。人们开始纷纷转信由马丁·路德建立的"路德会"以及"信义宗"。马丁·路德的改革影响是巨大的，不仅推动了宗教解放，促进了德国语言文字的统一，动摇了天主教的神权统治和封建统治的地位，促进了此后德国社会的进一步改革，而且也对欧洲其他国家产生了深远的影响。

16世纪，英格兰也开始进行宗教改革。当时的英格兰天主教会不仅干涉王国内政，而且占据了大量的土地，严重限制了英格兰的经济发展，特别是阻碍了资本主义的发展。在英格兰民族主义以及反教权主义的呼声日渐高涨的情况下，亨利八世被迫进行了宗教改革，宣布创立英国国教，但实则和天主教的旧教义并没有什么区别。此后新贵族和资产阶级又进行了改革，但改革的不彻底性最终导致革命的继续，即1640年由清教徒领导的资产阶级革命。英国的宗教改革在欧洲掀起风潮，欧洲各国纷纷加入到这场改革运动之中。

宗教改革不仅对当时的社会造成了巨大的冲击，也对其后的历史产生了深刻的影响。在宗教改革的推动下，天主教的社会地位岌岌可危，促使其内部开始改革。宗教改革对于欧洲来说无疑是一场影响巨大的思想解放运动，不仅使得天主教的神权统治遭受重创，加速了政教分离，改变了分裂割据的局面，促进了民族国家的统一和发展；同时也促进了资本主义的发展，使人们开始摆脱宗教神学的束缚，思想得到解放，促进了文化教育和科学知识的传播，也为此后的启蒙运动打下了基础。

17—18世纪发生在欧洲大陆的"启蒙运动"是继文艺复兴和宗教改革之后又一次伟大的反教会、反封建思想解放运动。启蒙运动以法国为中心，之后迅速影响至英国和德意志，启蒙运动以"理性"为旗帜，用人类的"理性之光"驱散一切愚昧和黑暗。这场声势浩大的文化运动几乎覆盖了人类已有知识的一切领域——自然科学、哲学、神学、伦理、政治、经济、历史……经由这场运动，自由、民主和平等思想深入人心，封建主义就要被打倒了，属于资产阶级的新文化"山雨欲来"。

启蒙运动的核心思想是，理性是通向知识和真理的最可靠途径。这一思想反映在启蒙运动思想家的作品中，如勒内·笛卡尔和约翰·洛克，他们认为知识只能通过理性探究获得，而不是依靠信仰或传统。这种对理性的强调导致了人们对科学研究和实验的重新关注以及对迷信和教条的拒斥。启蒙运动还强调了个人自由的重要性。卢梭和康德等思想家认为，个人应该有为自己思考和行动的自由，不受传统或权威的约束。这一思想反映在"自然权利"的概念中，启蒙思想家认为个人有固有的权利，不能被政府或其他强制力量剥夺。启蒙运动也对政治和社会产生了重大影响。孟德斯鸠和伏尔泰等思想家对君主制和贵族制的权威提出了质疑，倡导更民主的政府形式和更大的个人自由。这导致了自由民主思潮在欧洲大陆的出现，它倡导人们优先考虑个人权利和自由，以及建立一个更加平等的社会。启蒙运动也对艺术和文化产生了深刻的影响，因为它激发了新一轮的艺术表达和创造。这可以从约翰·沃尔夫冈·冯·歌德和威廉·华兹华斯等启蒙思想家的文艺作品中看到，他们的作品在精神上强调了个人创造力和表达的重要性。

启蒙运动的影响不仅波及整个欧洲，还扩展到美洲地区。启蒙运动的思想家们勇于为真理和正义而斗争，沉重地打击了封建教权和王权的统治。他们的著述描绘了未来"理性王国"的蓝图，启发并培养了一代革命者。启蒙运动为摧毁腐朽的封建制度、确立资本主义制度做了思想上和理论上的准备。启蒙思想家所宣传的自由、平等、民主和法制的思想，对 1775—1783 年的北美独立战争、1789 年的法国大革命以及 19 世纪欧洲爆发的一系列资产阶级革命都产生了极大的影响。这场跨越 18 世纪的欧洲思想运动，以理性、批判、自由、平等和人权为旗帜，对传统权威和观念提出了挑战。启蒙思想家如洛克、孟德斯鸠、卢梭和伏尔泰等人的著作在北美和欧洲大陆广为流传，他们的思想直接影响了西方革命的理论基础和实践。在美国，启蒙运动最显著的影响体现在独立宣言的理论框架中。洛克的自然权利理论，即生命、自由和财产的保护，成为美国独立宣言和后来宪法的核心理念。美国革命领袖们将这些理念作为反抗英国殖民统治、争取独立的正当化依据。美国宪法中对权力制衡和法治的强调，也深受孟德斯鸠分权学说的影响。与此同时，启蒙运动为法国大革命提供了一套完整的改革框架。卢梭在《社会契约论》中提出的人民主权理论和"普遍意志"的概念，为革命的民主主张提供了哲学基础。法国人民对不平等的社会等级制度、贵族特权和教会权力的厌恶，在启蒙运动批判传统和倡导平等的思想激发下变得更加强烈。1789年的《人权和公民权宣言》就是启蒙理念的具体体现，宣告了自由、财产、安全和反抗压迫的权利是不可剥夺的。然而，两场革命的走向及其对启蒙原则的贯彻程度有所不同。美国革命较为成功地将启蒙理念转化为政治制度，建立了一套以法治、民主和自由为基础的政体。而法国大革命虽然一开始也得到启蒙理念的鼓舞，但随后却陷入恐怖统治，并最终以拿破仑的崛起而结束，这表明理想与现实的碰撞远比预想的复杂。

第二节　"黑镜头"下的"旧世界"——英国的崛起之路

众所周知，殖民时代的英国，其海外殖民地遍布全球，被称为"日不落帝国"。大英帝国之所以能够取得如此辽阔的版图，是因为它三百多年持续的海外扩张。那么英国在落后于西班牙、葡萄牙以及荷兰的情况下，是如何"逆袭"并获得如此成功的呢？英国的崛起之路有"三板斧"，第一是黑奴贸易，第二是殖民地侵略，第三是鸦片贸易。这三件反人类的行径伴随着资本主义的扩张，让英国从一个贫瘠的岛国，最终崛起为"日不落帝国"。

(一)罪恶的黑奴贸易

在黑奴贸易的历史上，英国虽然在时间上较葡萄牙、荷兰和法国要晚且短，但由于英国通过战争取得了世界范围内的海上霸权，在美洲占有了广大的殖民地，国内的资本原始积累过程发展迅速，出现了资本主义工场手工业，从而为其贩奴和蓄奴创造了"优越"条件。据估计，英国从非洲运走的奴隶比其他国家运走的总数要多出4倍，英国成为黑奴贸易的罪魁祸首。

英国在西非贩奴的最早记录是1554年。英国的黑奴贸易从一开始就得到英国政府的批准与支持。1562年，英国海盗兼奴隶贩子约翰·霍金斯窜到塞拉利昂，捕捉300名黑人运到西印度群岛出售，获得了丰厚的利润，发了大财。霍金斯的贩奴船取名"耶稣号"，船员守则规定"每天祷告上帝""彼此互爱"，可是他们在塞拉利昂干的却是杀人越货的勾当。由于霍金斯建立了英国和非洲的直接联系，开创了英国人贩卖黑奴的贸易活动，当时的英国女王伊丽莎白一世特地封他为爵士，授给他一枚上面刻着"黑色摩尔人俘虏半身像"的勋章。

1618年，英国政府特许组成了第一个从事几内亚贸易的股份公司——"伦敦对非贸易探险者公司"。1660年，又成立了"皇家开发非洲公司"，国王查理二世成为该公司的一个大股东。1663年，英国政府在给予该公司的特许状中，第一次正式提到贩运奴隶，并称贩奴贸易是这家公司合法活动的一部分。不过一直到1665年，该公司的奴隶贸易利润只占25％。1672年，"皇家非洲公司"成立，英国大规模经营黑奴贸易终于拉开序幕。

皇家非洲公司是英国重商主义时期最大的也是最后一个对非贸易的合股垄断公司。同时，它也是拥有最多特权和专利权的公司。该公司获准垄断从布朗角到好望角之间的土地和贸易 1000 年（到 2672 年）。公司有权在非洲建立和管理堡垒、商站和种植园；决定与异教国家的和与战；征集军队；实施戒严令。公司的贸易对象是黄金、白银和黑人。据估计，皇家非洲公司繁荣的头 40 年间（1672—1713 年），派出 500 艘以上的船只运载了价值 150 万英镑的货物去非洲，贩卖了 10 万名奴隶去西印度群岛种植园，铸造了 50 万"几尼"的金币（"几尼"是英王查理用西非黄金铸造的一种硬币，与英镑等值，但其含金量极纯）。

皇家非洲公司垄断奴隶贸易的行为很快就遭到越来越多的非议。1698 年，英国政府宣布对外贸易向所有英国商人开放。皇家非洲公司的垄断权利被废止，特许公司逐步衰落并终于解体。18 世纪中叶，英国政府颁布法令，规定凡纳税者均可在非洲贩卖黑奴。这个法令把英国的黑奴贸易推向了顶峰。18 世纪，英国船只贩运了大西洋黑奴贸易总数的 2/3。为扩大奴隶市场，获得更多利润，英国奴隶贩子极力向其他国家的殖民地输入奴隶。1713 年，英国获得了可以向西班牙美洲殖民地贩运黑奴的特权，要求英国商人在 30 年内每年输入 4800 名奴隶。英国政府将这一特权交给了"南海公司"。"南海公司"从"皇家非洲公司"获得奴隶，以牙买加岛为奴隶交易市场。资料显示，1702—1715 年，英国运到牙买加岛的黑人共计 497736 人，其中以 1726 年为最多，达 11708 人。到 18 世纪后半期，英国的奴隶贩运达到了极盛，即使在美国独立使英国丧失了大片殖民地之后，英国的黑奴贸易也未因此衰退。据比较可靠的估算，1795—1804 年，利物浦商人贩运的黑奴高达

323770 人，伦敦商人贩运 46505 人，布里斯托商人贩运 10718 人。

借用马克思的话来说："当我们把自己的目光从资产阶级文明的故乡转向殖民地的时候，资产阶级文明的极端伪善和它的野蛮本性就赤裸裸地呈现在我们面前，因为它在故乡还装出一副很有体面的样子，而一到殖民地它就丝毫不加掩饰了。"[①]他还说，资产阶级在贩卖黑奴的过程中，"丢掉了最后一点羞耻心和良心"。看看欧洲殖民者猎获和贩卖黑奴的全过程，一幅血与恨、恶与痛、丑与苦交织而成的图景展现在人们面前。可以说，"资本来到世间，从头到脚，每个毛孔都滴着血和肮脏的东西"[②]。

(二)血腥的殖民地侵略

随着英国经济的逐步发展，国力的日益增强，英国开始逐渐走上了快速殖民扩张的道路。据不完全统计，英国殖民地面积和人口，1876 年为 2250 万平方千米和 2.5 亿，1880 年为 3011 万平方千米和 2.68 亿，1899 年为 3199 万平方千米和 3.09 亿，1914 年为 3350 万平方千米和 3.935 亿。大于它本土面积 150 倍的国土和近 4 亿人口向它俯首称臣，英国成了名副其实的"日不落"帝国。

爱尔兰是英国的第一个殖民地。英国早在 12 世纪中叶就侵入爱尔兰，使爱尔兰沦为其殖民地。到了 16 世纪，英国开始对爱尔兰进行大规模的土地掠夺。英国对爱尔兰横征暴敛式的殖民统治，

---

① 《马克思恩格斯全集》第 9 卷，人民出版社 1961 年版，第 251 页。
② 《马克思恩格斯全集》第 23 卷，人民出版社 1972 年版，第 827、829 页。

激起了爱尔兰人民的强烈反抗，1641 年 10 月，爆发了爱尔兰民族
起义。战争给爱尔兰人民带来了深重的灾难，当历时 3 年的战争
结束时，爱尔兰的人口减少了一半，土地丧失了 2/3。1845 年至
1850 年发生的"马铃薯饥荒"（爱尔兰大饥荒），导致英国统治下的
爱尔兰人口锐减了近四分之一，一百余万人饿死、病死，上百万
人被迫逃往海外。到了第一次世界大战末期，爱尔兰民族运动空
前高涨，英国被迫于 1921 年 12 月允许爱尔兰南部 26 个郡成立
"自由邦"，享有自治权，北部 6 个郡仍归英国。1937 年，爱尔兰
"自由邦"宣布为独立共和国，1948 年正式脱离"英联邦"。从 1801
年英国强行通过"英爱合并法案"到 20 世纪中叶，英国给这个近在
咫尺的国度带来了难以磨灭的惨痛记忆。

在亚洲，英国殖民者 17 世纪开始侵入印度，到了 18 世纪，
英国在印度加紧鲸吞蚕食。到了 19 世纪中期，英国完全吞并了印
度，形成了庞大的英印帝国。英国以印度为根据地，利用其人力
物力，向中国、缅甸、印度尼西亚、伊朗、阿富汗以至东非不断
进行侵略战争，扩大其殖民势力范围。

在非洲，1882 年 9 月 15 日，英国占领开罗，侵占了整个埃
及，开始了近 30 年的名义上的"保护"、实质上的殖民统治。1899
年，苏丹在"英埃共管"的名义下沦为英国的殖民地。在西非，英
国在黄金海岸、尼日利亚等地大肆扩张；在东非，英国侵占索马
里、乌干达等；在南非、北非、中非，英国都在不断扩大势力
范围。

在美洲，从 17 世纪开始，英国就开始了掠夺。1606 年，英国

伦敦和普利茅斯两个殖民公司取得向北美移民的特许权。到了
1733 年，英国已经占据东起大西洋沿岸，西至阿巴拉契亚山脉的
整个狭长地带，共建立了 13 个殖民地。直到 1783 年 9 月 3 日，经
过殖民地人民 8 年的抗英斗争，英国才被迫和美签订《凡尔赛和
约》，承认了美国的独立。

在大洋洲，澳大利亚 1770 年沦为英国殖民地；新西兰 1840
年沦为英国殖民地；巴布亚新几内亚 1884 年被英、德瓜分；所罗
门群岛 1893 年沦为英国保护地；瓦努阿图 1906 年成为英法共
管地。

诚然，英帝国殖民扩张的同时也带去了现代工业文明和科技
发展。英国把工业和现代文明带到了它侵略的国家，使这些国家
的社会生产发生了变革，帮助人们突破了原有自然经济的限制，
体验到了现代化工业的力量和城市化的成果。然而，大规模的殖
民掠夺是主要的目的，压榨剥削和贫穷是主要的结果，带去的现
代文明是次要的和附属品。大英帝国的繁荣和富庶相当程度上正
是建立在这种对全世界的掠夺之上的。

(三)臭名昭著的鸦片贸易

19 世纪中期，马克思围绕着鸦片战争先后写了《中国革命和欧
洲革命》《鸦片贸易史》《对华贸易》《英中冲突》《新的对华战争一、
二、三、四》等论著。他向世界揭露了英国发动侵略中国的鸦片
战争的真相，驳斥了英国为发动这场战争而制造的荒唐借口，声
讨英国对中国人民犯下的种种罪行，并作出了英国是对华战争的

制造者和罪魁祸首的论断。正如恩格斯所言，战争是由英国对中国的海盗式掠夺引起的，是其"所特有的古老的海盗式掠夺精神"①的大暴露，是"极端不义"的侵华战争。

英国资产阶级在向中国倾销工业品以及拓展殖民贸易的过程中，为了改变英中贸易的巨大逆差以达到掠夺中国财富的目的，在中国进行可耻的鸦片走私贸易。早在清乾隆二十二年（1757），英国东印度公司便强迫孟加拉国农民种植罂粟，用以加工鸦片向中国出售，从而开始了英国对华鸦片贸易的历史。乾隆三十八年（1773），英印总督哈斯丁斯（Warren Hastings）宣布在孟加拉国实行鸦片专卖政策。这一政策的实行，把荷兰、丹麦、法国等国的商人挤出了印度的鸦片收购市场，确保了英商对华鸦片输出的货源。乾隆四十五年（1780），东印度公司实行鸦片贸易的垄断。嘉庆二年（1797），东印度公司又进一步实行鸦片种植、收购、加工、贸易的全面垄断。这一系列垄断权的确立，使英印商人顺利地取代了葡萄牙人，成为对华鸦片贸易的主角。

嘉庆元年（1796），清政府下令严禁鸦片走私。东印度公司为了避免因违反中国政府的禁令而危及其进口茶叶等中国商品的生意，便谎称自己与鸦片走私绝无关系。但实际上，东印度公司却是竭尽全力去破坏中国政府的禁烟法令，变本加厉地扩大对华鸦片走私。在19世纪最初的10年，平均每年销售鸦片为4016箱，而到了第二个10年，平均每年销售鸦片则为4494箱。这20年

---

① 《马克思恩格斯论中国》，人民出版社1997年版，第52页。

的平均销售量比 18 世纪最后 30 年的平均销售量激增了 4 倍。英国东印度公司和英印港脚商人在不断扩大的对华鸦片贸易中，大发横财。嘉庆十年（1805），东印度公司拍卖鸦片的利润率为517％，而到嘉庆十三年（1808），则骤升为 924％。从嘉庆二年到嘉庆二十二年（1797—1817 年），东印度公司靠拍卖鸦片即获纯利润 1.1 亿多卢比，而港脚商人对华鸦片走私的一般利润率也达到 52.25％。后者靠鸦片走私而成为腰缠万贯的暴发户，由过去经营代理业务收取佣金的小商户，变成了拥有巨额资金和可观船队的鸦片巨商。

道光元年（1821），两广总督阮元扫荡了澳门、广州黄埔两地的鸦片贸易市场。但西方对华鸦片贸易在稍受挫折后，变得更加猖狂。道光十四年（1834），东印度公司对华贸易特权被废除。这"在鸦片贸易史上，标志着一个时代"①的开始。一方面，原来受控于东印度公司的港脚商人，终于可以独立自主地去扩大对华鸦片贸易；另一方面，从英国本土到英属海外殖民地，有更多的商人挤进对华鸦片走私的行列之中。道光十四年至十九年（1834—1839年），是英、美、法等西方国家向中国走私鸦片最疯狂的时期。伶仃洋上长期停泊的是大鸦片商马地臣管辖的船只"墨罗佩号"和"欧享尼亚号"。一支专门走私鸦片的船队日夜往返于伶仃洋和珠江口岸之间，从而保证其货源的稳定。与此同时，越来越多的外国鸦片走私者直闯珠江口，到处贩卖鸦片。从澳门到广州的航线上，

---

① 《马克思恩格斯选集》第 1 卷，人民出版社 2012 年版，第 805 页。

由虎门到广州的珠江沿岸，以及广州花地地区的沿江，都有鸦片走私者的商业活动。在这些地方，鸦片贸易几乎是公开进行的。中外鸦片走私船甚至敢用武力抗拒广东水师的抓捕。道光十四年至十八年(1834—1838年)，英印鸦片对华输入总量急增至160438箱左右。

19世纪上半叶，西方国家对华鸦片贸易的不断扩大，尤其是30年代后的恶性发展，终于使英国在英中贸易中从入超变为出超。道光七年至十年(1827—1830年)，因鸦片走私而居于贸易顺差的英印资产阶级，掠夺了中国的白银14340781两。而在30年代的10年中，流入英印资产阶级钱袋的中国白银，平均每年约五六百万两。正如马克思在《中国和英国的条约》一文中指出，这些费用本来是由英国"自己的海盗行为引起的"①，但最后却要中国人民加倍地承担其战争的费用。

总之，英国崛起成为"日不落帝国"的过程，是一条充满火与血的道路。英国的财富，完全建立在掠夺殖民地人民血汗的基础上。英国在完成现代化之后，也并未履行大国强国应有的责任和义务，反而为了一己私利，凭借自身在经济、科技等方面的优势，进一步欺凌、压迫欠发达地区，进一步拉大了贫富差距，给人类文明带来了不可估量的损失。

行文至此，我们并不是要将大英帝国的崛起之路批判得"一无是处"，资本主义自近代以来的确承担着创造文明和引领文明的光

---

① 《马克思恩格斯选集》第1卷，人民出版社2012年版，第816页。

荣使命。但我们必须清楚地认识到，资本主义的原始积累，以及掌握世界的道路并不像西方人本身宣传的那样伟大和光荣。资本主义来到人间，扫荡了旧世界，也牺牲了全世界。

反观中华文明从未奴役压迫掠夺其他相对落后的族群或国家。以德服人、声教讫于四海，是我们中华民族每位成员所共有的精神境界。当下，我们坚定地站在历史正确的一边、站在人类文明进步的一边，以自身发展维护世界和平与发展，坚定不移地走文明发展道路，有着深刻的民族文明烙印。

第三节　美国是如何成为"新罗马"的

在西方历史上，罗马帝国是唯一统一了欧洲而建立起的大帝国，罗马帝国横跨欧、亚、非三大洲，辽阔的地中海成为它的"内湖"。雄伟的斗兽场、恢宏的万神殿、令敌人胆寒的罗马军团，无不诉说着这个超级帝国的辉煌与荣耀。

古罗马诗人奥维德曾经说过："罗马城的范围就是世界的范围。"罗马帝国的统一结束了古代欧洲城邦分裂的状态，奠定了后世欧洲疆域的雏形。公元前 27 年，屋大维被授予"奥古斯都"称号，成为欧洲历史上第一位皇帝，"罗马帝位"成为后世欧洲皇帝称号的法统来源。此后千年，无论欧洲历史上出现多么强势的君主，大多只称国王，而只有堪当罗马帝国的继承者才能称皇帝。公元 395 年，狄奥多西一世的两位王子将罗马帝国一分为二。公元 476 年后，日耳曼人在西罗马的废墟上建立起数个王国。以后，无论是法兰克王国的查理曼大帝，还是奥托一世的"神圣罗马帝国"，无论是自称拜占庭"法提赫"（征服者）的奥斯曼国王，还是将尊号中冠以"恺撒"的莫斯科大公，从地中海沿岸到乌拉尔山脚下，千百年来，西方世界的统治者无不怀有一个梦想——那就是恢复罗马帝国的荣光。

美国作为全球唯一的超级大国，在经济、政治、军事、科技、文化等多个领域都领先世界。美国以战争起家，通过适时地加入两次世界大战，攫取了最多的战争红利。二战后，美国成为资本主义世界的盟主和"话事人"。尤其是在冷战结束后，美国独霸世界的地位更令一些观察家喜形于色，并冠之以"最后的超级大国""孤独的霸权""新罗马"等称号。哈佛大学美国文明史博士钱满素说："美国文明的基因可以说是欧洲文明中的英国传统挪到北美荒野后，在适应当地环境后结出的果实。它是一批已经高度成熟的人类，带着一套高度成熟的思想，有意识地去创建的一种他们意愿中的文明。"

熟悉美国建国历史的人都知道，美利坚自建国以来就充斥着"罗马"精神。无论是美国国徽上的橄榄枝，还是白头鹰嘴中衔着的古罗马诗人维吉尔的名言"合众为一"（拉丁语原文：Epluribus unum），无论是国会山上那些高耸的罗马石柱，还是参议院墙上悬挂的西塞罗雕像，都无声诉说着这个强大国家想要继承西方文明正朔的巨大野心。西方文明有自身的千年传承，也许只有更好地理解罗马帝国，我们才能更好地理解作为"新罗马"的美国。

(一) 曾经辉煌又衰落的罗马帝国

罗马帝国曾经是世界史上国土面积最大的国家之一，即便是它的辉煌已经消失在历史的长河当中，然而罗马帝国所留下来的文明成就，依然在影响和规范着西方世界，甚至是现代社会。虽然罗马帝国已经消亡千年，然而在许多历史学家心目中，罗马帝国是一个堪称完美的帝国。许多人将罗马帝国的覆灭归咎于外族入侵，然而真正了解罗马帝国的历史就会发现，罗马帝国之所以会最终走向衰落，恰恰就内在于它走向强盛的方式之中。

罗马帝国的强大来源于对外战争的接连胜利，来源于对战败一方财富的攫取；而对外战争的胜利以罗马军团的荣誉感、使命感和帝国人民参军的热情为保证；罗马人民的荣誉感和使命感及参军热情恰恰又需要帝国通过对外战争掠夺财富以改善罗马人的生活，以上三点似乎形成一个完美的闭环。诚然，战争胜利果实的绝大多数当然被贵族统治者所占有，但百战百胜的罗马军团所带来的战利品也有相当一部分被用于改善罗马人的生活。彼时的罗马城中，剧院、斗兽场、广场甚至是公共大浴室拔地而起，整个帝国都陷入由战争胜利带来的无尽荣耀当中。作为罗马子民的强大荣誉感和美好城市生活令罗马人有强烈的参军热情和发动对外战争的愿望，罗马帝国最大版图六百余万平方千米，是一个东至里海、西到大西洋、北到易北河、南到撒哈拉沙漠的辉煌帝国，那时的地中海成了罗马帝国的内海。

随着被罗马人征服的土地越来越广大，如何统治这些土地和土地上的人民成为关系帝国存亡的头等大事。罗马在发展成为地中海霸主的过程中，采取不同于以前对意大利地区被征服者的统治方法，在海外新征服的土地上相继建立了行省制度。这些行省由帝国派遣的总督进行治理，总督原则上任期一年，必要时可延长，任内可根据需要颁布政令和制定法律，在行省内总督几乎可以决定一切。罗马帝国对于被征服土地的统治无非有两大最重要的目的——稳定征税以充实帝国财政、稳定征兵以继续对外战争。因为罗马帝国无力也不愿建设精妙的国家官僚制，因此为了方便统治，罗马帝国在被征服地区实行著名的"包税制"，即由"包税人"对帝国中枢负责，缴纳额定数量的税收，对行省内部征税则由其自主负责。将税收这一国家的基本强制性权利承包给某一个人或组织的结果就是对属地人民财富的横征暴敛。此外，由于连年累月的对外战争，补充兵源的任务落在了被征服区域的人民头上，这些被征服地区的人民没有如罗马公民一样基本的政治权利，连年经受总督的残暴统治，因此毫无战争荣誉感和集体荣誉感，两者合一最终导致的是被统治区域因为忍受不了暴政的频繁起义和因为兵源质量下降导致的对外战争接连失败。

罗马帝国因战争而兴旺、因财富而发达，却也把自己永远绑在了战争和掠夺的马车上。当战争不再取胜、掠夺不再持续，帝国的覆亡也就不可避免。罗马帝国的覆灭或许从它初兴开始就"命中注定"了。

(二)美国的"罗马情结"

西方一直有"罗马情结"。罗马帝国虽早已成为历史的陈迹，但千百年来，欧洲人内心深处的罗马情结却一直挥之不去。对罗马时代的怀恋是一种蓄积已久的历史感情，其中更是包含着深刻而复杂的多重记忆。无论是在东方还是西方，"正统"一词都是一个神圣而庄严的词汇，任何一个统治者只要能将正统大旗擎于己手，那么他必将占据统治合法性的制高点。在欧洲，罗马帝国因其大一统的光辉历史而成为"正统"的代名词，以至欧洲后世的很多帝王都愿意以罗马的继承人自居。无论是分裂后的东罗马帝国，还是到后来俄国统治者沙皇以"恺撒"命名，都体现了这股浓厚的帝国情结。最著名的还是 962 年到 1157 年由德意志人建立的颇具滑稽意味的"神圣罗马帝国"，被当代人嘲笑"既不神圣，也不罗马，更不算帝国"。

纵观美国发展史，早在"五月花号"载着清教徒们去创建美国的时代，马萨诸塞殖民地的总督就对清教徒们发表演讲，号召他们把美国建成"山巅之城"。所谓"山巅之城"是一个来自《圣经》的概念，大意就是最符合上帝意志的国家。如果非要说清教徒是宗教狂热者，而美国的国父们都是充满理性的政治家，那我们大可以去翻翻那时著名的《联邦党人文集》，从中不难发现，这些创建了美国的政治家们心中，也有一个重重的"罗马情结"。来自欧洲文明血脉的美国国父们当然也没有跳出这个圈子，直到今天，美国国内还有人在讨论美国配不配得上"新罗马"这个问题。之所以专门拿着"山巅之城"和"新罗马"说事儿，就是要告诉大家，在美国人心中，他们是世界霸主不是因为别的，而是因为"天命"。为了实现这个理想主义的"天命"，美国人是不介意动用种种现实主义的手段去贯彻的。十几年前，美国著名的政治学者福山在他的成名作《历史的终结及最后之人》中，把人类最终历史归结为一个"全球性普世一体化国家"，在这个自由民主的国家里人类获得平等认可，所以历史就此终结。这个观点，其实跟前面啰唆的不还是一脉相承吗？"山巅之城"以外显然是背离上帝意志的地方，在道德上就不该存在，罗马有一条名言就是"罗马之外皆为野蛮"。今天的美国人不过是把这些宗教和历史的价值观用"自由民主"的情怀当作外壳包装了起来。所以，美国满世界推销自己价值观的时候，不管他说的有多么理想主义，其实都是为了一个现实目的——为美国牟取利益。

(三)美国与罗马有多少相似之处

政治体制上的相似。政治上，美国实行的是三权分立政体，行政权归于总统，立法权属于美国国会，执法权则在最高法院手中。这种美式三权分立和罗马时代执政官、元老院、公民大会的设置，相似之处非常多。基于政治体制的相似，让不少虚荣心强的美国右派们，认同美国就是"新罗马"。但是，罗马时代的这种君主制、贵族制和民主制三重合一的混合制，在西方并不是主流。罗马之前的希腊不使用这种制度，罗马之后的中世纪也没有这样的制度，近现代的西方也没有这样的制度。执政官、元老院和公民大会与后续欧洲诞生的三权分立看似有相似之处，其实并没有多少契合的地方，更多为形似神不似。因此，这种政体相似，更多的是一厢情愿。

军事实力上的匹敌。美国在冷战之后，军事实力就一骑绝尘，少有国家能抗衡。美国一个国家的军费，常年超过排在后面的世界十大军事强国之和，这一切让美国在常规战争中几无败绩，拥有压倒性的优势。这也和强盛时期的罗马帝国相似，罗马军团最辉煌的时候，四处出击，所向披靡。除了东方安息帝国、萨珊波斯帝国可以稍许抗衡之外，任何文明都是罗马人的盘中鱼肉。偶尔在战场上打了败仗，则成为罗马城广场上公民们的谈资，却少有人认为罗马有一天会走向灭亡。这与美国何其相似？曾几何时，面对美国数以千计的核弹头和战斗机，面对世界上最大的军工复合体，谈论美国的衰落就像是荒诞的笑话或离奇的预言。

霸权上的类似。罗马和美国都有干涉别国的习惯，也都惯于以所谓保护者跟仲裁者的角色出现，行使自己的国际霸权。罗马在赢得了对北非霸主迦太基的三次布匿战争后，将最大最直接的竞争对手消灭，就自命不凡地充当起了地中海世界的霸主，频繁干涉地中海世界争端。比如，罗马就曾插手塞琉古帝国和埃及托勒密王朝的争端，最后埃及托勒密王朝覆灭。再比如，罗马致力于在小亚细亚的扩张，就是以干涉战争为名，行扩张领土之实。罗马还收纳无数如希腊城邦、帕加马王国等弱小国家，作为自己的保护国，迫使其接受罗马的保护。第二次世界大战之后的美国成了西欧的保护者，建立了"北约"，冷战之后的美国，在失去了最大对手苏联之后，更是充当起了"世界警察"。美国动不动就发起战争，弄得全世界狼烟四起，"山巅之城""天选之国"从未给人间带来真正的和平。

强国叙事中的偶然性。在无数历史叙事中，基于美化的需要，都将罗马的崛起和一场基于正义的意外联系在一起。罗马崛起的决定性条件源自和北非霸主迦太基战争的胜利，而罗马出兵进攻迦太基的理由，则是为了履行和盟国的同盟义务。好像这场胜利并不是罗马刻意为之，当时的罗马也没有明确的计划去夺取地中海霸权。罗马的对外战争在道义上是无辜的，都是被动参与争霸战争。但就是这貌似被动参与的战争，让罗马的版图一步步扩大，最后成为统一的超级帝国。罗马的故事如此，美国的故事也是如此。让美国最终获得世界霸权的第二次世界大战，美国也是"半推半就"参与的。以至于现在很多人还在讨论，如果没有日本偷袭珍珠港，美国是否会参加第二次世界大战。罗马和美国，就是如此巧合地，在关键时刻选择了参加战争。最后依托强大的实力，幸运地获得了霸权地位。没人会告诉你，仅在1937—1939这三年时间里，美国就向日本法西斯出口了五亿多美元的军用物资和战略原料，却在1942年后才依据《租借法案》向中国租借军需物资。可以说，美国是日本发动侵华战争的最大"帮凶"。

文化影响力上的类似。在西方有个说法，叫做罗马曾经三次征服了西方世界。第一次，是靠罗马强大的军事实力，征服了地中海沿岸，建立起了伟大的帝国。第二次，是靠基督教的信仰，正是罗马帝国将基督教定为国教才有基督教信仰的广泛传播，进而使对上帝的信仰主宰了西方人的灵魂。第三次，是靠罗马法。今日无数欧洲国家的法律中，都有罗马法的影子。罗马用军事实力整合欧洲大部，用文化传播让拉丁语成为帝国的通用语言，用罗马律法规范整个帝国，用罗马国教和政治体系影响了整个欧洲和西方世界。这数层因素的叠加，让罗马的文化影响力辐射整个欧洲，而这一切又和今日的美国类似。时至今日，在许多人的心目中，全球化就是美国化，英语就是世界语，美国的制度就是启蒙精神的最好体现，美式选举就是最完美的政治模式。椭圆办公室内正义凛然指挥反恐战争的总统、华尔街中奔忙的投资人和金融家、好莱坞影视作品中的明星和曼哈顿高耸入云的摩天大楼，为世界人民勾勒出一个"彼岸"式的文明国度，就好像历史上的北方蛮族无不期待有朝一日能成为罗马公民，当今世界又有多少人期待着能做个美国人！

(四) 美国会不会重蹈罗马帝国覆辙

正如我们在前文所讲的那样，罗马帝国因战争而兴旺、因掠夺而繁荣，却也永远将自身绑在了这驾疾驰的"马车"之上。随着对外战争的失利、御敌战争的失败、城市被洗劫，罗马失去的不仅仅是财富，更重要的是掠夺财富的能力和帝国的荣耀。当掠夺不能继续，当人民不再以罗马为荣耀，帝国的生命也行将终结。帝国就像一个"生命体"，有其自身勃兴、发展和灭亡的生命周期。

可悲的是，历史上所有帝国几乎都与征服、掠夺和占领有关，或者说，帝国发展的根本动力就是夺取其他文明的物质利益。历史唯物主义者坚信，人类生存离不开物质财富的生产，生产物质财富的根本方式是劳动。但事实上，获得物质财富还有一种更直接、更简单的手段——掠夺。古代帝国，即便是极力掩饰自己争霸和侵略的目的，以神或祖先的名义，最终的结局依然赤裸裸地展现在被征服者眼前——更多的土地、更多的食物、更多的奴隶、更多的金银、更大的宫殿、更奢侈的生活。

美国的某些狂热政治家坚信美国是"新罗马"，我们也同样认同美国是一个不折不扣的"帝国"，那么我们是否能通过对罗马帝国灭亡原因的思考，理解美国作为"超级帝国"的命运呢？

事实上，对两次世界大战的成功"下注"，导致美国最终彻底放弃了"门罗主义"，决心成为世界性帝国。二战后，随着"布雷顿森林体系"的建立，美国逐步成为全世界的经济中心、资本避险的"母港"和金融家心目中唯一的"祖国"。与之相匹配的，美国在全世界建立起几百个军事基地，十余艘航母常年游弋在四大洋之间。二战后的不到百年时间里，美国发动了十余场对外战争，却鲜有败绩。华尔街通过它强大的金融武器，击败了英国、锁死了日本、狙击了东南亚又掏空了苏联，可谓是战无不胜。除此之外，美国用好莱坞向全世界输出"美式价值观"、用"和平演变"向对手灌输"普世价值"、用 EB-1A 绿卡吸引全世界的人才。最终的结果是，随着冷战结束和两极格局解体，自世界连成一个整体以来，人类历史上绝无仅有的"超级大国"诞生了。就在评论家们高呼"历史终结"的时候，帝国的生命跨过顶峰也即将进入后半段。

同罗马一样，维持一个全球性帝国的成本是无比巨大的，美国仅以九百万平方公里的国土和 3.3 亿人口如何完成宰制世界的目标？因此不断地对外掠夺成为它唯一的选项。反恐战争、金融战争、搅乱地缘局势、美元潮汐等手段都被装入美国对外掠夺的工具篮。但也同罗马一样，帝国不能战败，就连美国统治阶层也深知这一点。如果一个帝国是可以被击败的，当它不再战无不胜，那么帝国也会失去它的伟大与荣耀，它所标榜的一切价值观和巨大的吸引力也会大打折扣。但帝国又不得不一再宣战，因为一旦停止掠夺，自身的统治危机就一定会爆发，为什么一个国家可以十几年保持几万亿的财政赤字和上万亿的贸易逆差，国际地位依然可以岿然不动、风生水起？正是因为即便如此，对于全世界而言美国依然是最"安全"的"应许之地"。因此，美国乐于树立"敌人"和"对手"，更享受通过击败它们来证明自身的强大。美国所真正惧怕的是一个"势均力敌"的对手，是一个没把握击败的敌人，因为它真正恐惧的正是"失败"本身。

　　如今，全球统治下的"尾大不掉"、内部的族群撕裂和社会撕裂、破败的基础设施和满街的流浪汉、飞涨的基础物价和空前的贫富分化都被华尔街股市的一路长红精巧地掩盖着，美国也深刻地清楚自己的真正对手是谁。值得庆幸的是，这个已经足以跟美国在各个领域"掰掰手腕"，可以勇敢地对大国霸凌说"不"的对手，一个有着五千年优秀文化传承，有坚强的领导核心和科学的理论指引的现代文明，正在以空前的毅力和团结推进自身伟大复兴的历史事业。"新罗马"的命运如何？历史会给出自身公正的答案。

第四章 | "第二条道路"——两种制度
竞争下的文明之争

　　伴随着资本主义统治世界的历史进程，无产阶级作为彻底的被压迫者和被剥削者也应运而生。马克思以其天才和思想伟力和对人民苦难遭遇的深切同情，与他的革命战友恩格斯在推进理论研究和领导革命实践的过程中创立了马克思主义。马克思主义之于人类文明的重大意义首先在于它科学地解释和揭示了人类社会发展的规律，其次在于经马克思主义科学理论指导下的无产阶级革命最终深刻地改变了这个世界，并且给人类指明了通往光明未来的道路。

　　我们可以自豪地说，自从马克思主义来到这个世界上，这个世界就再也回不到没有马克思主义的时代了。马克思是伟大的，但千千万万在马克思主义指导下为人类自由、解放和幸福事业斗争的革命者们，同样是伟大的，他们在这个世界上创造了一个又一个的文明奇迹。那些真正的马克思主义者所生活过、工作过、为伟大共产主义事业奋斗过的地方，形成了资本主义汪洋大海中人类文明的一个个高地，他们所取得的成绩不应被遗忘。

第一节　马克思为什么堪称最伟大

200 多年前，一个小男孩在德国西南部的古城特里尔呱呱坠地，当时谁也没有想到，这个普通的孩子将会深刻影响人类社会的历史进程，他就是卡尔·马克思。马克思这个名字对于中国人来说并不陌生，他是出现在我们从小到大的课本里的大胡子，对有些人而言，马克思主义至多是一些概念或是几道考题。还有人说马克思主义已经过时了，马克思主义作为一种革命手段也完成了历史使命。这些人既不了解马克思，也不懂马克思主义。在纪念马克思诞辰 200 周年大会上，习近平总书记指出："马克思是全世界无产阶级和劳动人民的革命导师，是马克思主义的主要创始人，是马克思主义政党的缔造者和国际共产主义的开创者，是近代以来最伟大的思想家。"[1]这一重要讲话既深情缅怀了马克思的伟大人格和历史功绩，又深刻阐明了马克思主义强大的真理力量和伟大的时代价值。而马克思主义本身就是一种继承了人类文明一

---

[1] 习近平：《在纪念马克思诞辰 200 周年大会上的讲话》，人民出版社 2018 年版，第 1 页。

切优秀成果的先进文化形态，是发现人类历史发展规律的科学，是人类文明活的灵魂，在人类文明进程中打下了深刻烙印。

(一)以博大情怀时刻关注和思考人类的命运

马克思的一生大都在荆棘丛生的道路上果敢行进，无数动人的故事折射出他的人格光辉。对于一位革命家来说，能在险象环生的境遇中生存下来已属不易，而马克思不仅从未放弃他的事业，而且为无产阶级解放立下了不朽功勋。马克思一生不降其志、不辱其身，在立德、立功、立言方面，均为人类作出了不朽的贡献。老子曰："不自见，故明；不自是，故彰；不自伐，故有功；不自矜，故长。"老子称这种人为圣人，而马克思就是工人阶级的圣人。马克思一生有很多成就，其一生最伟大的两个发现是唯物史观和剩余价值学说。

马克思的第一个伟大发现是唯物史观。唯物史观又称群众史观，其最基本的原理是：社会存在决定社会意识，生产力是社会发展的决定力量，人民群众是历史的创造者。马克思认为，人们的社会存在决定人们的社会意识；一个社会的直接的物质生活资料的生产是社会发展的经济基础，而国家设施、法的观念、艺术和宗教观念等，则是建立在这个基础上面的上层建筑；经济基础决定上层建筑，上层建筑由经济基础来解释，而不是相反。人们在生产活动中形成了不同的生产关系，随着社会生产力的发展，必然导致生产关系难以适应生产力发展的要求，引起生产关系或迟或早地发生变革；而随着社会经济基础的发展变化，整个上层建筑也会相应地发生变化。

马克思的第二个伟大发现是剩余价值学说。马克思指出，在资本主义生产方式中，资本分为购买物质生产资料的部分和购买劳动力的部分。前者在生产过程中只是改变物质生产资料的形态，其本身的价值并不增加。而后者即劳动力在生产过程中的使用则可以生产出一个大于自身价值的价值。所以马克思称前者为不变资本，后者为可变资本。资本家购买劳动力之后在生产过程中生产出了大于劳动力自身价值的价值，马克思称其为剩余价值。剩余价值就是被资本家无偿占有的劳动力创造的价值。剩余价值的发现，揭示了资本主义剥削的秘密，揭示了资本主义生产方式的本质。恩格斯高度评价马克思的唯物主义历史观和剩余价值理论，他指出："这两个伟大的发现——唯物主义历史观和通过剩余价值揭开资本主义生产的秘密，都应当归功于马克思。由于这两个发现，社会主义变成了科学。"①

马克思在理论和实践中时刻关注和思考人类的命运，他的所有著作都充溢着对人类命运的强烈关怀，展示出其他任何思想都不具有的胸怀和格局。马克思主义是关于自然、社会和人类思维发展的一般规律的科学认识，是由马克思主义哲学、马克思主义政治经济学和科学社会主义学说共同组成的科学理论体系。唯物史观和剩余价值学说的创立，揭示了人类社会发展的一般规律和资本主义运行的特殊规律，将社会主义由空想变为科学，为人类

① 《马克思恩格斯选集》第3卷，人民出版社2012年版，第797页。

指明了从必然王国向自由王国飞跃的方向，为人民指明了实现自由和解放的道路。

(二)以深刻洞察揭示人类社会的发展规律

探索和揭示人类社会发展的动力及其规律，是近代思想家们孜孜以求的目标。自然科学领域大量客观事物的发展规律已经得到证明，建立起一门科学的历史哲学则有赖于康德、黑格尔、费尔巴哈等哲学家的努力。他们都取得了认知上的进步，但没有一个人能在认识人类社会发展规律的层面达到马克思主义唯物史观这样的思想高度。

马克思力求从研究当时西欧资本主义发展的生产实践中揭示社会发展的一般规律。马克思曾指出，权利永远不能超出社会的经济结构以及由经济结构所制约的社会的文化发展。随着个人的全面发展，生产力也增长起来，而集体财富的一切源泉都充分涌流之后——只有在那个时候，才能完全超出资产阶级法权的狭隘眼界，社会才能在自己的旗帜上写上："各尽所能，按需分配！"① 他指出，我们判断一个人不能以他对自己的看法为依据，同样，我们判断一个变革时代也不能以它自己的意识为依据；相反，这个意识必须从物质生活的矛盾中，从社会生产力和生产关系之间的现存冲突中去解释。基于以上论述，马克思提出了"两个决不会"的结论："无论哪一个社会形态，在它所能容纳的全部生产力

① 《马克思恩格斯全集》第19卷，人民出版社1963年版，第23页。

发挥出来以前，是决不会灭亡的；而新的更高的生产关系，在它的物质存在条件在旧社会的胎胞里成熟以前，是决不会出现的。"①

　　马克思在研究资本主义经济运行规律的过程中，揭示了资本主义商品生产不仅内含着可以激发资本家积极性的重要机制，而且充满引发经济社会失衡的深刻矛盾。这为替代资本主义社会的新社会的设计提供了一个明确的方向。在资本主义社会，推动经济运行的核心是资本。资本无限制地追逐剩余价值为资本主义经济注入了活力，而资本之间的竞争又为资本追求剩余价值增加了外在压力，当这样的经济活动最终汇聚成一个经济整体时却出现了严重的危机。如此，一个简单的推论便是，消灭资本主义私有制，是摆脱这种局面的重要选择。

　　马克思揭示了从商品出发，再经历货币、资本、资本积累，最终形成资本主义积累的一般规律，以及剥夺者被剥夺的过程。这不仅可以借此理解资本主义经济的运动过程，而且也可以为代替资本主义社会的新社会提供一种制度设计的根据。解决资本主义商品拜物教，揭去商品身上的神秘外衣，需要建立一个自由人联合体。在这个自由人联合体下，用公共的生产资料进行劳动，并且自觉地把许多个人劳动力当作一个社会劳动力来使用。在那里，人们同他们的劳动和劳动产品的社会关系，无论在生产上还是分配上，都是简单明了的。因此，自由人联合体可以作为代替资本主义社会的理想选择。

------

　　① 《马克思恩格斯文集》第 2 卷，人民出版社 2009 年版，第 592 页。

(三)以凌云之志探索人类解放的道路

马克思立足于工人阶级的革命运动,在革命实践和理论探索中全面系统地总结了人类思想的优秀成果,深刻揭示了自然、社会、人类思维发展的客观规律,创造了有史以来最先进、最科学、最严谨的思想理论体系——马克思主义。习近平总书记在纪念马克思诞辰 200 周年大会上的讲话中,对马克思主义作出了高度评价,赞誉"这一理论犹如壮丽的日出,照亮了人类探索历史规律和寻求自身解放的道路"[①],为世界作出了重大贡献。

马克思一生践行为人类幸福而工作的理想信念,将有限的生命毫无保留地奉献给了无产阶级及全人类的解放事业。那么,马克思是如何"解决"问题的,即如何使劳苦大众摆脱被束缚和压抑的境况,实现"人的解放"?首先是让劳苦大众知道历史发展的真相问题(资本主义的秘密、社会发展的历史阶段等),达成统一的思想;而后采取行动,依靠现实的力量进行社会革命,以暴力的方式夺取政权,推翻资本主义制度;最后走向共产主义社会,从而实现人的解放与幸福。这些听起来似乎是一个线性的发展过程,即先有了历史唯物主义,然后转向对资本主义的批判。但实际上,对历史观的阐明以及对资本主义制度的批判是同时进行的,这两者同时内化于马克思的思想发展中,没有绝对的时间界限。在批判资本主义时,会运用历史唯物主义的方法;而在阐述历史的发展规律时,又涉及对资本主义必然灭亡理论的分析。

---

① 习近平:《在纪念马克思诞辰 200 周年大会上的讲话》,人民出版社 2018 年版,第 6 页。

当我们从整体上梳理马克思理论的全貌时就会发现，马克思的学说已经不仅停留于"解释世界"的层面，而是上升到了"改变世界"的层面，对社会发展的变革以及对每个人的生存状态的改变。正如恩格斯在《在马克思墓前的讲话》中所指出的："马克思发现了人类历史的发展规律……还发现了现代资本主义生产方式和它所产生的资产阶级社会的特殊的运动规律。由于剩余价值的发现，这里就豁然开朗了，而先前无论资产阶级经济学家或者社会主义批评家所做的一切研究都只是在黑暗中摸索。"①正是在"两大发现"的基础上，马克思和恩格斯用铁的逻辑科学论证了"资产阶级的灭亡和无产阶级的胜利是同样不可避免的"历史命运。

今天的世界，两极分化不断加剧，文明冲突逐步升级，生态环境不断恶化，这让越来越多的学者将目光转向马克思主义，反思资本主义的弊端，寻找正确的发展道路。尽管有学者鼓吹马克思主义"过时论"，但人类社会至今仍然生活在马克思所阐明的发展规律之中，马克思主义仍然对现实具有很强的指导意义，这一点已经成为更多人的共识。中国在马克思主义指导下所取得的伟大成就，尤其是中国特色社会主义进入新时代，马克思主义中国化时代化取得了新的理论成果，吸引了全世界越来越多的人投身到马克思主义的学习和研究中去。如今在国内外学术研究中，从事马克思主义研究的机构、团体、论坛纷纷设立，研究人员的数量不断上升，这都直接说明了马克思主义对整个世界的影响与日俱增。

---

① 《马克思恩格斯选集》第 3 卷，人民出版社 2012 年版，第 1002—1003 页。

第二节　苏联往事——我们的事业失败了吗

2022 年 8 月 31 日，一条"重磅"消息占据了各大媒体头条排行榜：苏联第一任同时也是最后一任总统戈尔巴乔夫于当地时间 30 日在莫斯科去世，终年 91 岁。他的去世，某种程度上标志着一个时代的彻底落幕。

在中国的网络知识问答社区"知乎"上有个经典问题："历史课本上的人物你以为不在了，其实还健在的，都有谁?"在回答区，"戈尔巴乔夫"的名字屡被提及。这位生于 1931 年的苏联领导人，在 1991 年苏联解体后，一直与 21 世纪的历史同行，2008 年还曾短暂复出政坛，晚年仍积极评论时政。直至如今逝世，得享高寿。戈尔巴乔夫作为苏联最后一任领导人，那个曾令世界为之颤抖的"两极"之一——苏联，在他执政期间轰然崩塌，于 1991 年解体成了 15 个国家。毫不夸张地说，戈尔巴乔夫靠一己之力改写了世界文明的进程。

那么，曾经由戈尔巴乔夫执掌过的苏联究竟是怎么样的一个存在？它的灭亡意味着它自始至终都是错的吗？

(一)世界上最伟大的理想变成现实

1922 年底，红色的镰刀锤子旗飘扬在了俄罗斯上空，宣告着第一个社会主义国家联盟正式出现在人类历史的长河中。她诞生于俄罗斯帝国的残骸之上——那被视为帝国主义最薄弱的一环的、面积庞大却腐朽不堪的沙皇俄国；可是她孕育出的，却是一团从波罗的海直抵远东的圣火——在短短的二三十年间，这个曾危如累卵，在外国干涉之下险些立不住脚的新生政权，成长为抵挡住第三帝国钢铁洪流、誓要解放欧洲无产者的伟大国家，一度把大半个世界染上红色。苏联的诞生，意味着人类的社会主义理想从理论走向现实。

古今中外许许多多的思想家都有各自心中的理想社会，无论是孔子的"大同社会"、老子的"小国寡民"，还是柏拉图的"理想国"，乃至于英国人托马斯·莫尔描述的一个没有剥削压迫、人人平等、和谐安宁的"乌托邦"等。但以上种种理想社会的模型，都有一个共同的缺陷，那就是往往只是一个美好的愿景，却没有给出可行的解决方案，所以会给人一种空中楼阁的感觉。

随着历史车轮的前进，人类文明的进程来到了资本主义时代，在一定时期内，资本主义确实推动了社会的发展，但同时却不可避免地给广大劳动人民带来了深重的苦难，资产阶级和无产阶级之间愈发不可调和的矛盾，为后来被称为"空想社会主义"的思潮立下了基石。1516 年，英国人托马斯·莫尔的著作《乌托邦》出版，标志着社会主义思想的诞生。在此后的 300 多年里，众多杰出的思想家如璀璨的繁星，留下了许多不朽的篇章。这些空想社会主义者，多数来自富裕的家庭，有的身居高位，有的才华横溢，有的富可敌国。然而，他们对广大劳动人民怀有深深的同情，关心他们的苦难，对资产阶级的贪婪、无情和罪恶深感痛恨。他们希望能拯救人民于水深火热之中。

空想社会主义在人类思想史上有着重要的地位，但受限于时代条件和无产阶级自身的发展阶段，它也展现出许多不成熟和片面的地方。首先，它主张理性支配世界的唯心史观；其次，它主张阶级调和，反对阶级斗争；最后，它没有找到真正的力量和正确的途径来取代资本主义社会并建立新的社会。

社会主义在空想的原野上星火传承了 300 多年。到 19 世纪 40 年代，随着资本主义机器大工业时代的到来，特别是无产阶级登上历史舞台，空想社会主义的缺陷更加凸显，逐渐成为社会主义运动发展的障碍。工人运动的发展呼唤着科学理论指导，马克思、恩格斯适应时代发展的要求，继承空想社会主义先驱们的宝贵思想资源，积极参加工人运动，在深入批判资本主义旧世界的基础上，创立了科学社会主义，使社会主义实现了从空想到科学的历史性跨越。这是人类思想史和人类解放史上的一次"壮丽日出"。

马克思、恩格斯关于唯物史观和剩余价值学说的伟大发现和系统阐述，为科学社会主义理论大厦奠定了两大基石。马克思认为，社会实践应该是真正哲学的最终旨归，"哲学家们只是用不同的方式解释世界，问题在于改变世界"[①]；提出了"人的本质不是单个人所固有的抽象物，在其现实性上，它是一切社会关系的总和"[②]。剩余价值理论的创立，揭露了资本主义社会内部资产阶级剥削无产阶级的秘密，为无产阶级反抗资产阶级的剥削和压迫提

---

① 《马克思恩格斯选集》第 1 卷，人民出版社 2012 年版，第 136 页。
② 同上书，第 135 页。

供了强大的理论武器。

1848 年 2 月，马克思、恩格斯起草的《共产党宣言》在"全世界无产者，联合起来！"①的口号声中发布，论证了资本主义灭亡和社会主义胜利的历史必然性，标志着科学社会主义的正式创立。"一个幽灵，共产主义的幽灵，在欧洲游荡。"②《共产党宣言》的发表，如暴风一般席卷欧洲大陆，在一次又一次的革命中，有高潮也有低谷，科学社会主义的理论得到不断的完善，从意大利、法兰西、德意志一直到俄罗斯，我们也终于迎来了共产主义的又一位接班人——弗拉基米尔·伊里奇·列宁。

20 世纪初，资本主义发展到了最高阶段——帝国主义。列宁领导俄国人民夺取了十月革命的胜利，建立了世界上第一个社会主义国家，实现了社会主义从理论、运动到实践、制度的伟大跨越，将马克思主义从理论变为现实。十月革命的一声炮响，为无产阶级和劳苦大众寻求解放展现了一条新的道路，激励了中国和许多殖民地、半殖民地国家，掀起了被压迫民族解放斗争的新高潮，世界无产阶级革命进入了一个波澜壮阔的历史阶段。

(二)苏联因何而强大

1922 年 12 月 30 日，苏维埃社会主义共和国联盟成立，随后仅仅用了 20 多年的时间迅速崛起，将沙俄时代贫穷落后的农业国

---

① 《马克思恩格斯选集》第 1 卷，人民出版社 2012 年版，第 435 页。
② 同上书，第 399 页。

改造为欧洲第一强大的工业国，在第二次世界大战结束后成为社会主义阵营中最有影响力的国家。

在经济发展方面，1937年，苏联工业总产值跃居欧洲第一位、世界第二位；到1950年，苏联的工业总产值比战前增长了73%，农业总产值也达到了战前水平。20世纪50年代，苏联经济保持了高速增长，建立起现代核工业、无线电电子工业、仪表工业、宇航工业、喷气式飞机制造业等。一些传统工业如钢铁、化工、医疗、汽车制造、船舶制造等也实现了技术更新和扩建。

在农业上，苏联实现农业集体化后，开始积极推行农业机械化运动。通过国家在农用机械、化肥、种子等方面的技术支持和帮助，到1952年，苏联集体农庄的机械化达到了相当高的程度。集体农庄谷物的耕作机械化率达到87%，棉花和甜菜的播种机械化率分别为98%和95%。这在一定程度上扩大了土地可耕种面积，提高了农业劳动生产率，促进了农业生产的发展，保障了大规模工业化建设需要的粮食供应。

苏联的科学技术水平得到了迅速提高。1929年，苏联成立了全苏列宁农业科学院，包括14个研究所。1932年，苏联全国科学工作者有近5万人。1935年，苏联在原先的苏联科学院、白俄罗斯科学院和乌克兰科学院的基础上，又建立起苏联科学院远东分院，以及乌拉尔分院、外高加索分院、哈萨克分院、阿塞拜疆分院等，到20世纪50年代，苏联各项科学技术的研究迅速发展，在晶体物理、核物理、化学肥料等学科的研究方面，都取得了显著成就。苏联时期其获得了17项诺贝尔奖，如今的俄罗斯仍在数学、物理、化学等基础学科领域保持领先。

苏联与资本主义阵营中的美国，并称世界上唯二的超级大国，在经济、军事、科技、文化、体育各个领域全面竞争，展现了新生社会主义国家强大的活力和实力。第二次世界大战后，苏联许多方面的发展开始进入世界前列。1949年苏联成功试爆了第一颗原子弹，1953年又成功试爆了第一颗氢弹，打破了美国的核垄断，大国地位进一步加强。1954年，苏联建成世界上第一座原子能发电站。1957年，苏联完成世界上第一枚洲际弹道导弹试飞，并成功发射了人类第一颗人造卫星。1961年4月12日，苏联宇航员尤里·加加林乘坐"东方1号"宇宙飞船绕地球飞行108分钟，从而成为第一个进入太空的人类。这些成就标志着苏联已迈入世界一流强国的行列。

苏联最强大的不在于它所创造的丰富的物质财富和强大的军事力量，而是在于它对社会主义原则的追求与坚持。

民生方面，8小时工作制、一周双休、特殊岗位特殊津贴、几乎免费的医疗教育、价格低廉的文娱活动（音乐、芭蕾舞、跳伞、射击、夜校等）、住房免费分配、工人地位受尊重、工作包分配、工人免费疗养。

人民的受教育程度得到迅速提高。1930年8月，苏联宣布在全国普及初等义务教育，仅在1933—1937年，全国就开办了2万多所新学校，相当于沙皇俄国200年间开办学校的总和。1939年全国识字的劳动居民的比例已经达到97％，基本上扫除了文盲。1938—1940年，全国接受中等教育或接受完全、不完全的普通和职业教育的人口达到 140.5 万人。在 1937—1938 学年，苏联大学生人数超过英国、德国、法国、意大利和日本大学生人数的总和，从欧洲最落后的国家跃居世界第一位。

从性别角度来说，苏维埃是人类女权运动的高光时刻。马克思主义理论视域下，女性解放是共产主义一个很重要的步骤。在苏联，女性最早就享有了选举权和被选举权，能去大学读书，能入伍打仗，能从普通工人升级成干部，还能成为太空人。当时的宣传是"妇女能顶半边天"，"劳动最光荣"。苏联有座雕像叫《工人和集体农庄女庄员》——一个男性工人手持铁锤，一个女性农民手持镰刀，两人并列以一种一往无前的姿态傲立于莫斯科。真正意义上宣告了男女平等，工农联合。这座雕像后来也变成了莫斯科电影制片厂的标志。

在社会主义阵营的全盛时期，全世界有 100 多个国家成立了共产党，16 个国家实行社会主义制度，在地域、人口和工业产量方面几乎都占了世界的 1/3，第三世界的民族解放运动备受鼓舞，直接促成了自大航海时代遗留下来的殖民体系完全瓦解，打破了资本主义统治世界的局面，可谓"赤旗插满世界"。过去无法想象，各个国家的不同肤色的人，会因为同一种信仰奔赴另一个国家与法西斯作战（西班牙内战里的国际纵队）。可以说是把马克思主义中的国际主义和阶级友谊发挥到了极致。

可以说，苏联真正地做到了翻开人类文明史上的崭新一页。它是人类历史上第一个不以民族、地域、文化为纽带，而是以纯粹的意识形态为纽带联合起来的政权，是人类历史上第一个也是唯一超越种族与国家主权的国家。苏联的真正强大不在于它的钢铁洪流可以一周内从莫斯科一路平推到伊比利亚半岛，不在于它的战略核潜艇可以悄无声息地潜航在地球任何一个大洋深处发射洲际弹道导弹，更不在于它的几千上万枚核弹可以毁灭地球多少次。苏联真正强大的是共产党员心中不灭的理想和信仰。

成千上万名苏联军人参加了 1986 年切尔诺贝利核电站的救援行动，在这场事故中，是将军和政委在最前线，然后是共产党员！每个人都知道核泄漏意味着什么，但是他们说："我们身后就是祖国，我们不上，难道人民上吗？"

苏联的强大，不在于它以万为单位的坦克和核弹，也不在于它的航空航天技术的发达或者强悍的理科教育体系。如果说军事力量或者经济的强大就能让美国害怕，那其实纳粹德国从各种角度来说都是一个非常强大的对手。1942 年的纳粹德国，占领区内的 GDP 占到了美国的七成，科技和军事实力都达到了极高的水平，但美国从参战开始就认为，消灭希特勒只是时间问题。美国人恐惧苏联的根本原因，是苏联拥有一个足以彻底摧毁西方世界的意识形态。共产主义的意识形态，才是苏联的核心竞争力，这个竞争力是空前绝后的。而这股力量，也是苏联伟大的原因——一个国家，从诞生开始，其目标就不是拓宽自己的疆土，更不是劫掠其他国家来充实自己的国库，而是把整个国家都献给一个远大的目标、一个恢宏的理想。

如果一个甘愿投身于理想的人，可以被称为一个伟大的人，那么一个愿意把自己献给恢宏理想的国家，便是一个伟大的国家。

这个宏伟的目标是苏联最强大的武器之一，是这个目标让西方在苏联解体数十年后的今天依然感觉到恐惧，是这个目标让当时世界各地的无数人不为金钱，不为名声，单纯因为信仰，成为那没有国籍也不被尘世法律承认的"苏联公民"。苏联的存在证明了一件事，劳动人民是历史的创造者，没有资本家，没有贵族皇帝，没有王侯将相，劳动人民一样可以创造出伟大的文明。

(三)社会主义事业失败了吗

历史上有无数个圣诞节，无数个12月25日，但1991年的那个圣诞节，却成了无数人一生铭记的时间。1991年12月25日17时38分，时任苏联总统戈尔巴乔夫进行了最后的演说，随即在全世界的注目下辞任苏联总统。印有红星和镰刀锤子的苏联国旗在克里姆林宫上空缓缓落下，宣告一个影响了全球25亿人，改变了世界格局的国家走到终点，在茫茫的夜色中，苏维埃社会主义共和国联盟正式解体。

苏联的解体是国际共产主义运动和世界社会主义事业的重大挫折，其不仅使社会主义运动降至低潮，也给其他社会主义国家带来巨大压力。苏联解体和东欧剧变，让曾经兴盛一时的共产主义思潮销声匿迹，彻底退出了欧洲；曾经占据"半壁江山"的社会主义阵营纷纷改弦易辙，只余下了中国、朝鲜、古巴、越南、老挝五个国家。东亚四个，美洲一个，除此之外，偌大的世界，再无同志。

时至今日，仍有人悲观地问："我们的事业失败了吗?"在中国青少年常用的社交媒体 B 站上，有 UP 主贴出了这样一段文字：

——"嘿，同志，你知道列宁格勒和斯大林格勒在哪儿吗？我在地图上找不到它？"

——"没有了，再也没有了，我们失败了，白匪和资本家再一次骑到了我们的头上。如果你要追随那颗红星，去东方吧！穿越第聂伯河，翻过乌拉尔山脉，西伯利亚平原的尽头，那里还燃烧着星星之火！"

20 世纪的后二十年是社会主义事业遭受重大挫折的时期，然而，社会主义文明并未如西方有些人预言的那样走进历史的博物馆。中国经受住了苏联解体、东欧剧变的重大考验，在充分总结历史经验教训的基础上，采取了一系列的重大措施，迅速扭转了形势、稳定了大局，成功捍卫和发展了中国的社会主义事业。

恩格斯曾经说过："没有哪一次巨大的历史灾难不是以历史的进步为补偿的。"①东欧剧变、苏联解体后，世界社会主义运动和人类进步事业在曲折中顽强前行，在低潮中艰难复兴。社会主义文明的火种没有熄灭。在中国坚定、持续、深入的改革开放 40 多年取得全球瞩目成绩的今天，我们可以很自信地宣告，社会主义度过了低谷，来到了新的起点。中国特色社会主义取得的巨大成功，使科学社会主义在 21 世纪的中国放射出耀眼的光芒。

苏联解体只能说明苏联模式的失败，而不能说明社会主义事业的失败。同样，社会主义事业的暂时受挫并不等于马克思主义

---

① 《马克思恩格斯全集》第 39 卷，人民出版社 1974 年版，第 149 页。

的失败，有些是人类实践本身难以避免的曲折，有些则是偏离甚至背叛马克思主义的恶果。我们坚信社会发展和人类进步的历史潮流不可阻挡，颠扑不破的马克思主义普遍真理依然是 21 世纪人们开辟正义事业的强大思想武器，依然是 21 世纪社会主义再度振兴的理论基础。向往光明和美好的人类进步力量，决不会因暂时的挫折而一蹶不振，更不会停止对人类最高理想的追求与奋斗。

纵观人类历史长河，一种文明形态代替另一种文明形态，是一个极其漫长的历史过程。况且取代资本主义的共产主义是一个完全崭新的社会制度，是一个需要涤荡一切旧制度残余、生产力和人类文明高度发达的社会，这是一个前无古人的壮举，需要更长的时间才能做到，其间也必然充满艰难和曲折。但是，不管怎样，社会主义代替资本主义，将是文明发展的必然。实际上，国际共产主义运动并没有因为苏联的解体和东欧剧变而停止了生命。相反，中国人所正在从事的中国特色社会主义事业表明，作为共产主义的一部分的社会主义事业仍然充满希望，共产主义的实现仍然是人类文明发展不可逆转的必然。

第三节 "红星照耀下的中国"

中华文明源远流长，博大精深，是中华民族独特的精神标识，是当代中国文化的根基，是维系全世界华人的精神纽带，也是中国文化创新的宝藏。马克思说，"凡是民族作为民族所做的事情，都是他们为人类社会而做的事情"①。在漫长的历史进程中，中华民族以自强不息的决心和意志，筚路蓝缕，跋山涉水，走过了不同于世界其他文明体的发展历程。自马克思主义在中华大地上生根，回顾百年党史，我们党紧紧团结和依靠人民，战胜无数艰难险阻，夺取了革命、建设、改革一个又一个伟大胜利，创造了中华民族发展史、世界社会主义发展史、人类社会发展史上的辉煌成就，中华民族迎来了从站起来、富起来到强起来的伟大飞跃。然而，有一位外国人，在八十余年前就预言了这一天将会到来。美国著名记者埃德加·斯诺在《红星照耀中国》中写道：在中国共产党领导下，中国发生了翻天覆地的变化，缔造了人类文明史上前所未有的发展奇迹。

(一)寻找"红星"

人们常说，中华民族总是被他们当中最勇敢的一群人保护得很好。在日寇肆虐、民族危亡的关头，中国共产党及其领导的革命队伍勇敢战斗在抗日战争最前线，支撑起中华民族救亡图存的希望，成为全民族抗战的中流砥柱。这支伟大队伍的指挥中枢，就在中华文明的重要发祥地，自古就被誉为"三秦锁钥，五路襟喉"的延安。在 20 世纪 30 年代，一个名叫埃德加·斯诺(Edgar Snow)的记者不但以一个西方人的眼光见证了这段伟大的历史，而且他本身也成为这段伟大历史中浓墨重彩的一笔。

---

① 《马克思恩格斯全集》第 42 卷，人民出版社 1979 年版，第 257 页。

埃德加·斯诺1928年就来到了中国，可以说是个中国通。在进入延安采访之前，他已经扎根中国做了7年的记者。这段时间内，斯诺经历了"一二·九"运动的洗礼，见证了侵华日军在东北的大屠杀，走上过抗日战争的最前线，甚至在燕京大学担任了两年的新闻系讲师。在国统区的日子里，斯诺时常听到国民党《中央日报》的反共宣传。斯诺知道，在中国有这样一群人，他们被称为"赤匪""暴匪""共匪""残匪"，亦被称为"朱毛匪众"。他们中的领袖人物，自然是"朱匪""毛匪""彭匪"等。对于他们的武装力量，时而"被围"，时而"全歼"，时而"毙命"，时而"逃窜"。他们的政策和主张被描述为"烧""杀""掠""奸"，甚至"共产共妻"。

作为一个有独立思考精神和判断力的优秀记者，特别是在国统区长时间的生活经历和所见所闻让他越来越认识到中国要想摆脱危亡的局面，必须进行彻底的社会革命，但实施这一伟大的任务，却不大可能把希望寄托在国民党政府身上。于是，斯诺把目光投向了被国民党政府常年妖魔化的"赤匪分子"——中国共产党人。

中国的前途在哪里？中国共产党究竟是怎样的一个群体？他们是怎样突破了国民党的封锁完成两万五千里长征的？他们真的有共产国际出版物上吹嘘的50万大军吗？中国共产主义运动的军事和政治前景如何？中国共产党人是"斯大林派"还是"托派"？这些问题萦绕在斯诺的脑海之中。作为一名优秀的记者，在宋庆龄女士的倾力协助下，斯诺决心突破国民党当局对陕北的层层封锁，向全世界报道红色中国的真实样貌。

1936 年 6 月，斯诺依靠宋庆龄为他提供的关系几经辗转，终于冲破国民党当局的封锁和阻拦进入苏区。斯诺进了苏区以后，最先到达当时苏区的临时首都保安（今陕西省志丹县），斯诺在这里与毛泽东进行了长时间的对话，收集了二万五千里长征的第一手材料，然后前往宁夏南部的预旺县（今天的同心县），这里是当时红军跟国民党中央部队犬牙交错的前线。之后，他冒着炮火重新回到保安，再从保安回到了西安。当他从西安到北平的时候，正值西安事变爆发的前夕，他为北平的英美报刊写了很多一线的报道。斯诺的报道引发了巨大轰动，这是外国记者第一次系统性地在苏区收集到如此多的一手材料，尤其是斯诺和中国共产党的主要领导人，包括毛泽东在内的，在军事和政治领域的主要领导干部都有谈话。

通过近四个月对苏区的访问和亲眼观察，斯诺像哥伦布发现新大陆、居里夫人发现新元素一样，欣喜若狂。他在衡量了中国一切政治力量之后，终于感到："中国在这最紧急的时候，找到了民族最伟大的统一力量，找到了重振中华民族的灵魂，这就是中国共产党和它所领导的中国工农红军。"然而，就在斯诺离开北平进入苏区后，国民党的报纸却连篇累牍地造谣说，斯诺被红军杀害了。"真是卑鄙！"斯诺愤愤地骂道，"国民党当局竟以旅行者被杀害的流言为手段，诬蔑红军分子！"他再也不能保持沉默了。他一回到北平，就连续发出一篇篇报道，像一颗颗重型炮弹，使国民党当局十年来所苦心经营的谣言攻势顷刻瓦解。通过对"红星"图文并茂的报道，斯诺成了北平、成了中国乃至全世界新闻界的中心人物。正如海伦·福斯特在《我在中国的岁月》一书中所写的：
"斯诺红区之行的一大成就，是中国的右派和左派都相信他所说的
一切。他赢得了人们的信任。这样，斯诺的这次旅行就成了中国
历史的一部分——它促进舆论转向了共产党所倡导的抗日民族统
一战线。"

(二)"真正的"红军

　　1935 年下半年，中国工农红军到达陕北。十几年来，国民党
当局一直把共产党、工农红军宣传成"青面獠牙"的"共匪""赤匪"，
不仅国外各界，连国内群众对中国共产党及其所领导的部队也不
甚了解。这场延安之旅最开始对斯诺来说，算得上一种"探险"。

　　斯诺刚到苏区不久就遇上了一群手持大刀练习砍杀的农民军，
常年生活在白区的他哪见过如此场面，以为遇到了土匪，想着自
己的苏区之旅可能"出师未捷身先死"。好在斯诺很快就见到了周
恩来，周恩来一口流利的英文令斯诺很是意外，也隐约感觉到这
里和国民党当局宣传口径中的形象有着巨大不同。在一起吃饭时，
斯诺习惯性地对上菜的小孩喊："喂，给我们拿点冷水来！"但是一
连叫了两次，服务的小孩也没搭理他。一旁的李克农看到这个场
景忍俊不禁，笑着跟斯诺说："你可以叫他小鬼，或是叫他同志，
但你不能叫他'喂'，这些小孩是少年先锋队员，他们是革命者，
是自愿到这里来帮忙的，他们不是仆人，而是未来的红军战士。"
红小鬼这时为斯诺送来了冷水，斯诺连忙向他道歉："谢谢你，同
志。"令斯诺感到惊讶的是，这位红小鬼回答道："不要紧，你不用

为这样一件小事感谢一个同志。"斯诺后来在书中写道:"我从来没有在中国的儿童中间看到过这样高度的人格自尊。"

1936年7月13日傍晚,毛泽东步行至中华苏维埃人民共和国中央政府外交部,看望到达保安的美国记者斯诺和美国医生海德姆,对他们来苏区访问表示欢迎。斯诺这样描述第一次见到毛泽东的情况:"直到吃晚饭的时候毛泽东才来,他用劲和我握了握手,以平静的语调寒暄了几句,要我在同别人谈过话后,熟悉一下周围的环境,认识方位,然后去见他。说完之后,他缓步走过挤满农民和士兵的街道,在雾霭中散步去了。"对于第二次见面,斯诺这样写道:"我第二次看见毛泽东是傍晚的时候。他光着头(没戴帽子)在街上走,一边同两个年轻的农民谈着话,一边在认真地做着手势。他带着浓重的湖南口音,我起先认不出是他,后来等到别人指出时才知道。"斯诺经常这样描述毛泽东:"南京虽然悬赏25万元要他的首级,可是他却毫不介意地与别人在一起行走。"红军领袖毛泽东就像鱼生活在水中一样和人民群众联系在一起。

在斯诺跟毛泽东的交谈当中,最令他震撼的还是毛泽东谈到中国和世界的关系问题。毛泽东说:"我们对于外国的希望是什么,我们希望友好各国,至少不要帮助日本帝国主义,而是采取中立的立场,我们希望他们能够积极帮助中国抵抗侵略和征服。"而对于世界的看法,尤其是包括如何对待世界友好的国家,以毛泽东为代表的第一代中国共产党人,对世界的看法是全面的、立体的、丰富的,而不是一刀切的。斯诺专门强调了一点,他发现毛泽东对于当前世界政治特别熟悉。斯诺这样写道："他对英国的工党很感兴趣，详尽地问我关于工党目前的政策，很快我就回答不上来了。他对于罗斯福总统的看法是令人很感兴趣的，他相信罗斯福是个反法西斯主义者，他以为中国可以跟这样的人合作。他又问到许多关于罗斯福新政和外交政策的问题。"毛泽东不仅熟读世界历史，对于欧洲社会和政治的情形也有实际的了解。

之后，斯诺还访问了数以百计的红军将领和士兵，同指战员们进行了广泛的交谈。红军二万五千里长征的壮举，使斯诺听得出神入迷，大为叹服。斯诺在采访录中写道："应该说，我和红军相处的 4 个月，是一段极为令人振奋的经历。我在那里遇到的人们似乎是我所知道的最自由、最幸福的中国人。在那些献身于他们认为完全正义的事业的人们身上，我强烈地感受到了充满活力的希望、热情和人类不可战胜的力量。""我所知道的'当政'的寡头和少数贪婪的占有集团，不论是白种人还是黄种人，都是腐败堕落的。"斯诺强调指出，"共产党人的正直、无私都与他们形成了鲜明的对照"。这种精神风貌对于五千年的古老文明是从未有过的，因此可以被理解为当时的文明高地，这也是当时国统区的很多青年人"爬也要爬到延安"的重要原因。

红军的长征，令西方记者敬佩不已。爬雪山，过草地，闯激流，抢速度，压据点。长征不仅要克服大自然带来的缺氧、沼泽、雨雪、饥饿等考验，还要面对几十万国民党军队的围追堵截。斯诺这样描述："红军一共爬过 18 条山脉，其中 5 条是终年盖雪的，渡过 24 条河流，经过 12 个省份，占领过 62 座大小城市，突破了

10个地方军阀军队的包围，此外还打败、躲过或胜过派来追击他们的中央各部队。他们开进和顺利地穿过6个不同的少数民族地区，有些地方是中国军队几十年所没有去过的地方。"斯诺特别强调，红军"坚忍卓绝，任劳任怨，是无法打败的"。国际友人、宋庆龄同志的秘书、著名反法西斯斗士王安娜说，红军之所以战胜长征路上敌人的围追堵截和恶劣的自然条件，是因为具有"坚定不移的勇敢精神"和"一往无前的精神"，红军"都是有坚定的政治信念和不屈不挠精神的人"。她在回忆录《中国——我的第二故乡》中写道："长征是艰苦的冒险，长征是人类的勇气与怯懦、胜利与失败的搏斗。"毛泽东后来曾对到访苏区的斯诺妻子海伦·斯诺说："斯诺先生让世人看到我们共产党人和红军并不是红毛绿眼睛，杀人放火的'土匪'，我们非常感谢他！"

最后，斯诺得出结论："无可比拟的吃苦耐劳的能力；无私地忠于一种思想和从不承认失败的不屈不挠精神——这一切似乎都包含在这个红军的故事和参加创建红军的一个人的故事中。"正如《红星歌》里唱的："长夜里，红星闪闪驱黑暗；寒冬里，红星闪闪迎春来；斗争中，红星闪闪指方向；征途上，红星闪闪把路开……"中国共产党就像那闪闪的红星，"星星之火，可以燎原"，带领全国人民不断取得新民主主义革命、社会主义革命伟大胜利和社会主义建设伟大成就。

(三)让西方了解"红色中国"

斯诺来到了延安，把当时的中国共产党人的真实的风貌，延安的真实情况，向全世界作了介绍。他向全世界第一次介绍了中国革命的原因和目的，以及那些有名的和无名的战士、农民、工人、知识分子，一个鲜活的真实的中国展现在世人面前。斯诺将中国共产党的真实形象向全世界传播，也为中美友谊打下了良好的基础，从而拓宽了中国国际交流的空间与范围。

一方面，影响了西方世界对中国的看法。斯诺一生一共写了11本专著，绝大部分与中国问题有关。所有的书里面最耀眼的就是《红星照耀中国》。这本书的特殊性在于，首先作者斯诺是一位土生土长的美国人，带着一种非常朴素的情感，第一次去看待红色中国。他向全世界介绍了他所了解的红色中国，而他卡的时间点也非常好，1936年是中国长期的内战转向抗战的一个关键性的转折年份。在关键性的时间节点，历史的车轮又开始转动起来，历史要翻过新的一页。斯诺站在一个客观的角度，毫无党派之见地报道了中国革命和中国工农红军的成长史，并在跟随的过程中采访了众多的长征英雄，其中有中国共产党的领袖人物，也不乏普通的红军战士，他将这批传奇的长征英雄介绍给了西方世界乃至全世界的人们，将真实情况记录给他们看。长征结束后仅仅一年内当事人的口述史诗，比此后发表的更详尽、更客观的报道所产生的影响都要重大。

另一方面，吸引了众多的国际友人前来中国，从物力、财力、人力上帮助整个民族完成对外抵抗侵略者，同时也传播着中国共产党的思想。斯诺是一位记者，他用自己的行动完成了一次次冒险尝试，使得更多的国际友人开始关注中国的发展，越来越多的外国记者、医生来到中国抗日前线，多方位多角度地报道分析中国革命，记录下中国革命的真实状况。这在相当程度上也提醒和告诉所有关心中国，希望跟中国发展友好关系，不管是美国还是其他国家的人，请务必克服基于不对称的信息、意识形态的偏见所形成的狭隘而坚固的刻板印象。除非你能够突破这种刻板印象，否则你对中国就很难形成全面完整的认识和了解。同时，也侧面缓和了国与国之间的关系，令更多的人感受到中国共产党领导者所追求的价值和革命信仰，也使得中国和国际友人之间有了更加深厚的交情，迅速传播了中国革命的情况和思想。

1937 年 11 月上海沦陷之后，有一批爱国青年历时 13 个月，徒步一万多里到达延安，这时候的他们已经衣衫褴褛、蓬头垢面，但他们依然斗志昂扬地高唱着自编歌曲："割掉皮肉还有筋，打断骨头还有心。只要还有一口气，爬也爬到延安城。"据统计，从 1937 年到皖南事变前，奔赴延安的爱国青年知识分子有 4 万人左右。看到这种场景，作为援华医疗队专家的马登·莫罕拉尔·爱德大夫不禁赞叹："这简直是奇迹，这是 20 世纪中国的耶路撒冷！"

在部分近代思想家眼中，苦难深重的中国人民似乎在一切层面都落后于西方，器物、制度、文化乃至精神面貌。一切描绘精神的美好词汇，自由、浪漫、独立、尊严，似乎只能存在于西方人的脸上，或见于民国资产阶级文人墨客"风花雪月"的生活之中。对于世代受压迫的底层民众，似乎无法享有文明之精神、自由之理想。延安——列强肆虐和白色恐怖交织下中华文明的一个"高地"和"桃源",革命的延安以自己的自由、热情、民主、科学、团结昭示着一个崭新的时代即将到来。在这里,即便是最普通的人也可以在中国共产党的组织和领导下为着一个人类最伟大的目标而不懈奋斗,中国人在精神面貌层面终于可以跨越时代和历史,甚至领先于世界。而这一切,都是马克思主义在中国的土地上生根发芽的结果。彼时陕北小小的一隅,其展现出的精神面貌却是中国数千年来从未有过的文明景象。在马克思主义传入中国后不到 20 年的时间,一群心怀共产主义崇高信仰的革命者就在毛泽东和他的战友们的领导下,将自身的革命政权打造为彼时外敌侵略、军阀混战、民不聊生的旧中国的文明高地。中国共产党领导下的红色政权在数十年后的今天,正如斯诺的书中所言,它的革命事业已经照耀了全中国,乃至全世界。当你翻开《红星照耀中国》以前,你可能认为这本书最大的特点无非是以一个西方人的视角理解中国革命,但当你合上这本书之后,你会感叹"一个更好的世界,可以并正在被创造"。

第四节 壮丽航程——新中国的伟大文明成就

回望历史、展望未来往往会使人有更多的历史感悟,给人更多的智慧启迪。正如在攀登高峰时,在层峦叠嶂中有许多重要的关口和山峰,在那里回望,更觉得豁然开朗、江山如画。今天,站在新时代的节点回头看去,我们庆幸生活在这个伟大的时代,在短短百年里见证它翻天覆地的变化。100多年来，中国共产党带领中国人民进行艰苦卓绝的奋斗，将中华民族从积贫积弱、任人宰割的悲惨命运中彻底翻转过来，迎来了从站起来、富起来到强起来的伟大飞跃，书写了中华民族几千年历史上最恢宏的文明史诗。

(一)《十问未来之中国》

社会发展状况是实现人生理想的客观环境，不同时期的人们有着不同的梦想。那你知道百年前中国人梦想中的未来是什么样吗？

1929年5月4日，上海《生活周刊》刊发了以"未来之中国"为题的号外。其中，有一篇文章颇具新意，名字叫做《十问未来之中国》。文章中，对未来的中国提出了十个问题，涉及军事、政治、经济、文明等各个方面，作者在文中悲痛地写道：如今的中国，军阀遍地、饿殍遍野，什么时候中国才能够国家统一、主权完整？什么时候中国才能够国家独立、摆脱列强控制？什么时候中国人民才可以当家作主？什么时候中国才能够粮食自给自足、再也没有了饥荒？什么时候中国才能够生产国人的生活用品、生产国防所用的钢铁舰船？什么时候中国才能变成一个真正的强国？作者"醉梦人"说："吾举十问，实不知其答案。私以为，能实现十之五六者，则国家幸甚，国人幸甚！"

文章刊出，反响颇大。据《生活周刊》编辑人员透露，共收到读者回信4000余封，但大多数人比较悲观，觉得未来的中国，这几点很难成功，甚至很多人认为只要实现了其中的一半，国家就会复兴了。那个时候的中国，战乱频仍、山河破碎，历经苦难、满目疮痍，国家和民族处于积贫积弱、一穷二白的悲惨境地；百姓衣不蔽体、食不果腹，命运多舛、颠沛流离，人民处于饥寒交迫、水深火热的凄苦境况。事实上，在文章发表之后不久就发生了"九一八事变"，大片国土沦陷。那个时候的中国人也在苦苦寻觅拯救民族的道路，人们于悲痛中发出"未来中国十问"，寄托对民族的无限哀痛。

看此十问，谁不痛心：多么绝望的时代，才会有如此心酸的锥心叩问？才会对国家未来的期待如此之低？如今，在这个停会儿电都会引起抱怨的时代，我们无法感受到 1929 年的冰冷黑暗。同样，发出"未来十问"的国人再有想象力，也想不到如今中国强盛的国力，已经足以傲视寰球了。

(二)"震撼世界的 100 年"

2021 年，中国共产党成立 100 年时，英国《卫报》将这 100 年形容为"震撼世界的 100 年"。时光荏苒，岁月如歌。100 年，在人类历史长河中只是短暂一瞬，在中华民族发展史上也是须臾之间。但也就是这 100 年，中华民族和中国人民的命运却得到了深刻的改变。百余年来，中国共产党团结带领全国各族人民为争取民族独立、人民解放和实现国家富强、人民幸福而不懈奋斗，从根本上改变了中国人民的前途命运。岁序易，华章新，新中国航程壮丽。当初"醉梦人"的展望，如今中国已经实现了一大半。

中国经济实力和综合国力大幅提升。经过多年奋斗，我国经济总量从新中国成立之初的 600 多亿元到 2023 年突破 126 万亿元大关，稳居世界第二大经济体，成为世界第一大工业国、第一大货物贸易国、第一大外汇储备国。今日的中国，我们不仅实现了从过去一穷二白，到如今工业门类一应俱全的转变，我们还生产着全球一半的钢铁、全球 60％的水泥、全球 25％以上的汽车和全球一半的造船，中国制造已然渗透到世界的每个角落。如今大到卫星、导弹、航母，小到日用家电就没有中国不能自主制造的。除此之外，"两弹一星"、杂交水稻、载人航天、深海探测、C919 大飞机、"天眼"望远镜等重大科技成果振奋人心，青藏铁路、三峡工程、南水北调、西气东输、港珠澳大桥等国家工程捷报频传，机场、港口、高速公路等基础设施日益完善，高铁、移动支付、共享经济、网购等引领潮流……一个繁荣昌盛、日新月异的泱泱大国不断向世界呈现出中国精彩。

中国人民生活水平极大改善。从贫困到温饱再到总体小康，中国人民的生活实现了历史性跨越。新中国成立初到 2023 年，我国人均 GDP 从 119 元增加到 8.94 万元，城镇和农村居民家庭恩格尔系数分别下降到 29.5％和 33.0％，城镇和农村居民年人均可支配收入分别从不足 100 元、50 元增加到 51821 元、21691 元。中国用全球 7％的耕地养活了全球近 20％的人口，这不仅仅是一个叹为观止的奇迹，更重要的是，在短短几十年里，中国人通过自己的勤劳智慧，解决了困扰祖先父辈们几千年的难题。我们告别了商品短缺，扔掉了各种票证，消费结构迅速从生存型向发展型进而向享受型转变，就业、教育、医疗、住房、养老、社保等民生福祉持续改善，人均预期寿命快速提高，2023年达到77.93岁，人民的获得感、幸福感显著增强。特别是改革开放40多年来，7亿多农村贫困人口摆脱贫困，贫困发生率从97.5%下降至0.6%，创造了人类减贫史上的奇迹。

中国社会文明程度显著提升。几十年时间里，中国的文盲率由80%下降到4%，青壮年文盲基本消除，九年义务教育巩固率高达94.2%。知识改变命运的信念，在中国这片古老的土地上，生根发芽，遍地开花。新中国成立后，党和政府在全社会大力宣传和提倡艰苦奋斗、自力更生、移风易俗、男女平等进步观念，新中国健康向上的社会风貌逐渐形成，全社会文明程度明显提高。我国实现了从几千年的封建专制向社会主义民主政治的跨越，党的领导、人民当家作主、依法治国有机统一的制度建设全面加强，中国特色社会主义法治体系日益完善，民族团结进步事业取得重大成就。马克思主义指导地位更加巩固，社会主义核心价值观和中华优秀传统文化得到大力弘扬，文化事业和文化产业蓬勃发展，国家文化软实力和中华文化影响力显著提升。中国人民的科学文化素质大幅度提高，精神面貌发生深刻变化，社会创造力和活力竞相迸发，"万类霜天竞自由"的生动景象成为新时代的社会标识。

中国国际地位空前提高。随着我国综合国力的日益提升，中国在国际上的分量越来越重，影响力越来越大。与我国建交的国家，从新中国成立初期的10多个增加到现在的183个。中国坚持正确的对外方针和政策，广泛开展双边和多边外交，发展同世界各国的友好合作关系，在国际事务中发挥着越来越重要的作用。无论是推动建设新型国际关系还是推进全球治理体系变革，无论是促进"一带一路"国际合作还是推动构建人类命运共同体，都彰显了中国外交的大国特色、大国风格、大国气度，为维护世界和平发展贡献了中国智慧和中国方案。

中国的国威军威进一步彰显。抗美援朝的胜利使帝国主义在亚洲的海岸边随意架起几尊炮就迫使一个老大帝国屈服的年代一去不复返了，中华民族由此开始屹立于世界民族之林。抗美援朝战争迄今70余年间我国虽又经历过几场边境自卫反击战，但再未遭遇大规模外敌入侵。正是抗美援朝战争的胜利为新中国营造了和平安宁的崭新局面。抗美援朝战争的胜利在当时直接使我国在地缘形势上的安全性得到提升，同时也使我国的国际地位和话语权得到提升，而在更为长远的历史阶段则为中华民族实现伟大复兴创造了必不可少的条件。

中国构建起强大高效的公共卫生体系。我国医药卫生体制改革不断深化，分级诊疗制度逐步建立，全民医保体系加快健全，人民健康状况和基本医疗卫生服务的公平性、可及性持续改善。从早期群众看病的老三样"听诊器、血压计、体温表"到如今的"B超、CT、核磁共振"；从背着药箱串街走巷的"赤脚医生"到互联网医院专家远程问诊；从条件简陋的乡村诊所到现代化的"超级医院"……飞速发展的医疗卫生事业，正在为14亿人民带来更多福祉。我国健康服务的可及性和公平性也持续提升。截至目前，超过80％的居民在15分钟内能够到达最近的医疗点，很多大病在县里就能得到有效治疗，基本实现了每个乡镇建有 1 所卫生院，每个行政村有 1 个村卫生室，每千名村民配有 1 名乡村医生。截至 2023 年底，全国共有超 3000 家互联网医院，7700 家二级以上医院提供线上服务。三级医院网上预约诊疗率已达 50% 以上，90% 以上的三级公立医院初步实现了院内信息互通共享。群众通过互联网，进一步解决了看病难问题。

中国成功实现了全民脱贫攻坚战的胜利。新中国成立以来，中国共产党带领人民持续向贫困宣战，经过改革开放以来的努力成功走出了一条中国特色扶贫开发道路。2006 年 1 月 1 日农业税的废止使得在中国延续了 2600 多年的"皇粮国税"彻底成为历史。2020 年 11 月 23 日，贵州省宣布最后 9 个深度贫困县退出贫困县序列。至此全国脱贫攻坚目标任务已经完成。如今连温饱尚不能满足的绝对贫困状态在我国已被消除。脱贫攻坚战的胜利从某种意义上而言不是终点，而是迈向全国城乡全面现代化这一新征程的起点。

截至 2023 年底，我们脚下的这片热土，拥有世界第一公路里程 535 万千米，拥有世界第一高铁里程 4.5 万千米，拥有世界第一光缆里程 6432 万千米，拥有世界第一移动支付金额，拥有世界第一的人才资源，拥有世界第一年均脱贫量 1391 万人，拥有世界第二科研费用 3 万亿元，拥有世界第一的架桥技术，拥有世界第一的巨型水电站建设技术，拥有世界第一的高原铁路建设技术，拥有世界第一的量子通讯技术，拥有世界第一的高铁及动车建造技术，拥有世界第一的特高压输电技术，拥有世界第一的激光技术，拥有世界第一的超级计算机技术，世界前 10 斜拉桥中国占 7 座，世界 10 个超大港口中国占 7 个，世界前 10 悬索桥中国占 6 个，GDP 超过万亿的城市中国有 26 个。

中国共产党的百年历史，是百年征程波澜壮阔，百年初心历久弥坚，百年辉煌震惊世界的历史。100 年来，中国共产党始终代表人民的根本利益，紧紧团结带领人民艰苦奋斗，铸就了彪炳史册的千秋伟业，在人类社会进程中写下了不朽的传奇！今天的中国以欣欣向荣的气象巍然屹立于世界东方。我们的祖国从来没有像今天这样欣欣向荣、蒸蒸日上，我们的民族从来没有像今天这样扬眉吐气、自信满怀，我们的人民从来没有像今天这样幸福安康、意气风发。

(三)"会当水击三千里"

百年前，毛泽东在湖南第一师范读书期间，经常去湘江游泳。"自信人生二百年，会当水击三千里。"这句诗正是他在这一时期的创作。毛泽东以鲲鹏作比，既表达了当年"击水"时的酣畅淋漓，也将自己"欲与天公试比高"的豪情壮志一表无遗。

这种对未来无可置疑的无穷信心，可谓是以他为代表的共产党人和中国人民创下千秋伟业的精神宝藏。万里长征闻所未闻的磨砺中，毛泽东咏道："红军不怕远征难，万水千山只等闲。"到达陕北后的东征中，他咏道："俱往矣，数风流人物，还看今朝。"中华人民共和国成立后，回顾浴血奋斗的历史，展望光辉灿烂的未来，他咏道："世上无难事，只要肯登攀。"中国为什么能自信？毛泽东认为中国有自信的能力。他在《民众的大联合》中指出："我们中华民族原有伟大的能力！"①他在《论反对日本帝国主义的策略》中说："我们中华民族有同自己的敌人血战到底的气概，有在自力更生的基础上光复旧物的决心，有自立于世界民族之林的能力。"②正是在中国共产党的领导下，古老中国焕发蓬勃生机，中华民族实现了历史上最广泛、最深刻、最伟大的社会变革。

百年功名尘与土，八千里路云和月。回望历史，在短短几十年内，中国共产党领导中国人民在地球上的最大人群中，在一个一穷二白、人口负担极大、人均寿命极低、自然灾害横行、基层组织败坏、工业发展近乎零，这样一个几乎毫无希望的国家基础上建立起了崭新的文明形态。一个伟大民族的复兴总会碰到挫折，遭遇阻挠。但中国人始终坚信，一代人的命运如果不能靠百米冲刺改变，那么就用几代人的接力赛来完成命运的转变。当人人相信自己的命运可以被改变，国家的命运自然而然会跟着改变。历史正在掀开新的篇章。

时光荏苒，岁月更迭。2016 年 7 月 1 日，习近平总书记在庆祝中国共产党成立 95 周年大会上的讲话中引用了毛泽东的诗句。他说，"全党要坚定道路自信、理论自信、制度自信、文化自信。当今世界，要说哪个政党、哪个国家、哪个民族能够自信的话，那中国共产党、中华人民共和国、中华民族是最有理由自信的。有

---

① 《"一大"前后——中国共产党第一次代表大会前后资料选编》，人民出版社 1980 年版，第 95 页。

② 《毛泽东选集》第 1 卷，人民出版社 1991 年版，第 161 页。

了'自信人生二百年，会当水击三千里'的勇气，我们就能毫无畏惧面对一切困难和挑战，就能坚定不移开辟新天地、创造新奇迹"①。

站立在 960 万平方千米的广袤土地上，吸吮着 5000 多年中华民族漫长奋斗积累的文化养分，拥有 14 亿多中国人民聚合的磅礴之力，我们走自己的路，具有无比广阔的时代舞台，具有无比深厚的历史底蕴，具有无比强大的前进定力。一个悠久并保留坚韧底蕴的文明，一个内敛又有着延绵后劲的民族，迎来了新时代和新梦想。这一代人，必将在实现中华民族伟大复兴的征程中，不断标注新的中国深度，不断创造新的文明尺度。

① 习近平：《在庆祝中国共产党成立 95 周年大会上的讲话》，人民出版社 2016 年版，第 12—13 页。

第五章

"历史终结论的破产"——资本主义文明还有没有下一站

　　人类历史数百万年间，是否存在着一种普遍的发展规律？历史是不断地循环往复，还是有着一条独特的发展轨迹？如果这条轨迹确实存在，那么文明的未来将通向何方？这条轨迹是否会有一个终点，而那个终点就是历史的终结？在过去的数百年间，人类社会经历了一次又一次的变革和动荡。从工业革命到经济全球化，从信息技术的飞速发展再到气候变化的挑战，我们似乎正处在一个前所未有的时代，一个充满着巨大机遇和挑战的时代。在这个时代之中，关于历史的发展轨迹和未来的走向，各种学说和观点层出不穷。随着柏林墙的倒塌、东欧的剧变以及苏联的解体，福山的"历史终结论"成了当代人们口中最为熟知的历史观点。"历史终结论"以其对人类社会发展终极形态的预言，引起了广泛的关注和讨论。它预测资本主义和自由民主将成为人类社会的最终形态。然而，这个结论是否正确？在历史的长河中，资本主义文明是否还有下一站？

第一节 "我不能没有敌人！"

1991 年 12 月 25 日，当印有红星和镰刀锤子的苏联国旗在克里姆林宫上空缓缓落下后，在大洋彼岸，时任美国总统老布什走进了电视直播间，他对自己的国民热忱地解释、分析着苏联解体对于美国的意义。"受上天眷顾，美国人民赢得了冷战……这个世界曾经被分割成两大对抗的军事阵营，今天之后，只剩下唯一卓越无比的强国，它就是美利坚合众国。"

显而易见，随着冷战的结束、苏联的分崩离析和东欧共产主义政权的陆续结束，作为推动和促进了全世界无产阶级运动、女权解放运动和民族解放运动的伟大社会主义事业转向低谷，而资本主义迎来了一个高潮。以至于美国学者福山提出了"历史终结论"，称"资本主义与自由民主的现代体制已经超越了历史和意识形态矛盾……自由民主制度也许是人类意识形态发展的终点和人类最后一种统治形式"①。

---

① ［美］弗朗西斯·福山：《历史的终结及最后之人》，远方出版社 1998 年版，第 1 页。

(一)"历史终结论"是什么

早在 1806 年，黑格尔就提出了"历史的终结"这一观点，马克思认为资本主义是人类社会采取对抗形式的最后一个阶段，共产主义是人类社会真正历史的开端。福山在前人的基础上提出了不同的构想，他认为历史的火车已经到站，自由民主制就是历史的最终目标。在福山看来，马克思的阶级斗争并非历史发展的真正动力，其根本动力是"为获得承认而斗争"。获得承认，是要求别人承认自己作为人的尊严和价值。当普遍而平等的互相承认成为社会的现实时，历史也就不再有向前发展的动力。

福山接着给出了观点与论证：一个国家，不论文化有什么特殊传统，只要搞现代化，最终都会趋近普遍的共同模式。福山对现代化的普遍化进程作了三阶段的推论。第一阶段是发展科学技术，这是现代化社会发展的根本，这已成为绝大多数人的共识。第二阶段，采用市场经济。科技成果要实现效益最优化，市场经济是效益最高的制度。第三阶段是市场经济的繁荣必然导致自由民主政治秩序的建立。福山认为市场经济的发展会提高人均收入，导致社会结构和文化价值变化，比如城市化、产业工人阶级扩大、教育普及水平提高、财产累积、产权意识增强等。当人们生活水平提高之后，自己作为人的尊严和价值获得认可会成为人们的最大需求。在考察了各种类型的政体后，福山认为只有自由民主制才能最大限度地让每个人获得平等、自主参与到公共问题的决策中，并从中获得尊严和价值感。

然而承载着人类文明的列车却没有沿袭福山的理论轨道推进。

东欧诸国发展天壤之别，有的搭上欧洲一体化、经济全球化的便车，有的沦为大国地缘政治的角斗场、社会失序的修罗场；在遭受血腥罪恶的黑奴贸易之后，非洲又成为经济全球化秩序下被发达资本主义国家"离岸剥削"的最低等对象；种族清洗的相互攻讦、军政府独裁的轮番登场和绵延不断的内战，使阿非利加陷入无法发展的怪圈。英国脱欧给欧盟一体化的幻梦蒙上了阴影，民粹主义和右翼政治在撕裂着欧美国家社会内部的虚伪和谐、刺激着本就极化的政治倾向，唐纳德·特朗普、鲍里斯·约翰逊、玛丽亚·勒庞等一众鼓动民粹主义的政客们试图在地球的版图上找到那些名为"新兴崛起国家"的替罪羊。不仅如此，蔓延西方社会的金融危机、民粹主义潮流（对既成政府的不信任）和选举乱象使得包括福山本人在内的西方政界学界开始广泛反思西式民主的种种弊端。随着西方国家在俄乌冲突、巴以冲突等一系列事件中"丑态百出"，近年来越来越多的人开始意识到，西方所谓的"自由民主"从来不是解决一切问题的"灵丹妙药"。当今世界政治社会的形态正越来越趋向多元化，历史并没有"终结"。福山妄图断言历史，其理论显然是荒谬的、站不住脚的。

作为自由民主制度的典范，美国政治的发展或许更能说明历史终结论的谬误。建基于殖民主义、种族主义奴隶制和劳动、占有、分配不平等之上的美国，在两极分化的经济分配格局、种族冲突的社会格局以及资本利益集团操控的政治格局的相互作用下，近年来进一步陷入制度失灵、治理缺位、族群撕裂、社会动荡的泥潭。自诩"人权卫士"的美国，金钱政治、种族歧视、枪支泛滥、警察暴力、贫富分化等痼疾难除，美国人民的基本权利和自由被进一步架空。今日的美国积弊缠身，尤其是新冠病毒感染疫情发生以来，美国防疫一败涂地，社会撕裂不断加剧，民主"灯塔"备受质疑。从旧金山到费城，城市沉沦，昔日的繁华大都会如今成为露宿者的集中地、毒品的天堂、非法移民和罪犯的乐园。正如俄罗斯总统普京所说："美国正以自信和坚定的步伐，走在苏联的老路上。"

从世界范围来看，美国以"民主自由"为借口，在全球范围内"猎巫"。摩萨台需要被推翻，阿连德必须被铲除，古巴必须被持续封锁，巴勒斯坦人的合法建国权利需要被妥协。与此同时，佛朗哥的法西斯主义可以被默许，蒋介石的白色恐怖可以神奇地消失在报纸的版面。自20世纪50年代以来，美国从未停止过制造罪恶。从军事到经贸文化领域，美国在所有地区问题上煽风点火，榨取利益，维持霸权。除了资本主义民主制，美国眼里没有别的出路，只有"异见者"。曾经的苏联是敌人，现在的俄罗斯要制裁，热爱和平的中国有威胁，就连所谓的"盟友"也需要监听。与美国利益有冲突的都是敌人，实力弱的小国更是美国的玩物，招之即来，挥之即去。

所谓资本主义的民主自由，从历史上看既没有解决全球贫富差距和分配不公的社会问题，也没有解决文化宗教的冲突，更没有像精英们说的那样美好光鲜，把普罗大众吸引在这面旗帜之下，反而给无产阶级和第三世界国家带来了苦难与泪水。而以自由民主之名行掠夺之实的流毒如此严重，以至于曾经鼓吹"历史终结论"的弗朗西斯·福山也不由得哀叹:"当人们对制度的认知固化时,或当得势精英用权力阻挡变革、维护自身地位时,制度便会跟不上外部环境的变化,走向政治衰败。任何类型的政治体制——专制或民主——都无法免疫于这种政治衰败。"事实证明,历史没有终结,资本主义没有胜利!

(二)世界历史为何没有终结

资本主义自由民主制为什么没有成为人类普适发展之路?作为资本主义发展最高形态的美国为什么近年来乱象频出?曾被誉为人类文明之光的"灯塔"为什么给世界人民带来一次次灾难?答案或许深藏在资本主义本身之中。

百余年前,马克思就深刻地揭露了资本剥削的本性,对资本主义进行了彻底的批判。"资本只有一种生活本能,这就是增殖自身,创造剩余价值,用自己的不变部分即生产资料吮吸尽可能多的剩余劳动。"[1]资本主义建立在私有财产的基础上,通过自由竞争实现着对多数人的倾轧和压迫,其所标榜的经济自由恰恰是对人民基本生存权利的反动。资本主义的竞争使人类陷入零和游戏的斗争状态,是造成社会冲突和人类自由丧失的根源。正如法国学者皮凯蒂在《21世纪资本论》一书中指出,因为资本的收益率远远高于生产力的增长速度,资本主义社会的两极分化必定日趋严重;贫富差距达到一定程度时,必然造成社会的结构性危机。资本主

---

[1] 马克思:《资本论》第1卷,人民出版社2004年版,第269页。

义社会难以从系统性危机的泥潭中走出来，是资本演进的逻辑使然。其发展依托的是个人主义和尔虞我诈，不仅不能命运与共，而且进一步恶化了资本主义系统性危机。

从本质上看，资本主义文明是少数资产阶级的"文明"，其特征是丛林法则，弱肉强食。资本主义的哲学根基是西方理性主义传统与二元对立思维，在发展过程中被社会达尔文主义的生存观所强化，因此具有很强的对立性和竞争性，其常表现出"零和博弈"的特征。正如美国前国务卿蓬佩奥 2019 年那段臭名昭著的发言所说："我们撒谎、欺骗、偷窃……我们还有一门课来教这个！这才是美国不断探索进取的荣耀！"①资本主义文明的内核是"个人主义""拜金主义"，用"自由""民主""博爱"加以包装。为了攫取权力，资本主义国家的政客们往往许诺许多超出客观条件的福利，结果不是"放空炮"，就是造成巨额亏空，加重财政负担。民主政治被资本绑架，成为资本逐利的工具。左右美国政策的不是民主，而是财阀。美国前总统奥巴马在《国情咨文》演讲中毫不避讳地谈到，美国的政治体系看起来往往"倾向于富人、有钱有势者和一些特殊利益集团"。竞选者以执掌政权为唯一目的，日益恶化了政治生态。

显而易见，不论是西方现代化模式的严重弊端，还是国家治理政治智慧的严重缺失，其根源在于现代西方资本主义经济、文化和政治制度的不合理、不科学，在于资本主义社会基本矛盾的

---

① 这一讲话出自美国前国务卿迈克·蓬佩奥于 2019 年 4 月 15 日在美国得州农工大学（TAMU）的演讲。

对抗性。正如恩格斯所说:"赋予新的生产方式以资本主义性质的这一矛盾,已经包含着现代的一切冲突的萌芽。新的生产方式越是在一切有决定意义的生产部门和一切在经济上起决定作用的国家里占统治地位,并从而把个体生产排挤到无足轻重的残余地位,社会的生产和资本主义占有的不相容性,也必然越加鲜明地表现出来。"①这个矛盾是资本主义的"绝症",这一根本无法治愈的"绝症",决定了"西方乱象"必然此起彼伏,难以克服,也注定了世界历史不可能以资本主义形式终结。

(三)资本主义不能没有敌人

西方资本主义国家为了维护统治,一方面在国内实行形式上的自由民主制度以缓和阶级矛盾,另一方面在国际上不断寻找可以剥削廉价劳动力、掠夺资源和倾销商品的敌人和对手。

随着资本主义生产关系的兴起,经济全球化的浪潮开始涌动。为了推动原始积累,资本主义国家利用军事和殖民手段来拓展世界市场和获取资源。自由资本主义的发展,技术和生产方式的进步带来了生产效率的巨大提升。于是,资本主义国家开始利用工业、技术等经济手段的优势来征服世界,并构建了不公平的全球空间格局。基于主权国家为基本单元的国际社会治理秩序及其相配备的金融体系,一方面保证了全球资本在民主代议制的发展中国家中的自由流通,另一方面保证了全球资本最终以财富的各种

---

① 《马克思恩格斯全集》第 25 卷,人民出版社 2001 年版,第 399 页。

形式回流汇聚于资本主义世界的强国。当前，资本主义对全球时空的操控不仅没有减弱，反而呈现出加剧的趋势。一方面，发达资本主义国家不断扩大对落后国家的技术优势，从而在"社会必要劳动时间"的维度上深化"比较优势的陷阱"；另一方面，它们毫不掩饰地推行霸权主义、新殖民主义，将全世界都置于自己的严密控制之下，为资本的全球流通与循环提供坚实保障。因此，全球不平衡发展的现象愈发显著，世界各国虽然共处同一历史时空，但实际上却展现出一种严重的分裂状态。

资本主义国家的内部矛盾积累到一定程度，政府债台高筑，平民已经薅不动了，资本家的钱更别想动一分，所以只能到国际上抢掠：依靠技术垄断夺取高额利润，利用国际话语权享受特殊待遇，利用军事、经济实力来强取豪夺，打一场战争转移国内濒临激化的矛盾，夺取石油等矿产资源或者达成金融、贸易等领域有利于自身利益的协议。资本主义在全球寻找资源和市场，只有剥削全世界，才能让国家继续繁荣下去。这也是资本主义文明的内在矛盾和宿命，一旦停止扩张的脚步，便只能剥削国内人民，导致阶级矛盾与贫富分化，这样很快就会爆发内战，让所谓的繁荣富强迅速崩塌。资本主义不能让自己没有敌人，不但因为只有选对了敌人，匹配了真正的竞争对手，才能促进资本主义的发展和进步，而且因为只有树立一个敌人，才能团结早已割裂的社会，转嫁无法掩盖的矛盾。

美国的所作所为就深刻反映了资本主义的这种掠夺本性。为操控全球，维护霸权，美国在全球范围内不停地寻找敌人，不停地强调威胁，不停地渲染危机。即使是刚打倒一个对手或赢得一场战争，它也要从安全战略、军队建设及兵力部署等方面查找不足，并用怀疑一切的目光，重新寻找新的，哪怕是并不存在的威胁和对手。在《五角大楼的新地图》一书中，托马斯·巴尼特提到五角大楼里长年贴着一张寻人启事：请问，谁是美国的下一个对手？美国战略学者戴维·罗特科普夫表示："美国一直在不屈不挠地制造对手。美国从内心深处需要对手——政客们喜欢对手，威胁是永恒的痛苦，因为敲打对手有助于煽起公众的情绪，将他们的注意力从国内问题上转移开；国防工业喜欢对手，没有最好，只有更好，因为这能帮助他们赚钱；学者们喜欢对手，不破不立，因为对手让他们的出版物畅销……"没有一个伟大的对手，便没有"伟大"的美国。

举起历史的望远镜，从更长的时间轴观察世界，国际格局正在发生近代以来最具革命性的变化，大批新兴市场国家和发展中国家集体性崛起，世界多极化加速发展，经济全球化不可阻挡，新一轮科技革命和产业变革正在加快重塑世界。当百年变局与世纪疫情交织叠加，同住地球村的人们从未像今天这样命运与共，紧密相连。任何国家都不能从别国的困难中谋取利益，从他国的动荡中收获稳定。鼓吹"零和博弈论""霸权稳定论""例外论""唯我独尊"的霸权主义，与时代发展潮流格格不入，终将被滚滚向前的历史车轮碾轧。

当前，治理赤字、信任赤字、和平赤字、发展赤字摆在全人类面前，疫情肆虐、气候变化、能源短缺、恐怖主义、贫富分化等问题日益凸显全球性。改革和完善全球治理体系，是人类面临的紧迫任务。大国垄断国际事务、通过军事和货币金融剥削全世界的做法不仅落后于时代，也是当今全球治理急需根除的一大症结。西方帝国主义推行霸权主义和强权政治的行为，威胁着人类社会的和平与进步，最终只会损人害己。面对层出不穷的全球性挑战，没有哪个国家能独善其身，单打独斗只会"按下葫芦浮起瓢"，一个或几个国家来发号施令也行不通。只有坚持真正的多边主义、"大家商量着办"才是解决之道。

今日之世界，已不是昨日之世界。那些脑袋还停留在旧时代，为垄断资本、霸权主义、强权政治摇旗呐喊的短视者也该醒醒了。从 2021 年初美国"国会山沦陷"的荒诞画面，到年中美军仓皇撤出阿富汗的"西贡时刻"，到 2022 年以代理人身份推动俄乌战争的人间惨剧，再到 2023 年在巴以冲突问题上存在的"明显双标"，一个拼命维护自身全球霸权的资本主义超级大国，却一次次将自己的治理失序、政策失灵、民主人权失范、谋取地缘私利等问题暴露在世界面前，也一次次充当反面教材警示世人：资本主义发展带来的霸权主义没有出路，既解决不了自身发展问题，也赢得不了国际社会的尊重。

"如果不能实现合作，人类的前景必将是黯淡的。"英国知名学者马丁·雅克说。今天的世界深陷多重危机，需要国际社会携手应对各种共同挑战。各国应当团结起来，坚守和平、发展、公平、正义、民主、自由的全人类共同价值，坚持合作、不搞对抗，坚持开放、不搞封闭，坚持互利共赢、不搞零和博弈，反对霸权主义和强权政治，反对意识形态化和对抗性思维，朝着构建人类命运共同体方向不断迈进，共同创造更加美好的人类文明新形态。

第二节 "依旧被狼群围猎下的世界"

20 世纪 70 年代，为了维持低失业率和高福利社会以与苏联阵营竞争，美国大肆超发货币，终于引来了一轮长达 17 年的大通胀。时任美联储主席保罗·沃尔克开启了美联储历史上最激进的加息，用两年的时间缓解了通胀，美国步入新一轮的增长周期。但与此同时，真正的战场却在美国之外。在欧洲，德法等国接连发生经济衰退、货币大幅度贬值，英国股市崩盘。南美洲，多个国家发生债务违约，被迫向国际货币基金组织求救。亚洲，第四次中东战争的失败使整个阿拉伯世界元气大伤，被迫接受石油与美元彻底绑定。归根结底，美国一边可以凭借自己霸权带来的主权信用无抵押、无限制地超发货币；另一边，当超发货币引起国内通胀时，就通过制造危机使足够量的经济体陷入危机，趁其经济崩溃之时收购其优质资产，这就是一出先放火再趁火打劫的戏码。当时，面对社会主义阵营的竞争，由美国、西欧、澳洲、日韩组成的资本主义阵营相对团结，以美国作为核心，西欧作为次核心，日韩作为边缘的国际资本主义体系形成。一方面美国利用其严格的知识产权保护和强大的科技实力和文化影响力攫取了商品利润的绝大多数，西欧各国均有针对性地发展出自己的强势工业，在为美国做配套的同时在利润上分一杯羹。日韩率先承接了西方发达国家的产业转移，迅速完成了工业化的同时发展出各自的比较优势产业，整个资本主义体系呈现出一个牢固的金字塔结构。这时的世界，是美国带着一群"小弟"共同发展的时代，资本主义内部之间的冲突相对不明显，西方呈现出一片团结的景象。

这一传统体系的高潮来自苏东剧变。苏联在其存在的近一个世纪的时间里大力发展工业化，尤其是重工业和科技产业，创造了天量的实体资产，其本身两千多万平方千米土地上还拥有天量价值的自然资源。在苏联解体前，其实体资产的质量处于很高的水平，因而这些未被货币化的天量资产和资源就成了当时世界上最大最肥的"韭菜"。20世纪90年代初，随着东欧剧变、苏联解体，原苏东国家的新任政府集体在西方建议下采取"休克疗法"，进行迅速而彻底的市场化、公有财产私有化。这种市场化的结果，就是原来苏联和东欧人民的福利和社会保障烟消云散，伴随着国有企业私有化浪潮的是天量的腐败现象和满地寡头。但西方没有告诉他们的是，苏东剧变不但是意识形态斗争的胜利，更是西方资本的一场集体狂欢。苏东国家的货币由于主权信用的下降而迅速贬值，人们都不愿再持有本国货币，而是疯狂追逐美元等西方硬通货，美元得以低价收购大量苏东的实体资产。激进的私有化改制，使西方企业成为苏东国有企业的实际大股东，在用西方货币重新估价苏东国家资产的过程中，西方企业获得巨大货币化收益。并且，苏联解体后青年人、技术工人、科技人员大量外逃，丰富了整个西方的技术储备。西方国家也因此在20世纪90年代陡然进入高增长阶段,其实就是割社会主义阵营"韭菜"的结果。

当苏联的遗产被分食殆尽后,新的危机又在酝酿,到底要多少资源才能维持西方所期望的高增长、高福利生活呢?资本主义的狼群开始"围猎"世界。我们看到的是从发达国家沦落为发展中国家的阿根廷、南非,我们看到的是被英法美三国集体蹂躏的利比亚,我们看到的是被美国入侵而根本找不到"大规模杀伤性武器"的伊拉克,我们看到的是"天堂很远、美国很近"的已经沦为毒品种植基地的墨西哥。全球主要资本主义国家在美国的指挥棒下"翩翩起舞",它们不仅要中东的石油,还要南美的种植园。它们不仅要中国的"血汗工厂",还要可以供它们"表演慈善"的瘦骨嶙峋的非洲小孩。如此一看,整个世界资本主义体系好似"铁板一块",似乎将要永远统治这颗蓝色的星球,国际体系将要永久地固定下来。但我们回顾真实的历史,所谓团结一致的"资本主义体系"其实从来就没存在过。在高速发展的时期,大家尚可以和和气气高唱赞歌,一旦发展陷入阻滞,真正的、唯一的"头狼",就会展示出它的獠牙。

我们首先看"失去三十年"的日本。20世纪80年代初,美国总统里根大额增加政府的财政支出用于国防开支和福利体系,导致美国财政赤字巨幅增加。正常解决财政赤字,美国可以通过高质量高附加值的商品出口来增加财政收入,但是当时美元汇率持续上扬,导致美国对外贸易逆差上涨,也就是说,美国商品在世界市场上出口竞争力变弱了。深陷冷战泥潭的美国此时也面临着来自苏联的巨大竞争,增加自己出口商品的竞争力令美国十分头痛。

美国把主意打到了汇率上，而被收割的对象，就是日本。20 世纪
80 年代的日本经济处于上升阶段，经济的高速扩张让日本市场陷
入彻底的癫狂，当年最著名的口号便是"购买美国"——卖掉东京
的土地，就可以把整个美国买下来。日本人无不兴奋着，就好像
曾经在太平洋战场上失去的东西，他们已经通过贸易顺差拿了回
来，而美国驻军，不过是日本这样的大财主雇来看家护院的"保
镖"。诚然，第二次世界大战的失败给日本经济带来了毁灭性的打
击，但由于美国在朝鲜战争中的失利和东亚战略，日本在美国的
帮扶下，又一步一步从战争失败的阴影中走了出来。为了重振本
国经济，日本紧紧抓住美国伸出的制造业转移橄榄枝，经过几十
年发展，日本的制造业竟然走在了世界前列，美国的市场上堆积
着物美价廉的日本商品，美国孩子的电视里充斥着日本的动漫形
象。美国切实感觉到日本经济快速发展带来的威胁，因此宣布对
日本向美国出口的商品加收关税，日美贸易战掀起高潮。关税战
并没有如期收效，彼时的美日贸易逆差仍在扩大。于是，美国把
目光投向了金融领域——汇率。

　　1985 年 9 月，美、日、德、法、英五个国家联合签署《广场协
议》(*Plaza Accord*)。协议的核心内容就是五国政府联合干预外汇
市场，诱导美元对主要货币的汇率有秩序地贬值，以解决美国巨
额贸易赤字问题。《广场协议》的签订得到当时日本大藏省(2000 年
前的日本主管金融财政的部门)的强力推动。日本制造业虽然已经
遍及全球，但是如果日元升值，那么制造业的成本就会下降，不
仅如此，日本能够在海外成立更多的合资企业。从国际关系角度

来说，这一"投名状"能够巩固同美国的关系，以保证自己能继续接受美国的帮助而不是制裁。但日本的"如意算盘"落空了。《广场协议》之后，日元大幅度地升值，对日本以出口为主导的产业产生相当大的影响。为了达到经济增长的目的，日本政府便以调降利率等宽松的货币政策来维持国内经济的景气。从 1986 年起，日本的基准利率大幅下降，这使得国内剩余资金大量投入股市及房地产等非生产工具上，从而形成了 20 世纪 90 年代著名的日本"泡沫经济"。这个经济泡沫在 1991 年破灭之后，日本的股市和地价下跌 50% 以上，银行形成了天量的坏账，后来日本经济便陷入战后最严重的不景气状态，一直持续了十几年仍然没有复苏之迹象。不断地有迭代更新的经济学理论横空出世，试图给日本"失去的三十年"开出一剂良方，但日本泡沫经济破裂后的萧条就如同美国将一把镶有长钉的木棍扎进日本经济的骨肉中——只要那把握着凶器的手不放开，不管怎么动弹，那根长钉总是牵连着日本经济的神经、挤压着其经济机体的恢复——而这恰恰是那些西方经济学理论无法也不能看到的。

不仅仅是日本，当时的德国、英国、法国等，均受到了不同程度的影响。反观美国，美元贬值后，美国对外贸易量迅速上升，贸易顺差越来越多，美国财政赤字越来越少，国内经济的发展越来越好。由于国际市场上日本、德国、英国、法国的出口量减少，美国商品迅速占领了市场。《广场协议》令美国一扫滞胀阴霾，进入了新的经济繁荣阶段，美国的霸权地位进一步得到巩固。

作为美国的传统"盎格鲁—撒克逊"盟友们，即便同为世界资本主义体系中的重要成员，美国也不可能允许任何人与它平起平坐。当美国的盟友遇到困难，美国提供保护；如果盟友没有困难，那就主动为盟友制造些困难，再提供保护，以防止这些国家两面下注。

英、法、德是欧洲经济实力最强大的三个国家，也是战后美国的传统盟友，第二次世界大战之后建立的两极体系将西欧诸国划分在了美国的势力范围内。推动欧洲的联合一直是西欧发达国家争取发展自主权和国际话语权的目标，从法德和解到欧洲煤钢共同体再到欧盟的成立和欧元区的建立，随着苏东剧变，欧盟似乎看到了自己成为世界一极的希望。

但美国作为世界霸主，怎会让欧盟真的脱离自己的控制？俄罗斯就是美国为欧盟制造困难的工具。

随着世界多极化的发展，尤其是中国的崛起，国际产业分工和产业格局发生了巨大的变化，最重要的表现之一就是欧盟和美国在产业方面的竞争逐渐加剧。因此伴随着克里米亚危机渐行渐远，欧盟开始期待与俄罗斯整合。一方面俄罗斯有世界首屈一指的能源和资源储量，另一方面，中亚及俄罗斯是联通整个欧亚大陆一体化市场的桥梁。欧洲和俄罗斯的联合是双方梦寐以求的事情，一方面经济实力薄弱却资源雄厚的俄罗斯只要脱去霸权的外衣，就是一个极佳的生意合作伙伴。另一方面，俄罗斯自古以来融入西方的欧罗巴情节也让俄罗斯做选择时总是倾向于倒向西方。如果西欧的经济和俄罗斯的能源、军事成功整合，再与中国共同打通亚欧大陆桥，那么整个欧洲将会彻底超越美国，有足够的实力挑战美国的霸权。但美国决不会让这样的事情发生。因此，自2021年开始，已经持续两年多的俄乌冲突以及莫名其妙被炸毁的北溪输油管道，欧洲与俄罗斯的整合之路戛然而止，战争噩梦再次笼罩在欧洲人的头上，俄欧和解在当下已是天方夜谭。

视线回到亚洲，美国将霸权博弈的战场定在了太平洋东岸。每当中日韩要进行经济整合，实现区域自由贸易之时，美国就在东海、南海及台湾海峡挑起事端。回顾过去十年，美国在东亚挑起了不限于中日钓鱼岛争端、菲律宾南海岛礁国际仲裁案、在韩部署萨德反导系统事件、对台军售及高官窜访等一系列事件，时间点每次都精准卡在中日韩自贸区谈判有实质性进展的前夕。

冷战后的美国，在世界范围内肆意挥霍其霸权，多极化道路道阻且长。美国不欢迎完成与俄罗斯整合的统一欧洲，更不欢迎整合东亚经贸体系的中国。

美国达则自由贸易，穷则贸易保护，并不打算给其他国家的企业公平竞争的机会，美国出手干预了中资企业收购法国阿尔斯通，以及乌克兰的航空发动机生产商马达西奇公司。不仅如此，甚至法国与澳大利亚价值数百亿美元的潜艇制造合同也被美国硬生生搅黄，取而代之的是美国与澳大利亚签订了潜艇采购协议。美国不但向自己的对手频频使绊，就连对自己最紧密的盟友也是磨刀霍霍。一旦有人试图挑战美国权威、突破美国框架、挤压美国利益，美国就会动用政治围剿、军事威胁，甚至无中生有污蔑造谣。天下苦于美式霸权久矣。

当代以美国为首的世界资本主义体系的发展，是以侵吞苏联和东欧人民一百年来艰苦创业的成果为代价的，是以广大亚非拉国家的缓慢返贫甚至是永续不发展为代价的，现在更是以美国动手收割自己传统西方盟友为自己的经济续命为代价的。而今天的西方，就像一个被宠坏的孩子，如果他的祖上尚有"遗产"，如祖先早先积累下来的财富（包括大量的不义之财）和国际秩序中的一些特权，他自然可以继续"挥霍"和"游戏"，但在这个资本主义内部危机越来越严重的时代，这种情况恐将越来越难以为继。如果美国已然如此肆意妄为，伴随着中国的崛起，西方整体走衰的趋势还会加剧，甚至不能排除一些原西方发达国家滑入"第三世界"的可能性。

正如列宁所说：要使革命到来，单是下层"不愿照旧"生活下去通常是不够的，还需要上层"不能照旧"统治下去。[①] 西方的底层人民确实已经不愿再继续过这样的生活了，他们渴望彻底的变革。我们可以看到近年来法国的群众运动愈演愈烈，但真正的群众运动在荷枪实弹武装的国家警察面前往往显得势单力薄，而在自视为"罢工正统"的工人工会这一早已腐化堕落成工人贵族的渊薮面前被斥为"野猫罢工"（wildcat strike）。到目前为止，美利坚合众国的上层社会不仅愿意，而且可以照旧过得很滋润。虽然"围猎"世界的主要资本主义大国目前还能"照旧"生活下去，但底层人民的不满已经逼近临界值。

观最近世界大势，中国人民在中国共产党的领导下苦练内

①　参见《列宁全集》第 26 卷，人民出版社 1984 年版，第 230 页。

功,加速补齐短板,团结起来的中国人民俨然是铁板一块,逼得美国为了转嫁自身的危机不得不转头向盟友下手。欧洲、日韩,到底还有多少羊毛可薅?资本主义狼群还能嚣张多久?我们拭目以待。经济基础决定上层建筑,政治是经济的延续,当政治协商解决不了问题时,战争就是最后的选择,这是被人类实现生产关系和政治制度现代化之后几百年历史所印证的道理。"狼群"是否接受自己的衰老和死亡?是否会挑起战争做"最后的疯狂"?我想中国人还是要像歌词里唱的那样,"朋友来了有好酒,豺狼来了有猎枪"。

第三节 "脱实向虚"或是一条不归路

在"资本至上"的资本主义社会,资本无序扩张,既给人类带来了物质文明发展的普照之光,也给人类带来了深重的灾难。资本的"脱实向虚"就像水总是在水渠中流,流不到田里特别是流不到旱田里,结果是可想而知的。国际经验表明,"脱实向虚"会导致国家实体经济过度空心化,大量资本涌入虚拟经济产生经济泡沫,最终破裂造成严重的金融危机。2008年全球金融危机也真正向我们展示了,资本主义"脱实向虚"危害之巨大。资本主义经济的"脱实向虚"有其内生的必然性,但很有可能是一条"不归路"。

(一)脱实向虚：美国资本市场背后的暴富机制

从 20 世纪五六十年代一直到 80 年代，美国的风险投资和他的实体经济，总体是相适应的。到 60 年代后期的时候，围绕着硅谷也出现了比较成体系的电子工业，随后发展起来的是整个信息产业。这里面最早是半导体产业逐渐成长起来，主要服务于军方的需求。这时候的信息产业总体上还是一个实体经济产业，提供的服务是通信和计算。第二次世界大战后经历了大型机、小型机、微型机(八九十年代的台式机)这样的演变；通信行业发展得更早一些，那时候的美国有两个研发中心，一个是摩托罗拉，一个是 AT&T 下面的贝尔实验室——而贝尔实验室研究的技术储备又大大超越了通信本身。可以说第二次世界大战以后相当一段时间人类最聪明的头脑都汇聚在这个地方。这个时候，硅谷的整个产业生态还很健康，一线工人和公司高层之间的工资差距还维持在正常水平，也没有后来的那种暴富神话。但是从 1993 年之后，除了通信行业和其他一些行业比如医疗，在科技领域，美国本土几乎没有一家硬件制造业公司上市，全是"软公司"上市，直到 2013 年才有一家制造业公司上市，叫 GoPro，本质上它还是一个互联网公司，生产用于极客探险的摄像头。

长期来看，美国没有本土制造业公司上市，这实际上就是美国产业"脱实向虚"的表现。但美国能依然维持繁荣，是因为美国的资本市场发挥了重要的作用。20 世纪 90 年代之后，金融是美国财富创造的大头，尤其是通过大量风险型投资机构的财富创造，主要来自资本市场市值的增长。科技企业增长的主体源头是来自股票市场升值。但事实上，特别是美股上市互联网公司的财务增加值并不高，你可以说这些公司大部分都很窘迫——只是因为它不断能融钱所以成了企业中的贵族。平心而论，美国这么多互联网公司，个个配得上万亿美金市值吗？

(二)"脱实向虚"导致今日的基建破败

这是发生在美国东北部一辆列车上的故事。一位中国游客向列车员介绍中国的高铁。年轻的列车员说："这不会发生在美国，我这辈子也不会离开这个岗位，我接替了我父亲的岗位。"受制于多种因素，美国第一条高铁尚未建成，与中国要建数万千米高铁迥然不同。但美国基建缓慢发展不仅仅体现在高速铁路发展上，除航空业因需求较大发展相对较好外，美国基建几乎都在吃上个世纪的老本。比如，美国铁路在汽车—公路系统兴起后就长期处于"整合—荒废"阶段，今天巴菲特控制的 BNSF(北伯灵顿与圣塔菲铁路公司)，其实是 19 世纪 60 至 80 年代的三大跨洋铁路中西部分整合的结果，属于"吃存量"，而整合客运铁路网的半政府企业 Amtrak 发展缓慢，票价昂贵；大批市内轨道交通系统在近几十年发展缓慢，破旧且危险；公路系统在全国洲际高速公路网(1956 年在艾森豪威尔总统的倡议下启动，80 年代放慢，1992 年"完工")建成末期开始放缓并停建；航空系统，普通民用航空中飞机的技术进步在 20 世纪 80 年代后逐渐放慢，机场、通用航空的发展高峰期是 50 至 70 年代，之后进入停滞期，后在富豪需求下有所恢复但远未恢复辉煌；电力系统，煤电遭遇环境活动家的狙击肯定是不让建了，天然气发电也进展不快，水电更是自 20 世纪 40 年代以后没修新的水电站，而且加州还掀起了"拆坝"运动。所以，美国 20 世纪 80 年代中后期以来只有一次大的基础设施建设：信息网络基础设施（光纤网络及末端的无线通信基站）。美国基建停止并衰败的情况和中国近二十多年的发展形成了鲜明的对比。

(三)"脱实向虚"引发金融危机

英国曾经因为吃老本而在第二次工业革命中落后于美国。美国金融业轻而易举可以获得巨大利益剽窃全球，而金融资本自身不可能产生任何的收益。也就是说，像大家看的影片中的吸血鬼一样，它必须不断吸食血液，一旦无血可吸对吸血鬼来说就意味着生命终结。

2008 年美国金融危机又名美国次贷危机，引发了雷曼兄弟的倒闭，也导致了地球上 50％的股价蒸发。这次危机的原因可追溯到 2000 年初，美国房地产业利率的下降，导致房价升高，人们对房子的需求也逐渐增加。银行决定开放次级贷款，并且把贷款的债券卖给投资银行，投行也把债券转手卖给投资客，把收回来的贷款拆成小份，最大化地规避风险，投行和风险评级机构合作，将自己的产品打造成"几乎无风险"来吸引更多的投资客。2007 年 4 月，美国第二大次级房贷公司——新世纪金融公司的破产就暴露了次级抵押债券的风险；从 2007 年 8 月开始，美联储作出反应，向金融体系注入流动性以增加市场信心，美国股市也得以在高位维持。然而，2008 年 8 月，美国房贷两大巨头——房利美和房地美股价暴跌，持有"两房"债券的金融机构大面积亏损。美国财政部和美联储被迫接管"两房"，以表明政府应对危机的决心。然而问题的根源在于：首先，美国政府不当的房地产金融政策为危机埋下了伏笔；其次，金融衍生品的滥用，拉长了金融交易链条，助长了投机；最后，美国货币政策推波助澜。美国许多金融机构在这次危机中难以幸免，次贷问题的严重程度也远远超过人们的预期。美国次贷危机引发的华尔街风暴，后来演变为全球性的金融危机，其过程之快、影响之巨，可谓始料未及。这是自第二次世界大战以来将全球经济拖入全面持续衰退的最严重的一次金融危机。

(四)"脱实向虚"终将走入死胡同

"脱实向虚"不仅仅代表了一种发生在资本主义核心国家（英、美）中资本从实体生产性、制造业部门涌入金融部门、投机部门的现象，仅仅从这种表象上去理解"脱实向虚"也是无法触及其本质的。资本的这种流动倾向早在马克思的《资本论》中就得到了系统的阐述，资本最本质的欲望是——增殖，通俗地讲，就是让资本变得越来越多。

制造业企业实现其资本增殖，要面临多重风险，例如购买的生产设备贬值、原材料的价格变动、生产的产品需求锐减、流通过程的产品损坏等。但同时，我们要理解，我们所生活的社会的基本运行依赖于无数种产品的生产活动，没有这些生产活动，人的衣食住行等最基本需求在现代社会都无法解决。因此，一方面，是获取利润的欲望驱使着部分人把自己的资金投入到制造业中，从事产品的生产活动、卖出产品获得利润、扩大再生产或把所得利润拿去消费（在这个过程中从工人的劳动中榨取剩余价值，把创造的剩余价值附加到工人生产的产品中，并将这种剩余价值占为己有）。但另一方面，这整个过程面临的巨大风险也使得许多投资者血本无归、倾家荡产。这个早在《资本论》中详尽描述了的过程，依旧适用于今天实体生产性部门所面临的困局。

但从历史的发展来看，实体部门的生产规模还是不断地扩大，不断创造出新的需求，又通过生产来满足这些需求。有时，生产规模的扩大速度、需求的增长速度、商品流通的速度是不相匹配的。于是就有了低买高卖、兑换货币来赚取中间商差价的贸易商，也出现了出借资金的经营货币资本的金融商和高利贷者。当后者逐渐形成一定的规模时，一方面表明制造业需求的资金规模的急速增长，而导致了进一步的产业分工；另一方面，这些最原始的金融、贸易行业也有了独立于生产部门的利益。从事产品生产活动来牟利，要把本金变成设备、原材料和雇佣劳动力，再把原材料加工成产品，然后再经历买卖的形式，最终完成资本的增殖。而从事金融活动，直接出借资金，以股权或者债券的方式获得分红或者利息，就相对省事得多。这恐怕是很多从事制造业生产的朋友经常抱怨"累"的原因吧！

我们兜了一个大圈子，只是为了说明，"脱实向虚"不是由某个人的主观意志决定的，似乎好像"脱实向虚"是美国总统大笔一挥，制造业企业纷纷转到海外，金融企业纷纷上马。要理解这种现象，就要像马克思那样去理解人类历史，总是被一个不以人的意志为转移的客观的物质运动过程所深刻影响乃至决定的。之所以以美国为首的一众发达资本主义国家会出现"脱实向虚"的现象，正是因为"资本"会自然而然地通过更迅速、更高效的方式来实现其增殖。显然通过投资、借贷和金融投机实现增殖的速度是无与伦比的，于是，在美国等国家内部与"脱实向虚"几乎同步进展的是宽松的金融政策，包括但不限于：对银行要求最低准备金率的下调、分业经营的普及、金融科技的迅速应用和迭代升级、量化金融技术的广泛应用、更复杂的金融衍生品的生产。但对于金融行业内部发生的让传统从业者和投资者应接不暇的变化，相关的会计披露准则的更新、监管法案的通过和颁布却相较而言姗姗来迟。

以美国为例，金融行业内盈利模式和监管政策错位的情况，是美国确立了全球资本主义"母国"地位的结果。东欧剧变、苏联解体之后，美国一时间成为主导全球秩序的霸权国家。共产主义的威胁不再那么迫切，甚至只不过蜕化成了一个无害的、被放在历史的陈列室里的"共产主义的幽灵"。新自由主义正是在这个背景下成为一种经济全球化的意识形态，无数产业被转移到劳资保障体系缺位、工人待遇更差的发展中国家。这些发展中国家有着充沛的劳动力资源、廉价的土地、优厚的政策，发达资本主义国家则把这些地区视为其经济的飞地。同时，一个急速膨胀的金融行业则在沟通国际投资方面成为资本主义国家实质上掌管钱袋子的人。特朗普之所以能获得大量美国蓝领工人的支持，正是反映了生产工人在制造业出撤、贫富差距拉大、收入几乎未增长、结构性失业的"脱实向虚"过程中身份认同方面的前后巨大落差。

从微观上看美国的金融行业政治献金很大程度上起到了推波助澜的作用，在美国政界有一种现象名为"旋转门"（revolving door），即政客和金融从业者可以在金融高管和政府机构雇员的身份之间来回切换，以美国财政部部长为例，鲁宾、萨摩斯、保尔森、盖特纳任职前后都在大型投资银行担任金融高管的职务。这些人既是政策的颁布者和实施者，又是金融宽松政策的受益者。正是这种与资本要求更快速地疯狂增殖相匹配的制度设计，使得金融从业者既是裁判员，又是运动员。如果把这种现象扩展到整个美国的政治游戏规则中，美国政治献金的披露网站 Opensecrets 提供的数据显示，律师事务所、咨询行业、金融行业、医药行业、科技巨头每年花费数亿美元进行政治游说，以试图让政策导向有利于本行业发展的方向。正是在这种政治和经济暧昧不清的裙带关系中，资本逐渐流向能越来越接近自己增殖本质的地方，过去这些地方是传统银行，后来则变成了投资银行、金融机构，现在虚拟货币及其相关交易平台、新兴科技公司则成了资本青睐的目的地。甚至有了虚拟现实、元宇宙等概念，不仅生产活动呈现"脱实向虚"，连人的生活体验都要越来越远离现实。

可见，"脱实向虚"是资本发展的内在逻辑，并且是不可逆的。当资本发现自己可以通过更高效灵活并且隐蔽的方式扩大自己的力量时，又怎么可能退回到自己的"幼年阶段"呢？这便是资本逻辑的悖论，当钱全部涌向金融机构、投机资金、短线热钱的时候，谁来从事生产呢？资本一旦尝到不事生产、从事投资投机活动的甜头，就如同陷入有毒的蜜罐中无法自拔。因此我们前文中提到的美国因"脱实向虚"而带来的基建荒废、产业工人失业、金融衍生品泛滥等问题，乃至英国作为美元在欧洲的离岸中心，坚持去工业化，甚至坚持搅乱欧洲一体化进程，都可以从马克思批判和揭露资本主义经济"脱实向虚"的不可逆转的必然性方面去理解和考察。简而言之，在规律和历史的必然性面前，美国前总统特朗普高喊的"制造业回流"是注定无法实现的。

(五)"脱实向虚"时代下的中国选择

马克思主义告诉我们，人首先要生产出自己赖以生存的物质资料才能进行其余一切创造性活动，工业生产是不会凭空消失的。因此在西方主要资本主义国家完成了"金融化"和"去工业化"进程后，大多数发展中国家承接了来自发达国家的落后产业、劳动密集型产业、高污染产业等，又不可避免地通过工业化而实现了现代化。因此，一方面，即便发达资本主义国家看似掌握着世界的领导权和话语权，但从最根本上看，从人的生存资料的生产方面看，世界格局已经悄然发生了变化。这便是为何西方国家离不开"中国制造"的深层逻辑。另一方面，接纳了产业转移的国家培育了大量新的工人阶级，他们在劳动和生产中培育了无产阶级意识，在未来会积蓄成为改变世界的重要力量。

如今中国是世界第一大制造业国家，有着最完善的制造业产业链，自然也要"走出去"。中国企业的走出去是"逢山开路，遇水架桥"，为更多不发达地区提供基础设施建设；是将更多价廉质优的商品提供给国际消费者，让中国巨大的工业产能造福世界；当下更是让中国的新兴科技和新兴产业不断赋能各国发展，为繁荣世界经济作出自己的贡献。而这以上的一切，根本在于将世界上自近现代以来长久被剥削、被压迫的不发达和欠发达国家带入真正的"现代化"生活。此外，中国的金融资本不执着于在全球范围内参与金融投机活动，不参与国际游资对主权国家的金融战争，在改革开放以来基本保持了良性发展，体现出了与资本主义金融体系的重大区别。

那么"脱实向虚"又是不是所有经济体发展无法逃脱的宿命呢？答案是否定的。从产业资本到货币资本再到金融资本、产业结构从工业化到金融空心化，这条路径只是在资本主义制度下才显现出一种无法避免的历史必然性。之所以会出现"脱实向虚"，是因为资本从不把满足人的需求而把无休止的增殖欲望当作第一要义。西方经济学中的需求—供给学说在经济危机中显得如此荒唐：无数大生产商宁可倾倒销毁自己的产品也不愿意无偿捐赠给失业民众。真正满足人民群众生活物资需求的乃是生产性的劳动，而非资本的投入。这是今天我们的金融市场发展要高度警惕的，也是为何党中央始终强调让金融高质量服务于实体经济。始终把人民群众的需求放在第一位，这是在产业发展方面我们的中国特色社会主义事业根本区别于西方资本主义制度的地方。中国不寻求金融立国，也不寻求谋求金融霸权国家的地位。在我国，实体经济和实业所代表的人民群众的生产性劳动，永远都是中国社会运行的根本，金融业只能成人之美，做陪衬红花的绿叶，而不能凌驾于这种人最根本的生存条件之上，喧宾夺主。新时代的中国始终坚持将"金融服务于实体经济"作为发展中国特色社会主义金融的举措，彰显了中国特色社会主义作为一种先进的文明形态对资本主义文明的重大优越性。

我们可以大胆预测：中国的资本，是为生产力提高和现代化建设服务的资本，因此未来的中国将成为世界范围内的工业资本的投资中心和避风港。以美国为首的西方资本，是以自身集聚、增殖为目的的金融资本，因此长久来看，美国依然会是世界范围内的金融资本的投资中心和避险中心。未来世界范围内的经济较量，在这个"百年未有之大变局"的不确定时代，会越来越多地表现为两种不同类型投资中心之间的较量，而就在这个"虚"与"实"的较量当中，人类文明将要为"塑造一个怎样的世界"作出自己的选择。

第四节　"美国不再伟大"

"Make America Great Again"，这是美国第 45 任总统唐纳德·特朗普参加 2016 年美国总统大选时的竞选口号。这句"让美国再次伟大"实实在在地戳中了特朗普支持者的内心，让这个身为亿万富翁的政治"素人"破天荒地登上了世界上最强大资本主义国家的最高领导人宝座。

四年的任期，特朗普创造了多项前所未有的纪录：一方面，他破天荒地与朝鲜领导人金正恩握手，将美国驻以色列大使馆迁往耶路撒冷，史无前例地通过社交软件宣布政令并与网民高强度互动。另一方面，他的社交账号现在已经被美国三大主流社交媒体集体封杀（Twitter、Facebook、YouTube），在任上即被众议院弹劾两次，民主党以"通俄""选举舞弊""私藏机密文件"等罪名对他的起诉高达 3500 余次。如今，特朗普的四年任期早已尘埃落定，继任的拜登也推翻了特朗普任期内大多数施政举措，但世界并不像某些人想象的那样随着特朗普的离开而回归"正常"，相反，我们有一个共同且强烈的感受——世界再也回不去原来的样子了。"世界百年未有之大变局"之于美国，便突出表现为如今的美国政坛，迷失在"中国威胁论"的政治迷雾中，使得其外交政策、国内公共政策都被自己头脑中的"幻觉"牵着鼻子走。

美国——作为第二次世界大战后世界规则的制定者之一、世界资本主义体系的领头羊和最大受益人，作为世界上最大经济体和第一军事强国，美国对西方世界 70 余年的领导与宰制令一切怀疑美国的辉煌与强大的言论都会受到质疑。回顾小布什总统的竞选口号"Yes, America can"，是如此的意气风发。当特朗普在竞选时第一次向美国民众讲出"美国已不再伟大"（it is no longer a great nation, it is a nation in decline）时，全美国乃至全世界都诧异了。众所周知，特朗普是一个口无遮拦的"性情中人"，一个用"商人思维"治国的非主流政客，我们不妨非常直观地理解特朗普参选、当选、施政的一系列言论、举措，它们都指向同一个问题——美国曾经主导的这套全球"游戏规则",不但"亏本"了,而且"玩不转"了。

无可置疑,美国是一个资本主义"帝国",他的手段是"霸权"。

回顾人类历史,任何一个帝国的命运都像生物体一样,都有生长、成熟、衰落和灭亡的过程,古往今来无一例外。推动这一发展变化的原因,是各种内部和外部的矛盾。挪威社会学家、"和平学之父"约翰·加尔通(Johan Galtung)曾经准确地预言了柏林墙倒塌的时间。2009年,他出版了新书《美帝国的崩溃》,在书中他预测美国将在2020年崩溃。诚然,他的预言没有应验,但多数国际关系专家都不会否认一个事实,美国的霸权地位处在一个下行的或逐步衰落的阶段。真正的问题在于,这种下行的趋势究竟是暂时的还是持续的,是偶然的还是必然的?

美国是一个移民国家而不是一个民族国家,如果说吸引早期欧洲人不远万里来美洲拓荒的是这片土地所代表的自由与希望,那么在美国经过两次世界大战成为世界第一强国之后,吸引一代代移民摩肩接踵登上新"五月花号"的,只能是红利,作为资本主义头号帝国能够带来的红利。如果红利充足,美国的空气就无比香甜,如果红利耗尽,美国就只会变成"哥谭",可这世界上根本没有"蝙蝠侠"。

约翰·加尔通指出,帝国是一个跨地域性、文化合法化、中心—边缘处于不平等交换状态的结构。帝国在政治上是领导者,在经济上是剥削者,在文化上是操纵者,在军事上是杀戮者。这一理论正好对应着美国在世界上的四大统治力量——政治统治力、经济统治力、文化统治力和军事统治力。这四种统治力（暴力）互相配合，突出表现在：政治上美国是战后国际政治秩序的建立者和规范者之一，在世界贸易组织、北约等一系列重要政治组织中居于实际领袖地位；经济上美国自 1894 年以来一直是世界第一大经济体，美元是最强大的世界货币，是占统治地位的外汇储备和国际贸易结算工具，美国不但利用美元霸权向全世界收"铸币税"，而且通过严格的知识产权保护体系向全世界收"科技税"；在文化上美国的媒体业、娱乐产业具有全球影响力；在军事上美国在全世界 140 多个国家建立了 300 多个军事基地，12 个航母战斗群巡航全球，美国的国防预算几乎是全世界其余国家的总和。不但如此，美国还领衔国际资本主义体系，并捍卫这一体系，支持西方主要资本主义国家的经济利益，西方国家协助美国维持其全球主导地位。如果我们还不能直观地理解美国的霸权地位，我们不妨问自己以下几个问题：1929 年美国经济大危机几乎摧毁了美国经济，但到了 1944 年美国的黄金储备已经占世界的 3/4，这些黄金是从哪里来的？全世界都知道美元超发会引发世界通货膨胀，为什么美国国内依旧歌舞升平，很少感受到物价上涨？美国连续保持了几十年贸易逆差，财政赤字高达 1.7 万亿美元，这个国家为什么能不破产，还过着非常富裕的日子？津巴布韦、委内瑞拉乃至冰岛、希腊为什么不行？

这套秩序换来的是长达 70 余年的持续红利期，美国在这期间保持了社会相对稳定和国民较高的政治认同，美国得以使世界 6% 的人口消耗着世界 35% 的资源，这一消耗量是印度的 35 倍、中国的 13 倍。美国这套霸权游戏似乎可以一直玩下去，但就如曾经辉煌的罗马帝国最终也无可避免地崩溃一样，美国作为"新罗马帝国"，它的衰退甚至是崩溃也是不可避免的，而原因就藏在资本主义内在的基本矛盾之中。

苏联尚且存在时，出于与社会主义竞争的需要，以美国为首的西方国家为了削减贫富差距，实行了"能者多付"的累进征税制。在 20 世纪五六十年代，美国对最高收入等级的课税比长期保持在 90％ 以上。20 世纪 70 年代以来，美国资本家为了获得更高的利润，首先将美国的制造业大量转移至劳动成本更低的发展中国家，资本的利润率连年大涨、股价节节攀升，可美国中下层人民的工作机会一再减少。实际上，随着美元不断的超发所导致的通货膨胀，美国中下层人民的生活水平几十年来都没有得到显著的提高。与此形成鲜明对比的是，美国自 20 世纪 80 年代里根政府开始就推动对富人的减税政策，富人的税率从平均收入的 47％ 逐步下降到 20％。曾经为了磨平社会阶层收入差距的努力如今被视为与社会主义国家进行意识形态竞争和避免自身危机的委曲之策，当敌人被打垮，豺狼也就脱下了"羊皮"。减税政策蚕食了中产阶级的收入，而退休金制度改革（尤其是与金融市场挂钩）则让美国的老年人的"养老钱"面临被洗劫一空的风险。

美国的霸权红利，在美国还在大兴基建、创建福利社会的时代，可以由全美人民共同占有，底层也可以切实享受到世界第一强国所带来的荣耀。但资本寻求自我增殖的本质最终导致这些红利不可避免地流向大资本家。美国的中下层人民被抛弃了。

这些被抛弃的大多数，就是特朗普的基本盘。大量对现状不满的美国中下层民众觉得自己的利益受到了侵害，而作为一位成功商人的特朗普倾听了他们的声音，并将这一群体攫取为自己参选总统的政治资源。特朗普在 2016 年和 2020 年的总统竞选中获得了来自不同群体的支持。

在两次选举中支持特朗普的关键群体之一是没有大学学历的白人选民。根据民调结果，在 2016 年的选举中特朗普赢得了 67% 的没有受过大学教育的白人选票，而支持希拉里·克林顿的这一群体只有 28%。在 2020 年的选举中，特朗普赢得了这一群体 64% 的选票，而支持乔·拜登的为 35%。另一个支持特朗普的群体是福音派基督教徒。在 2016 年的选举中，81% 的白人福音派基督徒投票给特朗普，而 16% 的人投票给希拉里。在 2020 年的选举中，特朗普赢得了福音派基督徒群体 76% 的选票，而拜登仅赢得了 24%。农村选民在两次选举中均成为特朗普的忠实支持者。2016 年，特朗普赢得了 62% 的农村选票，而希拉里只赢得了 34%。2020 年，特朗普赢得了 57% 的农村选票，而拜登则为 42%。工薪阶层的选民也更倾向于支持特朗普。2016 年，在年收入低于 5 万美元的选民群体中特朗普赢得了 51% 的选票，而希拉里赢得了 46% 的选票。2020 年，特朗普赢得了这一低收入群体 52% 的选票，而拜登则为 46%。在性别和年龄方面，特朗普在男性选民和老年选民中获得了更多的支持。2016 年，特朗普赢得了 53% 的男性选票，而希拉里为 41%。2020 年，特朗普赢得了 49% 的男性选票，而拜登则为 50%，特朗普微微落后。在 65 岁及以上的选民中，特朗普在 2016 年赢得了 53％的选票，在 2020 年赢得了 52％的选票。①

总的来说，特朗普在没有经历过大学教育的白人选民、福音派基督徒、农村选民和蓝领工人选民，特别是男性和老年选民中的支持率均超过对手（2020 年微微落后于拜登），这些人被戏称为"红脖子"（Redneck）。而且历经四年任期，这一支持群体依然是特朗普牢固的政治资源。

可以看出，这些群体也正是对美国现状感到不满的主要群体，而且正是占美国人口绝大多数的群体。特朗普在竞选时深入基层，倾听他们的呼声，他们向特朗普表达了对美国深深的不满：经济不景气、居高不下的失业率、收入不平等与贫富差距扩大、令人难以负担的不公平的医疗保健制度、两党之间的政治分歧与政治撕裂、犯罪率增加带来的社会安全隐患和移民问题等。让我们来看看美国具体出了什么问题，导致大多数美国人认同特朗普所说的"美国已不再伟大"。

作为一个纯粹的移民国家，美国一直是世界上最受欢迎的移民目的地之一。美国的移民人数在 2018 年达到了 4490 万的高峰。但在 2019 年，只有约 110 万人获得了美国的合法永久居民身份。根据皮尤研究中心的数据，2017 年美国大约有 1050 万无证移民，大约占外国出生人口总数的 23％。大多数无证移民已经在美国待了至少 10 年，许多人已经建立了家庭。根据美国国土安全部的数

---

① 以上数据均来自对 2016 和 2020 年两次美国总统选举公开数据的采集。

据，2019 年，美墨边境约有 85 万非法移民被逮捕或遣返，这也是为什么特朗普无论如何也要在美国与墨西哥边境建设边境墙的原因。大量的非法移民宁可铤而走险也要进入美国，作为非法且廉价的劳动力抢夺了美国人的就业机会，压缩了公共资源和公共服务，提升了社会犯罪率和遭受恐怖袭击的可能性，因此引发了美国底层民众的极度不满。

特朗普在竞选期间高调反对经济全球化，并在其任期内采取了一系列逆全球化的"退群"政策。特朗普认为经济全球化步伐的加快导致美国制造业工作岗位的流失，尤其是在"铁锈地带"（Rust Belt）各州，从而加速美国经济失调，使那些感到被抛弃的工人更加没有安全感。经济全球化导致了美国贸易逆差的持续扩大，致使美元贬值。在经济全球化的过程中，美国逐步失去了对其贸易伙伴的控制和支配地位，这就导致了美国必须被动接受大量不利于自己的贸易规则和标准。更不用说经济全球化必然使得美国要向自己的竞争对手转移先进技术和知识产权。至于上文所说的移民问题，自不必说，特朗普也将其视为经济全球化带来的恶果。

2020 年初爆发的新冠病毒感染疫情造成了全球经济停摆，美国政府断断续续的封锁措施使得很多企业停工停产，必然导致失业人数增加和消费减少。美国作为消费大国和服务业大国，餐饮、酒店、旅游、娱乐等消费型服务业受到了巨大的冲击。为了缓解经济衰退问题，特朗普政府采取了一系列的经济刺激措施。首先是政府提供了大量的经济援助，如失业救济、企业补贴、消费者补助等。其次是美联储采取了一系列的货币政策，如降息、量化宽松等，来刺激经济增长。美联储在疫情期间开动印钞机"大水漫灌"最终导致的是货币供应量的大幅增加和难以制止的通货膨胀趋势。与此同时，特朗普政府的施政政策叠加着疫情影响导致美国政府的财政赤字进一步加大。美国早已形成了"债务依赖型"经济，特朗普的税改和大规模减税政策以及涉及基建和增加军费的财政支出政策导致了美国国债规模的巨量增长。美国政府在近年来经常面临着债务上限问题，因为债务达到上限后政府将不能继续借钱运作，这就要求国会和总统达成一致，提高债务上限，否则将导致政府关门停摆，并可能对尚处在恢复期的经济和金融市场造成极其严重的影响。美国国会和总统在债务上限问题上存在分歧，因此美国债务上限问题一直处于悬而未决的状态。综上所述，特朗普执政时期无论是无限制地增发货币抑或是无限提高美国的债务上限，最终都是对美元霸主地位和公信力的损害。

美国的社会撕裂问题愈演愈烈，不同的政治观点、经济地位、种族、宗教和文化背景甚至是性取向等因素都造成美国社会的巨大分裂。这种分裂导致美国社会几乎不可逆转的对立加剧、民众缺乏信任和社会关系紧张。而特朗普在任职期间的政治言论和行为对美国社会产生了深远的影响，更加加剧了美国社会的分裂。特朗普在任职期间以极端的政治立场和行为激化了共和党和民主党之间的矛盾，不但加剧了两党的政治分歧，而且彻底激化了两党政治支持者之间的群体矛盾。在特朗普留下的彻底撕裂的政治基本生态中，两个党派的候选人不再像以前一样采用"中值选民定理"——使自己的施政口号尽可能调和政治倾向的差异，而今天共和、民主两党的政客则更多挑明自己的政治倾向，而无所不用其极斥责、羞辱其竞争对手，就像特朗普在2016年总统大选的过程中对自己同党同僚和民主党人所做的那样。每个人为了让自己的声音听起来不一样，不惜以逐渐不可逆的政治极化为社会代价，刺激着每个美国选民的神经，不断让美国人在自己身上贴上五花八门的政治标签。这种矛盾在当下美国几乎已经到了不可调和的地步，以至于所谓的"中间选民"越来越少。更不用说他在任职期间持有的反经济全球化的国际政治力量加剧了美国和其传统盟友之间的矛盾，整个世界资本主义体系早已不是铁板一块。2020年1月6日，美国国会正式宣布2020年总统选举结果，特朗普在得知选举结果后拒绝承认败选，并指责选举舞弊。随后，大量的特朗普支持者在煽动之下聚集在国会山，并冲进了美国国会大厦。警方抵抗不住特朗普的支持者，大量国会议员被迫撤离。特朗普因此被弹劾两次，但最终未被弹劾成功。如果说2011年9月爆发的占领华尔街运动是美国人联合起来抵制两党的金元政治、维护民主，那么2020年的占领国会山则是无视民主制度的肆意泄愤。

综合来看特朗普两次参加总统大选的竞选口号、竞选纲领、施政措施、个人表现，其仅凭一人之力就打破了人们对美国政治体系的信任和政治安全的信任。他加速了美国政治的极化，加剧了各个政治党派和社会团体之间的对立；致使种族关系进一步恶化，使白人和黑人、白人和少数族裔、公民和外来移民之间的矛盾趋于无法调和；影响了全球各个国家对美国的看法，极大地影响了美国的国际形象、国际地位和国际声誉；他的贸易政策使得美国与其他国家的贸易关系受到严重影响；等等。

特朗普参加总统选举的 2016 年，美国还被视为世界强国，即便 2008 年的经济危机余波未平，但美国已经从危机中强劲复苏几乎是国际社会的共识。2016 年，美国的经济增长率提高到 1.6%，失业率下降到 4.9%，消费者信心指数回升，房地产市场整体向好，即便 2016 年美国全年的贸易逆差达到了 5000 亿美元左右，也没有几个人站出来质疑美国的"伟大"。从特朗普指出"美国已不再伟大"，到他实施雄心勃勃的"让美国再次伟大"的一揽子举措，四年的时间，美国的状况并没有发生根本性的好转，似乎"美国梦"成为中下层民众再也无法企及的彼岸。

"美国梦"曾经很"伟大"，但美国不太可能重温美梦了。事实上美国梦的实现也要基于人类历史进程所"赋予"的特殊历史时期，美国梦所依赖的基于霸权和剥削的国际结构也已经出现了不可逆的崩溃预兆。人类文明的发展如果依然要以国家形态为载体实现，那么任何一国的发展都不应当以牺牲其他国家人民的美好生活为代价，人类应当携起手来建构一个更加美好幸福的世界。应对全球气候变化、打击跨国犯罪、更加公平顺畅的世界贸易体系、全人类的减贫计划，这一切都需要全人类的共同努力。因此与其说美国梦的结束，不如说是美国作为一个帝国宰制世界、掠夺世界的结束，褪去霸权、霸凌、霸道外衣的美国依然会是一个经济发达、文化繁荣、充满活力的国家，旧"美国梦"的结束，也将是新"美国梦"的开始。

对于人类是否走到了"历史终结"的地步，我想无论是福山先生本人还是曾经持有相同观点的"信众"们，人类文明的现实发展历程都已经雄辩地向他们证明了人类历史还远远没有终结。资本主义还有没有下一站？或者说资本主义是否到达了它生命周期的后半段？或者我们干脆大胆一点设想——后资本主义时代人类文明究竟要走向何方？由谁来引领？对这一系列问题的回答构成了理解大历史观视域下人类文明新形态重大意义的核心。

第六章 | "中国答案"——社会主义中国与
人类文明新形态

文明代表了人类社会的发展高度，经济发展
程度的高低常常成为评判一个文明是否先进的标
准。人类历史进入工业文明以来，资本主义以先
进的生产方式创造出了比过去一切时期的生产力
总和加起来还要多、还要大的生产力，因此西方
资本主义文明一直占据着世界的主导地位。占世
界主导地位的西方将自己的文明看作主流文明，
而其他国家或地区的文化由于没有创造出可以与
西方相提并论的物质财富，或遭到西方文明的入
侵，或遭到西方文明的蔑视。因此，这些外围
的、附属的、在近代以来遭受巨大灾难的文明难
免是不自信的。西方资本主义的发展，使得东方
从属于西方，东方文明甚至被称为一种非主流
文明。

然而，事物的运动变化发展是人类历史进程的永恒规律。西方文明不会永远都是为世界发展标识方向的灯塔，21世纪的今天，社会主义中国的发展成就举世瞩目，中国已经成为世界经济增长的头号引擎。新人类文明的曙光，正在世界东方的地平线上喷薄欲出，破云而生。党的十八大以来，党带领亿万中国人民取得了历史性的成就，创造了足够的经济条件和坚实的物质财富基础，由此中华文明有了重新讲文明的底气。人类文明新形态出现在中国并不是偶然，上下五千年的历史孕育出了灿烂辉煌的中华文化，为人类文明新形态提供了深厚的文化基因和精神滋养；和平发展的时代主题、第四次工业革命时代浪潮，是人类文明新形态得以产生的历史机缘；社会主义的道路，指引着人类文明新形态的发展方向，在这样的时代背景与历史继承中，人类文明新形态通过中国共产党的坚强领导终于诞生在社会主义中国，使古老的"旧邦"又焕发出新的生机，承担起世界文明发展的"新命"。

第一节　新时代十年的伟大变革的文明意义

在美国通过树立外敌来寻求国家自我认同时，在以美国为首的资本主义"狼群"通过"围猎"世界来获得自身发展时，在资本主义生产方式正以强制的资本逻辑无序扩张使物支配人时，中国由于民族传统中的文化基因和社会主义的价值取向，超越了"内在对抗"的资本文明，走出了另一条和谐共赢的中国式现代化道路，创造出另一种促进人自由全面发展的人类文明新形态。

时代是思想之母,新时代的十年是意义非凡的十年,它是"人类文明新形态"思想酝酿提出的关键阶段,同时,从新时代十年中国社会各方面的伟大变革中,我们能清晰地看到社会主义中国所孕育和发展出的"人类文明新形态"是对亿万中国人民乃至世界人民美好生活的重大贡献。习近平总书记在党的二十大报告中指出:十年来,我们经历了对党和人民事业具有重大现实意义和深远历史意义的三件大事:一是迎来中国共产党成立一百周年,二是中国特色社会主义进入新时代,三是完成脱贫攻坚、全面建成小康社会的历史任务,实现第一个百年奋斗目标,这是彪炳民族发展史册的历史性胜利,是对世界具有深远影响的历史性胜利。[①]

新时代十年的伟大变革,在党史、新中国史、改革开放史、社会主义发展史、中华民族发展史上具有里程碑意义。只有充分认识新时代伟大变革的巨大意义,我们才能在对比中更深刻地理解人类文明新形态对中国和世界的深远影响。

(一)历经百年的大党更加坚强有力

回望漫漫征程,历经苦难辉煌。山雄有脊,房固因梁。从1921年到2021年,从石库门到天安门,从小小红船到巍巍巨轮,100年前的红色火种,在社会主义革命、建设、改革的道路上已成

---

① 习近平:《高举中国特色社会主义伟大旗帜 为全面建设社会主义现代化国家而团结奋斗》,人民出版社2022年版,第2—3页。

燎原之势，照亮中华民族伟大复兴的光明前景。从当初只有 50 多名党员的小党，成长为拥有 9800 多万名党员、领导着 14 亿多人口大国、具有重大全球影响力的世界第一大执政党，100 年前种下的幼苗，今天已如同参天巨树。

1916 年 2 月，在外国记者眼里，中国大部分地方甚至很难发现"在现代交通上真正具有意义的道路"。截至 2022 年底，中国有 17.7 万千米的高速公路，越过大山、深谷，穿梭平原、江河，连通村庄、城镇，不断向远方延伸。道路，是一个特别的意象，既意味着方向，也意味着方法。100 年来，中国共产党带领亿万人民，一步步在没有路的地方，走出了一条自己的路。在这条路上，中国共产党立足中国大地，高举社会主义旗帜，向着民族复兴行进，以一种新的社会实践、一种新的政治制度、一种新的发展方式，在百年历史中写下不朽传奇。

党的十八大以来，以习近平同志为核心的党中央接过历史的接力棒，带领亿万人民撸起袖子加油干、挥洒汗水奋力拼。中国经济实力、综合国力、国际影响力跃上新台阶。经济实力显著跃升，2012—2022 年，国内生产总值从 2012 年的 52.86 万亿元，增长至 2022 年的 121.02 万亿元，增长约 2.3 倍，平均增速超过 6.3%。我国经济占全球份额稳步提升，国际影响力与日俱增。2012—2022 年，我国的经济占比从世界的 11.3% 增长到 18.5%，提高了 7.2 个百分点，稳居世界第二位，2012—2022 年，我国对世界经济增长的平均贡献率超过 30%，居世界第一。人均 GDP 实现新突破，人均国内生产总值从 2012 年的 3.9 万元增长至 2022

年的 8.6 万元，增长约一倍。

十年来，党永葆"赶考"的清醒和坚定，时刻保持锐意进取的精神风貌，锻造了始终走在前列、人民衷心拥护、勇于自我革命、经得起各种风浪考验、朝气蓬勃的马克思主义执政党。从适应把握引领经济发展新常态到推动高质量发展，从提出新发展理念到构建新发展格局，经济发展蹄疾步稳；从"八项规定"改作风，到"打虎""拍蝇"反腐败，全面从严治党固本强基；从打赢脱贫攻坚战，到打好污染防治攻坚战，民生福祉持续改善；从共建"一带一路"，到构建人类命运共同体，中国日益走近世界舞台中央；从战疫情、斗洪峰，到化危机、应变局，沉着应对风险挑战……党和国家事业取得历史性成就，发生历史性变革。

新时代十年的伟大变革，显示了中国共产党经百年沧桑而锻造出更加坚定的理想信念，在世界形势深刻变化的历史进程中始终走在时代前列，成为全国人民的主心骨和坚强领导核心。正因如此，"风雨无阻向前进"，我们比历史上任何时期都更接近、更有信心和能力实现中华民族伟大复兴的目标！

(二)创造经济快速发展和社会长期稳定两大奇迹

于"漏舟之中"走向站起来，于"濒临崩溃边缘"走向富起来，于"滚石上山"走向强起来，新中国 70 多年的发展，将中华民族所有屈辱和苦痛埋藏于记忆深处，让一个东方古国从贫穷落后走向繁荣强盛，创造了中华民族从沉沦而奋起、由苦难而辉煌的命运转折。然而，奇迹的起笔处，却是"满目萧条，百废待兴"的"一张白纸"。毛泽东同志曾感慨地说:"现在我们能造什么……一辆汽车、一架飞机、一辆坦克、一辆拖拉机都不能造。"

面对百废待兴的新中国,一切从头开始,三大改造确立了社会主义公有制的经济制度,开启了中国社会主义初期阶段的探索进程,改革开放是决定当代中国命运的关键一招,充满活力的社会主义市场经济体制逐渐建立,使我国经济持续快速发展起来。从四分五裂到高度统一,从积贫积弱到繁荣富强,从被动挨打到独立自主,我国仅用几十年时间就走完发达国家几百年走过的工业化历程,近1亿农村贫困人口摆脱绝对贫困实现了温饱,中国创造了经济快速发展和社会长期稳定两大奇迹。

中国有如此之大的经济体量,还有如此之快的发展速度。现代化学说中有一个著名的"亨廷顿悖论":现代性孕育着稳定,而现代化过程却滋生着动荡。甚至有人断言,"如果一个国家出现动乱,那并非因为他们贫穷,而是因为他们想致富"。历史发展的一般规律表明,一个国家在从传统社会向现代社会转变的过程中,往往都要经历一个社会矛盾和风险的高发期。有人曾用"压缩胶囊"来形容现代化之路上的中国:飞速跨越的历程,各种矛盾与问题不断积累,如同压缩在一个胶囊之中。更何况,以中国的体量,哪怕是一点小问题,乘以一个庞大的基数,也会变成一个大问题。从这个角度看,在中国辉煌的"发展奇迹"背后,还有一个同等重要的"稳定奇迹":经历了复杂而又剧烈的经济社会变革过程,我们保持了社会秩序的长期总体稳定,实现了经济社会的持续健康发展。

新时代的十年,中国更是续写了一个又一个辉煌成就,将发展的成果更多惠及人民。在发展质量上，我国从制造大国加快转向制造强国，服务业稳居国民经济第一大产业，绿色成为经济发展的鲜亮底色，消费成为拉动经济发展的第一大引擎，区域协调发展战略扎实推进；我们打赢脱贫攻坚战，现行标准下 9899 万农村贫困人口全部脱贫，832 个贫困县全部摘帽，12.8 万个贫困村全部出列，向共同富裕迈出坚实步伐，对全球减贫贡献率超过 70%，创造了人类减贫史上的奇迹；十年间，我国中等收入群体稳步增长，市场潜力进一步释放，居民人均可支配收入从 16500 元增加到 36883 元，城乡居民人均可支配收入比由 2.88：1 降至 2.45：1；"中国天眼"落成启用，"奋斗者"号万米深潜，"人造太阳"持续"燃烧"，"羲和号"探日实现太阳探测零的突破……非凡十年的不凡成就，见证着我国从科技大国迈向科技强国的奋进足迹。

如今的中国，无论是经济力量还是军事力量，都已经达到世界前列。和过去的孱弱相比，如今的中国是一条正在腾飞的巨龙，没有任何一个国家敢忽视这个东方大国的力量。强大的军事力量是社会环境安稳与和谐的保障。利比亚撤侨、尼泊尔撤侨、也门撤侨、苏丹撤侨等撤侨行动体现了今日之中国的底气与实力，能带给民众足够的安全感和自信。2024 年初，缅甸警方向中国政府迅速移交了涉嫌"电信诈骗"犯罪的所谓缅北"四大家族"犯罪头目，仅用一个月时间就迅速清除了电诈"毒瘤"，彰显了今日中国的国家软实力和地缘影响力。

弱国无外交，国强民幸福。如今的中国写下了经济快速发展和社会长期稳定两大奇迹新篇章，开启了全面建设社会主义现代化国家新征程，欣欣向荣地巍然屹立于世界东方，使得中华文明的繁荣昌盛有了坚实的物质基础，我们有信心更有底气在世界舞台上坚定地宣告中华文明形态的特殊性、优越性和先进性。

(三)改革的步伐更加坚实稳健、开放的大门越开越大

2018年12月，中国国家博物馆内，人潮涌动。一场以"伟大的变革"为主题的大型展览在这里进行。一张张生动的历史图片、一件件真实的文献实物、一个个精致的沙盘模型，铺展开一幅改革开放的历史画卷。那些承载着时代记忆的展品，引人驻足，令人深思。

以1978年为起点，古老的中华民族开启了走向复兴的壮阔征程，年轻的人民共和国迈向大踏步追赶时代的现代化道路。世界东方的这片热土，在奋进中发展，在变革中新生。改革之风从农村而起，开放之门从特区打开。小岗破冰，深圳试水，浦东闯关，平潭浪涌，前海开发，雄安启航……我们在无路中走出了一条新路、好路，改革开放的脚步永不停滞。党的十一届三中全会以后，改革开放走过了波澜壮阔的历程，使我国实现了从高度集中的计划经济体制到充满活力的社会主义市场经济体制、从封闭半封闭到全方位开放的历史性转变，取得了举世瞩目的发展成就，为新时代继续前进奠定了坚实基础。同时，一系列长期积累及新出现的突出矛盾和问题亟待解决。

党的十八大以来，以习近平同志为核心的党中央审时度势、果敢抉择，以巨大的政治勇气全面深化改革，打响改革攻坚战。

以教育改革为例,2012—2016年国家财政性教育经费连年增长,占GDP比例连续5年超4%以上。2012年国家财政性教育经费首次突破2万亿元,占GDP比例首次超过4%。这是我国教育发展史上的一个重要里程碑。如果从1993年第一次提出4%的目标算起,我国用了20年时间。学前教育实现跨越式发展,2016年小学新生中接受过学前教育的比例达98.4%,比2012年提高2.9个百分点,这意味着几乎所有小学新生都接受过一定时间的学前教育。九年义务教育成果进一步巩固,高等教育正在向普及化阶段快速迈进,现代职业教育体系初步建立,继续教育形式丰富,学习型社会建设稳步推进,等等。

在对外开放方面,我国实行更加积极主动的开放措施,构建面向全球的高标准自由贸易区网络和"一带一路"国际合作平台。2023年,是共建"一带一路"倡议提出十周年。这10年,中国与151个国家、32个国际组织签署200余份共建"一带一路"合作文件。2013—2022年,我国与沿线国家进出口年均增长8.6%,双向投资不断迈上新台阶,在这期间,中国举办服贸会、进博会、消博会等一系列国际经贸盛会,统筹推进21个自由贸易试验区和海南自由贸易港建设;2022年中国对外贸易规模再创历史新高,连续6年保持世界第一货物贸易国地位……

新时代十年的伟大变革,推动了全面深化改革开放向广度和深度进军,中国特色社会主义制度更加成熟、更加定型,国家治理体系和治理能力现代化水平不断提高,更大范围、更宽领域、更深层次对外开放格局逐渐形成。党和国家事业焕发出新的生机活力，为中华文明的持续繁荣提供强劲动力。

(四)科学社会主义在 21 世纪的中国焕发蓬勃生机

社会主义革命是人类历史上最深刻、最彻底的社会革命。从托马斯·莫尔笔下的"乌托邦"，到康帕内拉书中的"太阳城"，从摩莱里苦心写就的《自然法典》，到欧文身体力行的"新和谐公社"，从只存在了 72 天的巴黎公社，到世界上第一个社会主义国家苏联，世界社会主义由此经历了 500 多年的跌宕起伏。自 20 世纪初马克思主义的真理火种在东方点燃后，社会主义在中国跨越了 100 多年的风霜雪雨，先后经历了从模仿"苏联模式"，到探索"中国特色"，再到确立"中国道路"的巨大转折。

一个世纪以来，中国共产党对社会主义进行了不懈探索和实践，作出改革开放的历史性决策，开创和发展了中国特色社会主义，不断将马克思主义同中国共产党、中华民族命运相结合，不断实现马克思主义中国化的历史性飞跃，不断使人类最光明正义的事业攀升到新高度。中国共产党始终坚持以马克思主义为指导，不断推进马克思主义中国化时代化，用博大胸怀吸收人类创造的一切优秀文明成果，用马克思主义中国化的科学理论引领伟大实践，使社会主义主张在世界上人口最多的国家成功开辟出具有高度现实性和可行性的正确道路，让科学社会主义在当代仍绽放出真理的耀眼光芒。

党的十八大以来，我们党勇于进行理论探索和创新，坚持把马克思主义基本原理同中国具体实际相结合、同中华优秀传统文化相结合，坚持运用辩证唯物主义和历史唯物主义，以全新的视野深化对共产党执政规律、社会主义建设规律、人类社会发展规律的认识，取得重大理论创新成果，创立了习近平新时代中国特色社会主义思想，正确回答了时代和实践提出的重大问题。在新中国成立特别是改革开放以来长期探索和实践基础上，经过党的十八大以来在理论和实践上的创新突破，我们党成功推进和拓展了中国式现代化。

新时代，中国经济发展进入高质量发展阶段；社会主义民主政治制度化、规范化、程序化全面推进；意识形态领域形势发生全局性、根本性转变，全社会凝聚力和向心力极大提升；社会建设全面加强，人民生活全方位改善；生态环境保护发生历史性、转折性、全局性变化，美丽中国建设迈出重大步伐。中国式的现代化是全方位的现代化，它既有各国现代化的共同特征，又有基于自己国情的中国特色，是对社会主义建设规律新的探索新的创造，也是对人类社会发展规律新的探索新的创造。这一道路创造了人类文明新形态，拓展了发展中国家走向现代化的途径，给世界上那些既希望加快发展又希望保持自身独立性的国家和民族提供了全新参照，为解决人类面临的共同问题提供了中国智慧、中国方案、中国力量。

新时代十年的伟大变革，使科学社会主义在 21 世纪的中国焕发出新的蓬勃生机，中国式现代化为人类实现现代化提供了新的选择，社会主义的性质是中华文明吸收全人类先进文化的成果，人类文明新形态之所以"新"，就在于其蕴含的中国特色和社会主义性质。

(五)中华民族伟大复兴进入不可逆转的历史进程

中华民族是伟大的民族,有着 5000 多年源远流长的文明历史,为人类文明进步作出了不可磨灭的贡献。但近代以后,随着西方列强的入侵,中国逐步沦为半殖民地半封建社会,国家蒙辱、人民蒙难、文明蒙尘,中华民族遭受了前所未有的劫难,中国共产党应运而生,并一经诞生就把为中国人民谋幸福、为中华民族谋复兴确立为自己的初心使命,直到党领导中国人民经过波澜壮阔的伟大斗争,彻底推翻了"三座大山",最终带领中国人民成为国家、社会和自己命运的主人。然而,越是接近伟大目标,越是充满风险挑战。

党的十八大以来,中国共产党领导十四亿多人民以"咬定青山不放松"的执着奋力实现既定目标,以行百里者半九十的清醒不懈推进中华民族伟大复兴,完整、准确、全面贯彻新发展理念,绘成了中华民族走向复兴的"百花争艳图"。

在民生方面,我国各项民生事业不断繁荣发展,各项民生指标不断改善,从人民群众普遍关注、反映强烈、反复出现的问题出发,拿出更多改革创新举措,把就业、教育、医疗、社保、住房、养老、食品安全、生态环境、社会治安等问题一个一个解决好。2023 年中国居民人均预期寿命达到 78.1 岁,这一数据甚至已经超过了美国(美国为 76.3 岁),主要健康指标总体上居于中高收入国家前列;城镇新增就业超过 6000 万人;建成世界上规模最大的社会保障体系;基本医疗保险覆盖超过 13 亿人,基本养老保险覆盖近 10 亿人……

在生态方面，2023 年 8 月 15 日，我国迎来首个全国生态日。全国生态日当天，人们的朋友圈里也颇为热闹：有人在晒旅途中祖国的蓝天白云、碧水青山；有人在晒居住地周边又多了一个小公园；甚至还有人在晒收集塑料瓶子重复利用……福建省长汀县，曾经是我国南方水土流失最严重的县份之一。经过持续治理，水土流失面积从 1985 年的 146.2 万亩降至 2020 年的 31.5 万亩。当年山光岭秃的"火焰山"，如今已成为美丽的"花果山"和百姓致富的"金银山"。窥一斑可见全豹。生态日当天，水利部发布的 2022 年度全国水土流失动态监测情况显示，2022 年全国水土流失面积下降到 265.34 万平方千米，较 2021 年减少 2.08 万平方千米，减幅 0.78%，年际减少量和减幅均较上一年度有所扩大。过去 10 年，我国为全球贡献约 1/4 的新增绿化面积，居世界首位。草地面积 39.68 亿亩，居世界第一，草原综合植被盖度达到 50.32%，草原定位实现了从生产为主向生态为主的转变。湿地总面积 8.45 亿亩，居全球第四。

在对国际社会的贡献方面，中国积极倡导国际新秩序，积极构建"一带一路""人类命运共同体"，在全球环境治理、经济发展、消除贫困、共同抗击新冠病毒感染疫情等方面都作出巨大贡献，体现了大国担当和全球影响力。

新时代十年的伟大变革，使我国发展站在了更高历史起点上，从而为实现中华民族伟大复兴提供了更为完善的制度保证、更为坚实的物质基础、更为主动的精神力量，书写了中国特色社会主义新时代离中华民族伟大复兴梦为什么"近"的宏伟篇章，中华民族正以更加昂扬、更加自信的姿态屹立于世界民族之林。从中华民族发展史维度看，中华民族迎来了从站起来、富起来到强起来的伟大飞跃，中华民族伟大复兴进入了不可逆转的历史进程。

在以习近平同志为核心的党中央领导下，中国特色社会主义事业航船劈波斩浪、一往无前，中国式现代化成功推进和拓展，成为一种全新的人类文明形态，为人类实现现代化提供了新的选择。

第二节　中国共产党是人类文明新形态的领导核心

沧海横流显砥柱，万山磅礴看主峰。如今中国的繁荣与发展其关键之处就在于中国共产党的领导，党的领导可以说是中国特色社会主义最本质的特征，同时也是人类文明新形态的领导核心。那么，中国共产党为什么能使近代中国产生如此翻天覆地、"换了人间"的变化？中国共产党为什么始终能如磁石一般吸引人、凝聚人？中国共产党为什么能始终保持先进性、纯洁性，成为一个在最大的社会主义国家执政70多年、拥有9800多万党员的世界上最大的马克思主义执政党？归根到底我们要弄清楚"中国共产党为什么能"。

(一)组织凝聚领导群众——无产阶级政党的强大功能

中国共产党的领导意义在于，它既以一种开放的姿态对西方文明及其现代化成就保持了强大的吸纳能力，又以极强的毅力守护了中国制度和文明之精华。妥善平衡这两种元素，使之并行不悖，需要深邃的中国智慧。

《共产党宣言》在论述资产阶级的作用时指出，"正像它使农村从属于城市一样，它使未开化和半开化的国家从属于文明的国家，使农民的民族从属于资产阶级的民族，使东方从属于西方"①。中国共产党恰恰是在掌握了马克思主义理论武器之后，使中国摆脱了对西方国家的依附地位，实现了现代意义上的文明再造与重生，创造了人类文明新形态。

那么，中国共产党为什么能实现这种领导？首先，现代化催生了中国的政党及政党政治，但中国政党诞生伊始就面临迥异于西方政党的历史境遇：主权危机与政权危机相互交织。这就要求现代中国政党同时肩负起"救亡图存"与国家现代化的双重使命。面对现代化进程中的失序与危机，中国亟须建构一种"具有高度整合政治资源功能的政治体系来与弥散性政治资源相适应"，中国共产党在这个复杂的过程中，逐渐探索出适合中国国情的革命发展道路和政党制度。

在这种大背景下发展起来的中国共产党，有着与西方国家政党截然不同的特点。除了在党的性质、宗旨、目标、任务等方面有着巨大的差别外，在党的功能上也有很大的差别。西方国家的政党主要是表达利益、参与竞选、赢得选票，组织形式大都比较

---

① 《马克思恩格斯文集》第2卷，人民出版社2009年版，第36页。

松散。而中国共产党则是融入全部社会生活，对整个社会和国家实行组织、领导、管理和引导的强大政治组织，具有组织社会、凝聚群众、执掌国家的重要作用。与西方政党相比，中国共产党具有许多富有中国特色的社会政治功能。这些功能是我们的优势，也是西方政党没有或难以企及的。

其次，中国共产党是无产阶级政党，走社会主义道路，中国共产党选择的社会主义道路和人类文明新形态的内在契合性在何处？从空想到科学，从理论到实践，从一国到多国，从受挫到奋进，社会主义发展 500 年了。那么，什么是社会主义的实质呢？中国共产党始终坚信，社会主义的实质就是让社会的发展进步有利于社会中的大多数人。

所有的社会主义者，不管是空想社会主义者还是科学社会主义者，都在思考一个最基本的问题：为什么生产发展了而社会上受苦受难的人却增多了？空想社会主义者认为，这是人性坏了，是资产阶级人性的堕落，所以他们要改造人、改造人性；马克思主义者、科学社会主义者则认为，这不是人性的问题，而是制度的问题，所以要改造制度，于是就有了革命、建设和改革的历程。但是不管怎么说都改变不了一个基本的事实，那就是社会主义的实质应该是让社会的发展进步有利于社会中的大多数人。

这种有利于社会中大多数人的目的，不同于资本主义文明财富只集中于少数掌握资本的人手中，应该是人类文明新形态的基本价值取向，中国共产党作为马克思主义政党，走社会主义道路，最广大的无产阶级的利益是其奋斗的初心和使命，因此中国共产党能够带领中国人民创造出人类文明新形态。

(二)民主集中制的决策制度——发挥凝心聚力的制度优势

中国共产党自成立至今，始终将民主作为立党和执政的重要基石。与近代以来各种旧的政治势力相比，中国共产党以为人民谋幸福、为民族谋复兴的初心将自身民主的精神和真谛予以传承和弘扬。

1945 年 7 月，民主人士黄炎培受邀到延安访问，与毛泽东有过一段关于"历史周期率"的经典对话。黄炎培在延安亲身感受到了一种与重庆截然不同的清新气象，他坦诚地对毛泽东说："我生六十多年，耳闻的不说，所亲眼看到的，真所谓'其兴也勃焉，其亡也忽焉'。一人、一家、一团体、一政党、一地方乃至一国，不少都没有能够跳出这个周期率的支配力。大凡初起之时，都是艰难困苦，聚精会神，没有一事不用心，没有一人不卖力，力求从万死中求得一生，因而无不显得生气勃勃、气象一新。及至环境渐渐好转了，精神也就渐渐放下了。有的因为历时长久，自然地惰性发作，由少数演变为多数，到风气养成，虽有大力也无法扭转，并且无法补救。一部历史'政怠宦成'的也有，'人亡政息'的也有，'求荣取辱'的也有。总之没有能跳出这周期率。中共诸君从过去到现在，我略略了解，就是希望找出一条新路，来跳出这周期率的支配。"对黄炎培的这一席耿耿诤言，毛泽东庄重地答道："我们已经找到新路，我们能跳出这周期率。这条新路，就是民主。只有让人民来监督政府，政府才不敢松懈。只有人人起来负责，才不会人亡政息。"这段经典的"窑洞对"道出了民主对政党生命的重要意义。

一直以来，中国共产党按照民主集中制原则组建和发展，注重充分发展党内民主的优良作风，在广泛调查研究并听取各方意见基础上反复论证后确定，坚持在决策中体现人民意志、保障人民权益，创造富有中国特色的全过程人民民主实践。集体领导、民主集中、个别酝酿、会议决定，是党进行重大问题决策的基本原则。在此基础上，党在决策过程中充分发扬民主，积极拓宽社情民意反映渠道，建立重大事项社会公示制度和社会听证制度，完善专家咨询制度，实行决策的论证制和责任制等。这些举措克服了片面发扬民主和片面强调集中的问题，有力防止了决策的随意性，最大限度减少和避免了决策不当以及由此对党和人民事业带来的负面影响。

同时，这种民主样板和智慧，不同于西方的选举民主这种形式上的民主，而是实现了过程民主和成果民主、程序民主和实质民主、人民民主和国家意志相统一，是最广泛、最真实、最管用的社会主义民主。"大家的事商量着办"，避免了决策中机械性的"一刀切"和"多数人的暴政"治理难题，切实保障了绝大多数人的利益。

正因为中国共产党坚持运用和发挥民主集中制的优势，才铸就了超强政治能力，开掘了能不断提供政治养料和智慧的活力源。这种群策群力的科学决策制度和机制，使得中国共产党形成了党中央集中统一领导和人民广泛参与的高效应对危机的应变机制，锻造了能有效凝聚全体人民智慧和力量的政党形象，从而确保党始终拥有强韧的群众根基，使其成为人类文明新形态的领导核心。

(三)敢于善于斗争——擦亮迎难而上的精神底色

共产党诞生之初，就肩负着与旧世界斗争的使命。《共产党宣言》指出："无产阶级经历了各个不同的发展阶段。它反对资产阶级的斗争是和它的存在同时开始的。"①巴黎公社、十月革命、中国革命以及世界其他国家的社会主义革命，冷战、苏东剧变、西方策动"颜色革命"等，哪个不是错综复杂、尖锐激烈甚至腥风血雨的斗争！马克思主义从诞生之日起，社会主义国家从建立之时起，就处在各种敌对势力的谩骂、敌视、反对、围剿之中，就是在各种斗争中成长起来的。

回顾我们党的历史，建立中国共产党、成立中华人民共和国、实行改革开放、推进新时代中国特色社会主义事业，都是在斗争中诞生、在斗争中发展、在斗争中壮大的。新中国成立不到一年，美国就发动朝鲜战争，把战火烧到鸭绿江边，百废待兴的新中国不畏强敌，以抗美援朝一战打出了人民共和国的国威，打出了人民军队的军威，也打出了新中国的国际地位。改革开放之初，我们党带领人民以"杀出一条血路"的斗争精神，披荆斩棘、敢闯敢试，闯出了一条中国特色社会主义新路，创造出了一片繁荣发展的新天地。

---

① 《马克思恩格斯文集》第2卷，人民出版社2009年版，第39页。

"历史的道路不是涅瓦大街的人行道，它完全是在时而尘土飞扬，时而泥泞难行，时而沼泽遍地，时而丛莽密布的荒原中通过的。"俄国著名革命家、哲学家和作家车尔尼雪夫斯基的这段话，道出了历史曲折发展和艰难前进的真谛。一代又一代中国共产党人不畏艰险、直面挑战，敢于斗争、敢于胜利，展现出伟大的历史主动精神，构筑起以伟大建党精神为源头的中国共产党人精神谱系，形成党的光荣传统和优良作风。

从革命时期的长征精神、延安精神等，到建设岁月的"两弹一星"精神、红旗渠精神等，到改革年代的特区精神、抗洪精神等，再到新时代的脱贫攻坚精神、抗疫精神等，这些精神内涵丰富，都体现着中国共产党人敢于斗争、敢于胜利的鲜明品格。

党的十八大以来，以习近平同志为核心的党中央以巨大的政治勇气和强烈的责任担当，励精图治、激浊扬清，意识形态领域正本清源，反"四风"刮骨疗毒，反腐败雷霆万钧，机构改革大刀阔斧，军队改革体系重构，"三大攻坚战"成效卓著，大国外交开创新局……其间有多少振聋发聩、惊心动魄，又有多少荡气回肠、前所未有，如果没有斗争精神、斗争本领，党和国家事业怎么可能取得全方位、开创性成就，发生深层次、根本性变革！

马克思曾说，对幸福的理解是"斗争"，对不幸的理解是"屈服"。以"敢教日月换新天"的气概、以"越是艰险越向前"的意志走过无数考验的中国共产党，一定能在新的伟大斗争中不断发展、克服困难，以敢于斗争、善于斗争的精神"把一个个坎都迈过去，什么陷阱啊，什么围追堵截啊，什么封锁线啊，把它们通通抛在身后"。

这种敢于斗争、迎难而上的精神，使得中国共产党在任何情况下都不丧失自己的主动性与斗争性，敢于与不平等斗争、敢于与非正义斗争、敢于打破旧世界而创造一个新世界，敢于对资本主义文明形态中的剥削压迫说不，从而领导中国人民创造出人类文明新形态。

(四)勇于自我革命——坚持刀刃向内的政治品格

历史深刻表明，中国共产党的伟大不在于不犯错误，而在于从不讳疾忌医，敢于直面问题，勇于自我革命，具有极强的自我修复能力。从理论上说，马克思主义政党是革命的政党，它不仅革旧世界的命、革反动派的命，也革自己的命，即自我革命，这是它政党性质的内在要求；从文化上说，中华民族自古以来就有自省革新的精神，商汤在自己的澡具上刻下"苟日新，日日新，又日新"，曾子在月夜中低叹"吾日三省吾身"，这种自省革新的民族基因和文化传统也孕育了党自我革命的精神。从实践上说，如何跳出历史周期率？毛泽东同志说"让人民来监督政府"；经过百年奋斗特别是党的十八大以来新的实践，党又给出了第二个答案，这就是自我革命。

在党走过的百年历程中，面对军事上、政治上的问题，我们党从不讳疾忌医。1927年在大革命面对失败的紧要关头，党中央召开八七会议，公开承认并纠正以陈独秀为首的中央所犯的右倾机会主义错误，制定了继续进行革命斗争的正确方针。1935年第五次反"围剿"失败、长征初期受挫，我党在这生死攸关的时刻召开遵义会议，深刻分析了我党在军事指导上的错误，确立了毛泽东同志在党中央和红军中的领导地位，开启了党独立自主解决中国革命实际问题的新阶段。

面对思想上、纪律上的问题，我们党从不讳疾忌医。新中国成立初期，党中央践行毛泽东提出的"两个务必"，全面开展"三反"整风运动，从严处理了号称共和国反腐第一案的刘青山、张子善，开启了从严治党、清廉治国的良好风气。1981 年我们党敢于正视和纠正自己的错误，通过了《关于建国以来党的若干历史问题的决议》，实现了思想路线上的拨乱反正，推动了改革开放新的伟大革命，促进了中国特色社会主义的发展。

党的十八大以来，以习近平同志为核心的党中央，以"得罪千百人，不负十三亿"的强烈历史使命感、深沉忧患意识和顽强意志品质，以雷霆之势、霹雳手段大力开展反腐败斗争，正风、肃纪、惩贪，"打虎""拍蝇""猎狐"，全国纪检监察机关共立案 464.8 万余件，其中，立案审查调查中管干部 553 人，处分厅局级干部 2.5 万多人、县处级干部 18.2 万多人。强化不敢腐的震慑，扎牢不能腐的笼子，增强不想腐的自觉，书写了一个百年大党"自我革命"的崭新篇章，在这场"输不起的斗争"中交出了一份优异答卷。

有外媒评论，中国当前的反腐败成绩，是"足以同在中国这样一个世界上人口最多的国家解决温饱问题、极大消除贫困相提并论的一个巨大贡献"。事实胜于雄辩：当今世界，没有哪个国家有中国这样的反腐力度和成效，也没有哪个国家能够像中国这样，在强力肃贪反腐的同时保持社会大局稳定向好。我们党之所以能够在危难之际绝处逢生、失误之后拨乱反正，成为永远打不倒、压不垮的马克思主义政党，成为光荣、伟大、正确的中国共产党，成为人类文明新形态的领导核心，关键就在于我们党勇于推动自我革命，始终保持刀刃向内的政治品格。

中国共产党自身的特质与功能，使其在创造人类文明新形态的千秋伟业中起着领导核心的作用，正如唯物史观所揭示的那样，人民群众是历史的主体，是历史真正的创造者，党只有紧紧依靠人民、牢牢植根人民、发挥好人民的主体力量，才能领导人民创造出人类文明新形态。恩格斯的"历史合力论"告诉我们，历史是不同力的方向最终合起来相互作用的结果，我们需要正确的方向，我们也需要足够大的合力，二者相辅相成、相互促进、相得益彰，只有党领导的正确方向与人民的齐心协力，我们才能推动社会进步，创造更大奇迹。

第三节 人类文明新形态的深远意义

历史的车轮从道路深处驶来，纵观历史从人类形成文明开始一直发展到今天的世界，中国所创造的人类文明新形态在这之中，有其特定的历史必然性，这种必然性早在中华文明的文化基因里就埋下了种子，中华文明有重视伦理的儒家文化，有自然无为的道家文化，其中蕴含着深刻的处理现代社会中人与人、人与自然、人与自身的关系的智慧，是应对如今现代性问题的一条光明之路，这种文明的优势与特色，造就了中华文明成为人类文明新形态的潜在必然性。

然而潜在仍不是实现，潜在的实现需要现实的条件和机遇。如今在中国共产党的带领下中国走上了社会主义的康庄大道，理论优势、道路优势、制度优势和文化优势，使得今天的中国有了人类文明新形态实现的坚实的物质基础与条件，在这种情况下，中华文明与社会主义的结合，就创造出了人类文明的新形态。

在庆祝中国共产党成立 100 周年大会上，习近平总书记向全世界宣告："我们坚持和发展中国特色社会主义，推动物质文明、政治文明、精神文明、社会文明、生态文明协调发展，创造了中国式现代化新道路，创造了人类文明新形态。"①党的十九届六中全会再次明确了这一论断，并高度肯定了人类文明新形态在影响世界历史进程中的重大意义。这种以"五大文明"为内容的人类文明新形态，是社会主义文明的中国新版本，是优于资本主义现代化文明的新型文明样态，丰富了人类文明坐标图。

(一)富有新内涵新气质的先进文明形态

文明社会的出现是人类自我改造和发展及人与自然相互影响和塑造的结果。人类从蒙昧野蛮时代跨入文明时代，显著的标志就是文字的发明、生产工具的改进、国家的出现和伦理道德秩序

---

① 习近平：《在庆祝中国共产党成立 100 周年大会上的讲话》，人民出版社 2021 年版，第 13—14 页。

的形成。自进入文明阶段以来，人类创造了多种多样的文明样态，形成了风格不同的文明圈，文明成为标识世界历史发展的文化符号和身份标签。

历史的演进几乎与文明的嬗变如影相伴。

今天，一种充满哲理和智慧的现代化新文明正在东方地平线冉冉升起，这就是中国特色社会主义和中国式现代化新道路铸就的人类文明新形态。这种文明形态之所以"新"，本质上因为它是马克思主义中国化时代化的产物，是以中国特色社会主义为底色，以中国式现代化及其创生的物质文明、政治文明、精神文明、社会文明和生态文明为本质内容和根本标识的文明形态。与以往社会的文明形态以及当今仍然活跃的资本主义文明都有着本质不同，人类文明新形态有着鲜明的民族叙事、人类情怀和世界指向，它不仅优于资本主义文明，且是真正符合人类共同利益需求的更高级文明形态。

这种文明形态以中华文明的内在特质为前提，在中国化马克思主义的滋养下逐渐成形。习近平总书记在文化传承发展座谈会上的重要讲话，全面系统深刻地揭示出中华文明的五个突出特性——连续性、创新性、统一性、包容性、和平性，正是这五个特性使中华文明有了成为人类文明新形态的可能。

中华文明的连续性使中华民族有充分的自信且必然要走属于自己的道路；中华文明的创新性植根于中华文化的多样性，是中华民族永葆生机和活力的源泉；中华文明的统一性保证了多民族国家团结一致，是多种文化求同存异、和谐共存的平衡样态；中华文明的包容性与和平性是其能够成为世界交往普遍性原则的两个方面。然而归根结底，人类文明新形态的底色是中国特色社会主义，本质内容是中国式现代化，这一切都离不开马克思主义中国化时代化。正因为中国共产党悟出了马克思主义必须中国化时代化的本体自觉，才扭转了近代以来中华民族现代化的命运，实现了从被动卷入逐渐向主动融入和自主辐射的转变。

百年来，我们党不断推动理论创新，形成了一系列中国化马克思主义理论成果，并在其指引下开辟了中国式现代化新道路。这条道路在积极创造文明成果，完成强国富民的现代化使命的同时，还在世界历史意义上创造了人类新文明形态。

(二)打破"西方中心论"，构建人类共同利益话语体系

长期以来，世界话语的重心在西方。西方中心主义一直以来都是历史的产物：19世纪，资本主义向全球扩张和开拓世界市场，"使未开化和半开化的国家从属于文明的国家，使农民的民族从属于资产阶级的民族，使东方从属于西方"，在资本的强力推动下，"东方—西方""野蛮—文明""边缘—中心"的文明格局和话语体系开始形成。

西方资本主义凭借着压倒性的物质和技术优势，在对欠发达地区进行所谓的"文明开化"过程中占据着国际话语权中心，掩盖其殖民扩张和政治霸权本性。但无论怎么美化和装扮，资本主义私有制固有的不可克服的矛盾决定着西方文明不可能以人类共同利益为指向，也无法造就一个公正的世界。不间断的经济危机、难民危机、逆全球化和反全球化举动、种族冲突、民粹主义与政

治搅和、低下的抗疫效能，不仅表明了西方经济秩序的危机，还意味着资本主义精神和价值出现了深刻危机。

历史不再是一条永恒上升的直线，太阳将再一次从东方升起。中国共产党领导的中国特色社会主义事业，取得了全方位的巨大成绩，颠覆了西方世俗眼光对社会主义的偏见，给古老的中华文明注入强劲活力，开创了超越资本主义文明的人类文明新形态。

这种文明新形态不仅为世界经济发展和国际新秩序塑造作出了巨大贡献，同时还内生和建构了一系列富有中国特色且符合全人类共同利益的话语体系，逐渐打破西方话语霸权、突破"西方中心论"话语束缚，推动人类走向话语共生共存与平等共处的时代。

如重新改变由西方对"文明"的定义，文明不仅仅只出现在西方，东方文明完全有其作为文明的特色、优势和地位；反对文明冲突论，当今世界的秩序不应由文明的冲突所决定，文化方面的差异不一定带来不可避免的冲突，相反文化的差异是文明互鉴、文明交往、相互促进的前提，以文明交流超越文明冲突；反对文明优越论、主流文明论，世界上的文明没有高下、优劣、主次之分，只有特色、地域、姿态之别，不存在优越的文明和优越的种族，平等和尊重才是对待文明的正确态度。

具体来说，又如在经济发展层面，我们提出创新、协调、绿色、开放和共享的新发展理念，提倡经济"新常态"；在市场与政府关系层面，我们根据中国实际提出建立"有为政府"和"有效市场"；在政治制度层面，我们提出发展全过程人民民主，打破西方民主神话，以真实民主超越只注重形式和程序的西方民主；等等。

总之，人类文明新形态既是物质、制度和精神实体，也是话语形态，彰显了中国话语在全球文明体系中的重要份额以及中国"强起来"的实力和形象，加速了西方话语强势碾压的时代一去不复返。与西方话语的本性不同，人类文明新形态建构的话语体系旨在呵护地球家园，引领人类文明和谐有序发展，是和平、正义、公道的文明型话语。

(三) 为发展中国家提供全新的现代化道路选择

现代化几乎是各国都在追求的目标和实践的过程。自工业革命以来，现代化一度以西方式现代化为主，多数人理所当然地认为现代化就是西方化。不可否认，西方式现代化道路的确一度推进了社会生产力的快速发展，直接或间接地推动各地域性文明加速跨越前资本主义文明形态，进入到资本主义文明形态行列中。正如马克思、恩格斯指出的："资产阶级在历史上曾经起过非常革命的作用。""在它的不到一百年的阶级统治中所创造的生产力，比过去一切世代创造的全部生产力还要多、还要大。"①因此，长期以来，西方模式作为实现现代化的"固有"逻辑，被世界各国纷纷效仿。但西方式现代化道路始终是以资本为核心、遵循资本逻辑，并试图以其为模板，打造一个以"中心—边缘"为特征的同质化世界。

此外，西方式现代化道路在建构世界历史图景之时，是凭借其工业化和科学技术的先发优势，以殖民掠夺、帝国征服、文明

---

① 《马克思恩格斯文集》第 2 卷，人民出版社 2009 年版，第 33、36 页。

输出、政治奴役及残酷剥削的方式实现现代化。正如马克思所说，资本在积累过程中，"一极是财富的积累，同时在另一极，即在把自己的产品作为资本来生产的阶级方面，是贫困、劳动折磨、受奴役、无知、粗野和道德堕落的积累"①。这种现代化，真的会为全人类带来幸福的生活吗？

人类文明新形态的诞生，为现代化问题提供了一种可行的解决方案，它使人类能迈向更高形态的文明，使人能更加自由全面地发展，它的成就向世界宣告了现代化不等于西方化，现代化应是普遍性和特殊性相结合，各个国家需要根据自己的国情、历史和文化选择合适的现代化文明道路，中国所创造的人类文明新形态，为世界上渴望实现现代化的国家提供了可贵的经验。

在可借鉴经验的层面上具体来说，面对发展的动力和力量问题，就需要执政党充分发挥领导核心的作用，把好"方向盘"，以强大的引领力，团结、组织、凝聚起广大群众的力量，让大家齐心协力形成巨大的合力，为现代化构筑起牢固的物质基础；面对发展思路的问题，坚决抵制依附依赖思维，保持自身的独立性，绝不等待和犹豫，而是分析世界大势、顺应历史发展潮流，增强自身的主动性，积极向上，奋发有为；面对发展战略问题，要坚持可持续的发展，眼光长远，发挥好社会主体的力量，尊重人民群众的主体地位和首创精神；等等。

可以说，人类文明新形态蕴含的发展智慧为其他国家探索现

---

① 《马克思恩格斯选集》第2卷，人民出版社1995年版，第259页。

代化文明道路提供了政党治理、国家治理、社会治理和文化治理经验，也为破解共同的世界难题、建设人类美好家园提供了智慧。

(四)创造美好世界的中国智慧与担当

社会主义取代资本主义是历史发展的必然，但这个过程充满曲折。苏联解体、东欧剧变，社会主义事业遭遇重创，曾让不少人产生"红旗能扛多久"的疑问，宣扬资本主义制度完美的"历史终结论"借此到处捕猎人心。中国的社会主义制度自建立伊始，资本主义世界便从未停止过显性或隐性的攻击。

在这样的背景下，中国共产党开创的社会主义现代化事业突破重重困难和危机，取得奇迹般的成就，创造了优于资本主义现代化的新文明形态，以鲜活的事实和强大的自信宣示历史没有终结，社会主义依然笑傲东方。反观西方，一场突如其来的疫情就映照出了资本主义国家政党能力、国家治理的短板以及社会的撕裂危机，这是资本主义制度衰弱的明显信号，是丧钟敲响前的病灶发作。

中国特色社会主义引领创造的人类文明新形态，有力地回击了那些误解社会主义的声音，增强了社会主义文明活力，提升了人们对社会主义的信心，"使马克思主义以崭新形象展现在世界上，使世界范围内社会主义和资本主义两种意识形态、两种社会制度的历史演进及其较量发生了有利于社会主义的重大转变"[1]。

① 《中共中央关于党的百年奋斗重大成就和历史经验的决议》，人民出版社 2021 年版，第 63—64 页。

随着全面建设社会主义现代化强国实践的不断推进，中国特色社会主义文明必将以更大的成就成为引领世界社会主义事业发展的中流砥柱。

"达则兼济天下""协和万邦""万国各得其所而咸宁"的天下大同情怀，以及"为天地立心""为生民立命""为万世开太平"的博大格局，是中华文明绵延不绝的精神品质。中国式现代化新道路及其铸就的人类文明新形态继承了这种胸怀天下的品质和气度，不仅惠及中华民族，还为建设美好世界贡献了中国经验和中国方案，具有鲜明的世界情怀和担当。

和羹之美，在于合异。文明不是单一的，也无优劣之分。"各国历史文化和社会制度差异自古就存在，是人类文明的内在属性。没有多样性，就没有人类文明。多样性是客观现实，将长期存在。"[1]一直以来，西方文明宣称自己是放之四海而皆准的文明模式，甚至强行推移和扩张自己的文明边界，造成了人类文明发展在空间和地域上的多处灾难。

各种文明都需要生存发展空间，都需要被尊重，这样才能形成满园争春的文明艳景。中国特色社会主义创造的人类文明新形态，打破文明霸权的思维和路径，尊重文明多样性规律，为广大发展中国家创造了大量发展机遇，推动了"南北"发展不均问题的解决，为世界共享发展进行了新探索，为其他文明的发展注入了新动力。

---

① 习近平：《论把握新发展阶段、贯彻新发展理念、构建新发展格局》，中央文献出版社2021年版，第491页。

附录一 概念解释

1. 文明:"文明"一词最早出自《易经》,"见龙在田,天下文明"。在汉语中,文明指一种社会进步状态,与"野蛮"一词相对立。所谓"文明",一般有两种内涵。一是从进化论视角观察,即文明是人类的文化和社会发展的高级阶段,是人类历史积累下来的有利于认识和适应客观世界、符合人类精神追求、能被大多数人认可和接受的人文精神、发明创造的总和。二是从世界文明多样性的角度观察,文明是指包含特定基因的物质和精神文化的综合体,由于各种文明要素在时间和地域上的分布并不均匀,因此产生了具有明显区别的各种文明。

2. 文明形态:人类文明的存在与发展有其相应的形态,可以用"文明形态"来概括。文明形态是文明的存在形式或呈现样态,它作为人类文明的类别划分为基本单位,既可以在时间维度上描述人类历史发展不同阶段的文明形态,也可以在空间维度上描述不同地域或民族的文明样态。从时间上看,按照科学技术和生产力的发展水平,可以划分为农耕文明、工业文明和信息文明等不同形态;按照社会形态划分,可以划分为奴隶社会的文明、封建社会的文明、资本主义文明、社会主义文明等不同形态。从空间上看,按照民族、地域的不同,可以划分为中华文明、西方文明、印度文明、阿拉伯文明等不同形态。从总体上讲,人类文明是不断发展进步的,在这个总趋势中包含着不同地域或民族文明的差异性和多样性。

3. 现代化:虽然在经典现代化理论中,不同领域和不同学者对现代化的解释不尽相同,但是,大家普遍接受现代化的两个基本内涵,它们与现代化的基本词义大体一致。一是指发达国家 16 世纪特别是工业革命以来发生的深刻变化;二是指发展中国家在不同领域追赶世界先进水平的发展过程。现代化是一个历史过程,包括从传统经济向现代经济、传统社会向现代社会、传统政治向现代政治、传统文明向现代文明的转变等。普遍观点认为,在 20 世纪 40 至 60 年代,欧美发达国家已经完成工业化进程,步入高度发达的现代工业社会;发展中国家没有完成工业化进程,仍然处于传统农业社会，有些地区甚至处于原始社会。所以，在经典现代化理论中，现代化可以被概括为一句话：从农业经济向工业经济、农业社会向工业社会、农业文明向工业文明转变的历史过程就是现代化。根据经典现代化理论，现代化不仅是一个历史过程，也是一种发展状态，可以指发展中国家赶上发达国家后所处的状态（完成现代化进程后的状态），也可以指发达国家已经达到的世界先进水平所处的状态。

4. 西方中心论：作为一种意识形态和历史叙事模式，"西方中心论"（West centrism）是"欧洲中心论"（Eurocentrism）的扩大版本，即盲目地把欧洲或西方置于世界（历史）的中心地位，轻视、无视甚至否定其他地区人民的历史，它是西方殖民主义的理论基础，集中反映了西方狭隘的民族主义、种族主义和地域主义。其核心观点是主张西方文明（西欧北美地区的资本主义文明）"是社会进化的顶峰，是人类理性、繁荣和道德进步的最高阶段"。究其实质，"西方中心论"或"欧洲中心论"是资本主义上升期的意识形态附生物，从开始就是为资本主义的全球扩张服务，甚至把西欧地区在资本主义上升期的历史优势倒推回古代历史，企图创造一种"永恒的西方"的概念，把"西方"与"非西方"特别是"东方"二元对立（即所谓文明与野蛮、发展与停滞、光明与黑暗的对立）。"西方中心论"的核心目的，是要固化资本主义中心国家的优势地位，要实现资本主义中心国家对处于边缘地位的其他地区和国家的统治或压制，使世界"西方化"。在资本主义的全球扩张过程中，此类中心论对广大亚非拉地区人民而言，造成严重的精神束缚和实践上的消极影响。

5. 石器时代：石器时代（The Stone Age），是考古学家假定的一个时间区段，在考古学术语中特指人类历史分期的第一个时代，即从出现人类到青铜器的出现，大约始于距今二三百万年，止于距今 5000 至 2000 年左右。石器时代又可以细分为旧石器时代、中石器时代与新石器时代，石器时代并不代表那个时候的人类只会使用石器，据近代考古出土大量的文化遗存表明，几千年前的古人已经步入冶铸、稻作、制陶、纺织等文明时期。中国考古界经过半个多世纪的工作，在中国境内已经发现了许多旧石器时代的遗址，积累了比较丰富的旧石器考古材料，初步建立起中国旧石器时代文化发展的框架。国内著名的石器时代考古遗址有元谋人遗址、蓝田人遗址、丁村遗址、山顶洞遗址等。

6. 新石器时代：新石器时代（Neolithic），是考古学家设定的一个时间区段，大约从一万多年前开始，至距今四五千年前截止。新石器时代在考古学上特指石器时代的最后一个阶段，在生产工具上是以使用磨制石器为标志的人类物质文化发展阶段。新石器时代这一名称是英国考古学家卢伯克于 1865 年首先提出的，这个时代的地球在地质年代上已进入"全新世"。新石器时代和晚期智人出走非洲散布到全世界的过程有密切关系，晚期智人走出非洲之后石器的制作和早期智人差异很大，不再是数百万年以来一直未变过的简单打制切割用途，而是诞生了一系列种类繁多、制作工艺和使用目的发生巨大变化的新种类石器。目前新石器时代考古出土的陶器、青铜、铁器、玉器、炭化纺织品残片和水稻硅质体等文化遗存表明，几千年前古人的冶铸技术、农业、制陶、纺织业等已经相当发达。国内著名的新时期时代考古遗址有龙虬文化、仰韶文化、河姆渡文化和细石器文化等。

7. 轴心时代：德国思想家卡尔·雅斯贝尔斯(Karl Jaspers)在《历史的起源与目标》一书中，第一次把公元前 500 年前后，同时出现在中国、西方和印度等地区的人类文化突破现象称为"轴心时代"。这段时期是人类文明的重大突破时期，比较公认的，这一时期在世界不同区域形成了三大轴心文明，即中国先秦文明、古希腊文明、古印度文明。在轴心时代，各个文明中出现了许多伟大的精神导师，如古希腊的苏格拉底、柏拉图、亚里士多德，以色列的犹太教先知们，古印度的释迦牟尼，以及中国的孔子、老子等。这些思想家提出的思想原则不仅塑造了各自的文化传统，而且对后世的人类社会产生了深远的影响。

8. 原始社会：原始社会，亦称原始公社，是人类历史上第一个社会形态。人类产生的过程也就是原始社会形成的过程，原始社会整体存续了二三百万年，是人类历史上最长的一个社会发展阶段。原始社会发展缓慢、社会生产力极其低下，生产力的主要标志是使用石器工具，劳动的结合方式主要是简单协作，人们之间的分工主要是按性别、年龄实行的自然分工。原始社会中，因为单个人无力同自然界进行斗争，为谋取生活资源必须共同劳动，从而决定了生产资料的共同占有。同时，人们在劳动中只能是平等的互助合作关系，产品归社会全体成员共同占有，实行平均分配。原始社会的社会组织经历了原始群和氏族公社两个发展阶段。

氏族是原始社会的人们以血缘关系联结起来的共同生产和生活的基本经济单位。氏族经历了母系氏族和父系氏族两个阶段：前者表现为，妇女是氏族的主体，氏族成员的世系按母系计算，财产由母系血缘亲属继承；后者表现为，世系按父系计算，财产按父系继承，氏族领导权落在男子手中。原始社会没有剥削，没有阶级，因而也就没有国家，一切重大问题由全体成员参加的氏族会议共同作出决定。

9. 奴隶社会：奴隶社会是马克思主义所定义的五大社会形态之一。马克思主义认为，随着石器的发展，特别是金属工具的出现，使得社会生产加速扩张，人类的劳动生产率有了较大的提高。因此，生产的社会产品除维持人们的生活必需以外，开始有了剩余。剩余产品的出现一方面为一部分人摆脱繁重的体力劳动，专门从事社会管理和文化、宗教活动提供了可能，从而进一步促进了生产的发展和社会的繁荣，另一方面也为私有制的产生准备了充足的条件。随着私有制的产生，社会上出现了剥削阶级和被剥削阶级，原始社会开始解体，奴隶社会产生。在奴隶社会中，奴隶被视为奴隶主的财产，可以自由买卖；奴隶主可强迫奴隶工作，劳力活动须以奴隶为主，无报酬和人身自由。一个人类社会中如果大部分物质生产领域劳动者是奴隶，社会形态即为奴隶社会。目前历史学界公认，中国的奴隶社会从公元前 21 世纪夏朝建立开始，到公元前 476 年春秋时期结束，跨越一千五百余年。

10. 智人：智人（Homo sapiens），人在生物分类中的学名。最早由瑞典博物学家 C. von 林奈在其所著《自然系统》中定立，即人属智人种，意思是"智慧的人"。其主要的体质特征是：完全直立行走，四肢细而直，前肢不再作为支持和行动器官，而专门用作劳动和抓握的器官；有很发达的脑子，重量大多在 1100—1550 克之间，平均约 1350 克；有很强的思维能力和发达的语言器官（双连喉头）；头骨的肌脊不明显；额部圆隆；枕骨大孔基本上朝向下方；上颌有犬齿窝，下颌出现颏隆凸；齿弓呈均匀的抛物线状；鼻梁隆起，鼻尖发达，鼻孔朝下；有耳垂；面部表情肌特别发达而且复杂；身体毛发稀少而且短，完全没有触毛（或窦毛）。智人的发展也经历了多个阶段，其中晚期智人也被称为"新人"，在解剖结构上已与现代人几乎无异，晚期智人臂不过膝，体毛退化，有语言和劳动，有社会性和阶级性。

11. 元谋人：元谋人考古遗址的发现地点在云南元谋县上那蚌村西北小山岗上，因此定名为"元谋直立人"，俗称"元谋人"。根据古地磁学方法测定，元谋人生活年代距今约 170 万年，差距最多不超过前后 10 万年（也有学者认为其年代不应超过 73 万年，即可能为差距在 60 万至 50 万年或更晚一些）。元谋人遗址除了不断发现元谋人骨化石外，还出土了元谋人制造和使用的各种骨器、石器工具，以及云南马、剑齿虎、剑齿象等多种动物化石。考古工作者在元谋人遗址中还找到了炭屑和烧黑的物件，由此证明元谋人除了劳动工具，还有会使用火的可能。目前，元谋人遗址是已发现的中国人最早的祖先遗迹。

12. 闪米特人："闪米特人"一词由德国人冯施洛泽（August Ludwig von Schlözer）在 1781 年提出，用来指代民族语属亚非语系—闪米特语族人群，灵感来自《圣经》诺亚的长子 Shem（闪）。闪米特人不是单一民族，而是包含了母语属性有关联的群体民族，并且这些民族的亲疏关系尚不明确。闪米特人分为东、西两大支：东支闪米特人生活在两河流域北部。西支闪米特人分为西北支、中支和南支，其中西北支指分布在巴勒斯坦、叙利亚等地的各民族；中支指阿拉伯半岛中北部的各民族，后统一为阿拉伯人；南支为分布在阿拉伯半岛南部的民族。闪米特人最早建立过亚述、巴比伦、犹太、迦太基等国家。亚述人曾建立横跨亚非的帝国，但是没有真正统一整个闪米特地区，阿拉伯半岛和北非未能纳入亚述。在以后的历史中，闪米特族地区始终处于多民族的分裂状态，直到穆罕默德建立伊斯兰教，统一半岛，其继承者们建立了阿拉伯帝国之后，首次真正实现了闪米特人的统一。西方三大宗教——犹太教、基督教与伊斯兰教——都源出闪米特族。

13. 苏美尔文明：苏美尔文明指的是苏美尔地区以苏美尔语文献为主要标志的文明，古代苏美尔地区位于今伊拉克东南部幼发拉底河和底格里斯河下游。苏美尔是无可争议的早期文明中心，是上下 3000 余年的有文字记载的两河流域文明。苏美尔文明以语言为划分依据，大致可以划分为两个阶段。一是约公元前 3200 年的乌鲁克Ⅳ到古巴比伦帝国建立之前的这段历史可被称为"苏美尔文明"。二是从古巴比伦帝国的建立到波斯帝国灭亡的这段历史可被称为"巴比伦—亚述文明"。苏美尔文明的主要特征包括：第一，发达的农业和灌溉技术。苏美尔人利用美索不达米亚地区的河流进行灌溉农业，发展了复杂的灌溉系统，从而实现了高产的农业生产。第二，繁荣的城市和城邦。苏美尔文明是世界上最早的城市文明之一，苏美尔人建立了许多城市，这些城市由大量的神殿、宫殿和居民区组成，形成了独特的城市景观。第三，能够书写并拥有自己的文字。苏美尔人是世界上最早发明的文字之一，他们创造了楔形文字，用于记录商业、行政和宗教活动。第四，丰富的宗教和神话。苏美尔人有着丰富的宗教和神话传统，他们崇拜众多神祇，认为神灵掌握着自然和人类生活的方方面面。第五，稳定的社会结构。苏美尔社会主要分为统治阶层、官僚阶层、商人阶层和劳动阶层。每个城邦都有自己的君主或国王，在宗教和政治上具有至高无上的权威，在君主周围的官僚阶层则负责具体管理城市事务、收税和维持秩序。

14. 米诺斯文明：米诺斯文明的命名取自古希腊神话中之克里特贤王米诺斯，发源于爱琴海上克里特岛的米诺斯文明的存续从大约公元前 2850 年一直持续到约公元前 1450 年前。作为欧洲最早的古代文明，米诺斯文明也被视为希腊古典文明的前驱。米诺斯文明以精美的王宫建筑、壁画及陶器、工艺品等著称于世。文明的中心克里特岛曾是早期地中海上一处良好的贸易港口，与古埃及和小亚细亚有密切的商业联系，因此米诺斯人主要以从事海外贸易为主。目前，我们对于米诺斯人知之甚少，甚至连这个名字也只是一个现代的称呼，他们似乎属于前印欧民族（pre-Indo-European），他们的语言米诺斯语（Eteocretan）可能使用仍未被解读的线性文字书写。虽然米诺斯文明势微的原因不详，但是可以确定的是他们最终被来自希腊的迈锡尼人所入侵和统治。

15. 迈锡尼文明：迈锡尼文明是古希腊青铜时代的重要文明，它因文明中心位于伯罗奔尼撒半岛的迈锡尼城而得名。迈锡尼文明以迈锡尼、泰林斯、派罗斯等为较大的城邦，是爱琴文明的一个重要组成部分，被认为继承和发展了克里特文明。约公元前1900年左右，迈锡尼人开始在伯罗奔尼撒半岛定居，到公元前1600年迈锡尼人建立了自己的国家。迈锡尼文明从公元前1200年开始呈现衰败之势，经历了希腊北部和西北部多利安人的南下入侵，迈锡尼文明宣告灭亡。迈锡尼文明是古希腊青铜时代的最后一个阶段，包括《荷马史诗》在内，大多数的古希腊文学和神话历史设定皆为此时期。迈锡尼文明的主要特征包括：第一，迈锡尼文明以其巨大的宫殿、城墙和坟墓建筑著称。其艺术品，如金器、雕塑和陶器等，显示了高超的工艺水平。第二，迈锡尼人使用了一种被称为"线性文字B"的文字系统，是古希腊最早的书写形式之一。第三，迈锡尼文明的政治结构以王权为中心，各个城邦由国王统治，国王同时也是军队的统帅，显示出了稳定的政治结构。

16. 奥尔梅克文明：奥尔梅克文明是已知的最古老的美洲文明。它于公元前1200年左右产生于中美洲圣洛伦索高地的热带丛林当中。圣洛伦索是早期奥尔梅克文明的中心，在繁盛了大约300年后，于公元前900年左右毁于暴力。其后奥尔梅克文明的中心迁移到靠近墨西哥湾的拉文塔（La Venta），拉文塔的奥尔梅克文明持续到公元前400年，最终莫名其妙地消亡了。奥尔梅克文明的主要特征包括金字塔、巨石雕像、小雕像、大型宫殿、尚未破译的文字体系、玉器、美洲虎、羽蛇、凤鸟崇拜，橡皮球游戏等。

雕刻的人像都是厚嘴唇、扁平的鼻子，凝视的眼睛，带着奇特的头盔，其面部特征很像非洲人。一般认为，这些人像的原型应当是奥尔梅克的国王。奥尔梅克也有大量的小雕像，这类雕像在殷商考古中是很常见的。半人半美洲虎（美洲豹）神是奥尔梅克人的最高神，其次有羽蛇神、谷神、凤鸟。并且，奥尔梅克人已经有了象形文字，与玛雅文字有相似之处，但也有明显的差异。

17. 埃兰文明："埃兰"又译以拦或厄蓝或伊勒姆，是亚洲西南部的古老君主制城邦国家，在伊朗的西南部，波斯湾北部，底格里斯河东部，现为伊朗的胡齐斯坦及伊拉姆省。"埃兰"一词因《圣经》的记载广为流传，《圣经·创世纪》第 10 章提到，埃兰是诺亚儿子闪的后代。但是随着"贝希斯敦铭文"被破译后，我们得知埃兰语与塞姆语系的希伯来人语言有较大差异，所以可以确信埃兰人并非闪族人。我们不应过高地估计苏美尔对埃兰的影响，埃兰文明与苏美尔文明一样古老，甚至有更古老的文字。埃兰地区有许多城市国家，其中最重要的有阿万（Awan）、苏萨（Susa）、西马什（Simash）、安善（Anshan）等。

18. 赫梯文明：赫梯又译"西泰特"或"希泰"，位于小亚细亚的卡帕多细亚，是一个位于安纳托利亚的亚洲古国。讲印欧语系—赫梯语的哈梯人和公元前 2000 年代迁来的讲涅西特语的涅西特人共同创造了赫梯这个国家。赫梯王国公元前 2000 年代兴起于小亚细亚这一古老的文明地区，小亚细亚是近东文明与爱琴文明联系的桥梁和纽带。畜牧在赫梯经济中占有重要的地位，农业发展十分有限。赫梯境内有银、铜、铁等丰富矿藏，成为发展金属冶炼的有利条件。赫梯处于黑海、地中海和两河流域之间的要道上，很早就和外界发生贸易联系。

19. 科举：科举制度是中国古代王朝选才取士的重要制度，与古代中国交流密切的古代朝鲜、越南以及日本等国家也深受影响。绝大多数史学家认为科举制开始于隋朝，成熟于唐宋时期，并于清末被彻底废除。科举制度的主要科试都是定期举行的。唐朝与宋初科举每年举行一次，宋太宗时期改为每一年或二年举行一次，宋英宗治平三年(1066年)改为每三年举行一次。科举试通常分为地方上的乡试、礼部的省试与廷试。乡试第一名称"解元"，省试第一名为"会元"，廷试第一名为"状元"。唐朝科举有秀才、明经、俊士、进士、明法(法律)、明字、明算(数学)等多种科目，内容有时务策、帖经、杂文等。宋朝科举有进士、明经科目，内容有帖经、墨义和诗赋，王安石任参知政事后，取消诗赋、帖经、墨义，专以经义、论、策取士，明清科举改为八股文。作为世界上最早的通过系统的考试选拔政府官员的制度，科举制被视为中国古代官僚体系的核心。中国科举制的优秀经验还被明清时期游历的传教士带回了欧洲，驱动了英国的文官考试制度的诞生。科举制度对中国古代文化和教育的发展产生了深远的影响，推动了中国古代社会阶层的流动、国家治理水平和提升和文明的繁荣。但随着时代的发展和社会的变迁，科举制度在清朝末期逐渐失去了积极作用，且最终表现对推行现代学校教育的重大阻碍，1905年9月2日，清政府发布"上谕"，宣布"自丙午(1906年)科为始，所有乡会试一律停止。各省岁科考试亦即停止"。至此，在中国历史上延续了 1300 年的科举制度正式废除。

20. 人文主义：人文主义（humanism）是一种理论体系，该主义倾向于对人的个性的关怀，注重强调维护人类的人性尊严，提倡宽容的世俗文化，反对暴力与歧视，主张自由平等和自我价值，并发展成为一种哲学思潮与世界观。人文主义主张一切以"人"为本，反对神的权威，希望把人从中世纪天主教神学的枷锁下解放出来。从口号来看，人文主义宣扬个性解放，追求现实人生幸福；追求自由平等，反对等级观念；崇尚理性，反对蒙昧。人文主义作为文艺复兴运动的核心思想，是新兴资产阶级用于反对封建专制的社会思潮，也是"人道主义"的最初形式。在哲学特别是伦理学层面，它肯定人性和人的价值，要求享受人世的欢乐，要求人的个性解放和自由平等，推崇人的感性经验和理性思维。而作为历史概念的人文主义，则特指在欧洲历史和哲学史中主要被用来描述 14 到 16 世纪间主导社会变革的社会思潮。

21. 历史唯物主义：历史唯物主义（Historical Materialism）是关于人类社会发展总的历史过程及其一般规律的哲学理论，是马克思主义哲学的重要组成部分，为马克思和恩格斯所共同创立。历史唯物主义是科学的社会历史观和认识、改造社会的一般方法论，亦称唯物主义历史观或唯物史观。恩格斯 1892 年在《社会主义从空想到科学的发展》一书英文版导言中首次用"历史唯物主义"这个名词来表述这一科学原理。历史唯物主义认为，不同时代的人们对社会历史的根本见解不同，他们对社会历史的研究方法和所研究对象也不尽相同。在历史唯物主义诞生前，人们总是从神的意志、卓越人物的思想或某种隐秘的理性，即从某种精神因素出发去解释历史事件，说明历史的发展。结果不是曲解人类史，就是完全撇开人类史。资产阶级历史观用"人"的观点解释历史，比起中世纪用神的意志说明历史的神学观点是一大进步。但它所理解的人是一种抽象的人，即脱离历史发展条件和具体社会关系、孤立地站在自然面前的生物学意义上的人，或失去感性存在的玄虚的"自我意识"。从这种抽象的人出发，必然把历史发展和社会进步的动力归结为人类的善良天性或神秘的理性。仍然不可能正确认识历史及历史研究的对象。历史唯物主义原理承认历史的主体是人，但它所说的人不是抽象的人，而是处于可以通过经验观察到的发展过程中的现实的活生生的人。它认为，现实的人是一定社会关系的总和，他们所有的性质和活动始终取决于自己所处的物质生活条件。只有从使人们成为现在这种样子的周围物质生活条件去考察人及其活动，才能站在现实历史的基础上描绘出人类发展的真实过程。与具体社会科学不同，历史唯物主义着眼于从总体上、全局上研究社会的一般结构和一般发展规律，任务是为各门具体的社会科学提供历史观和方法论的理论基础。历史唯物主义以历史条件和社会关系作为理解人及其历史活动的出发点，正确解决了社会存在和社会意识的关系这个社会历史观的基本问题。它认为，在社会生活中不是人们的意识决定人们的存在，而是人们的社会存在决定人们的意识，不是社会的精神生活和政治生活决定社会的物质生活，而是社会的物质生活制约着社会的精神生活和政治生活。历史唯物主义不否认社会意识、社会的精神生活和政治生活在社会发展中的重大作用。历史唯物主义的基本观点可以归结为：物质生活资料的生产活动是人类社会赖以生存的前提，由生产力和生产关系、经济基础和上层建筑构成了统一的社会有机系统，社会基本矛盾是社会发展的内在动力，人民群众是历史的真正创造者，社会的发展有一个自然历史过程，即由原始社会、奴隶制社会、封建社会、资本主义社会向共产主义社会依次更替。

22. 剩余价值学说：剩余价值学说是马克思主义政治经济学的核心内容之一。该理论主要阐述了资本主义生产方式下的剩余价值产生和利润分配机制。根据剩余价值学说，生产过程中的劳动力价值可分为两部分：一部分是用于购买劳动者生活所需的工资，称为必要劳动；另一部分是超过必要劳动所需的劳动，称为剩余劳动。而剩余劳动所创造的价值就是剩余价值。剩余价值是资本主义生产关系的核心，是资本家剥削工人的基础。剩余价值学说深刻揭示了资本主义社会的生产关系和阶级矛盾，强调了资本主义制度内在的剥削和不平等。马克思认为，资本主义制度下的剥削和矛盾将导致阶级斗争的加剧，最终推动了社会主义革命的到来。关于剩余价值理论，马克思给出总的评论："所有经济学家都犯了一个错误：他们不是就剩余价值的纯粹形式，不是就剩余价值本身，而是就利润和地租这些特殊形式来考察剩余价值。"

23. 历史终结论：1989 年，日裔美籍政治学者弗朗西斯·福山(Francis Fukuyama)在他的作品《历史的终结及最后之人》中提出了所谓"历史终结论"。福山在他的书中论述：有两大力量在共同推动着人类历史的前进，一个是现代自然科学的逻辑，一个是黑格尔、亚历山大·科耶夫所谓的"寻求承认的斗争"。前者驱使人类通过合理的经济过程满足无限扩张的欲望，后者则驱使人类寻求平等的承认。随着时间的推移，这两股力量最终导致各种专制暴政倒台，推动文化各不相同的社会建立起奉行开放市场的自由民主国家。以现实的世界历史发展为参照，福山认为冷战的结束也标志着"共产主义"的终结，人类政治历史发展已经到达了终点，历史的发展只有一条路，那就是西方的市场经济制度和民主政治法则。在他看来，人类社会的发展史，就是一部"以自由民主制度为方向的人类普遍史"。自由民主制度是"人类意识形态发展的终点"和"人类最后一种统治形式"。但是，后金融危机时代的资本主义不但经济发展陷入窘境，在社会层面也面临着混乱与撕裂的危机，与之相伴随的是社会主义中国呈现出强劲的发展势头，这使得"历史终结论"对现实的非理性预判愈发凸显。我们可以说，所谓"历史终结论"已经被中国特色社会主义建设和中国式现代化实践所证伪。

24. 生物进化论：生物进化论是对物种起源问题进行科学推断而提出的一种假说。在西方思想史上，力持进化论观点的是英国生物学家达尔文。达尔文早期以地质学研究而闻名，而后又在动植物和地质方面进行了大量的观察和采集，猜测所有生物物种是由少数共同祖先，经过长时间的自然选择过程后演化而成。1859年，达尔文的《物种起源》的出版，正式提出生物进化论学说。"生物进化论"强烈地冲击了《圣经》的"创世论"，对宗教"神造论"和林

奈与居维叶的"物种不变论"同时发起了一场革命。达尔文自己把
《物种起源》称为"一部长篇争辩"，它论证了两个问题：第一，物
种是可变的，生物是进化的。当时绝大部分读了《物种起源》的生
物学家都很快地接受了这个事实，进化论从此取代神创论，成为
生物学研究的基石。第二，自然选择是生物进化的动力。生物都
有繁殖过盛的倾向，而生存空间和食物是有限的，生物必须"为生
存而斗争"。在同一种群中的个体存在着变异，那些具有能适应环
境的有利变异的个体将存活下来，并繁殖后代，不具有有利变异
的个体就被淘汰。如果自然条件的变化是有方向的，则在历史过
程中，经过长期的自然选择，微小的变异就得到积累而成为显著
的变异。由此可能导致亚种和新种的形成。现代进化理论认为，
进化是生物种群中实现的，而突变、选择和隔离是生物进化和物
种形成过程中的三个基本环节。进化论假说发展到当代，"现代综
合进化论"彻底否定获得性状的遗传，强调进化的渐进性，认为进
化是群体而不是个体的现象，并重新肯定了自然选择的压倒一切
的重要性，继承和发展了达尔文进化学说。

　　25. 亨廷顿悖论："亨廷顿悖论"也叫"多元文化主义"
（multiculturalism）悖论，是指这样一种文化多样性立场：各种文
明实体及其文化理念都有自己的生存权利，互相之间应该和平共
处，即中国所说的"和而不同"。从表面上看，这种文化立场是基
于民主、平等理念的；凡赞成民主、平等者，自然会趋向于多元
文化主义。但是由于人们的现实关系充满着不民主和不平等内容，
因此多元文化主义本身就可能出自于不同的动机。对于弱者来说，

多元文化主义是争取自己生存权，向强者讨生活的话语形式；而对于强者来说，多元文化主义既是表达自信心的机会，也是掩盖自己的霸权本质、不让他者染指自己特殊利益的烟幕弹。这意味着，多元文化主义自身并不能证明其正确性，一切都取决于具体的文化语境。

26. 文明冲突论：在冷战刚结束、苏联解体不久，政治学家塞缪尔·亨廷顿(Samuel Huntington)于 20 世纪 90 年代早期提出了"文明冲突"理论(Clash of Civilizations)。该理论的观点集中体现在其著作《不是文明，又是什么？》《西方文明：是特有的，不是普遍的》和《文明冲突与世界秩序的重建》之中。亨廷顿认为冷战后，世界格局的决定因素表现为七大或八大文明，即中华文明、日本文明、印度文明、伊斯兰文明、西方文明、东正教文明、拉美文明，还有可能存在的非洲文明。冷战后的世界，冲突的基本根源不再是意识形态，而是文化方面的差异，主宰全球的将是"文明的冲突"。亨廷顿的"文明冲突论"的核心观点有以下几点：其一，未来世界的国际冲突的根源将主要是文化的而不是意识形态的和经济的，全球政治的主要冲突将在不同文明的国家和集团之间进行，文明的冲突将主宰全球政治，文明间的(在地缘上的)断裂带将成为未来的战线；国际政治的核心部分将是西方文明和非西方文明及非西方文明之间的相互作用。其二，文明冲突是未来世界和平的最大威胁，建立在文明基础上的世界秩序才是避免世界战争的最可靠的保证。其三，全球政治格局正在以文化和文明为界限重新形成，并呈现出多种复杂趋势。其四，文化，西方文化，是独特的而非普遍适用的；文化之间或文明之间的冲突，主要是目前世界七种文明的冲突等。

27. 士族：士族，特指东汉、魏晋以来的门阀阶层，或称世族、势族等。士大夫阶层，又称门第、衣冠、世族、势族、世家、巨室、门阀等。门阀，是门第和阀阅的合称，指世代为官的名门望族，门阀制度是中国历史上从两汉到隋唐最为显著的选拔官员的系统，其实际影响造成朝廷国家重要的官职往往被少数士族所垄断，个人的出身背景对于其仕途的影响，远大于其本身的才能与专长。特别是魏朝时期实行的"九品中正制"，国家选拔官吏只看家世出身，导致门阀士族垄断了政府的重要官职。他们又通过大族之间互相联姻，在统治阶级内部构成了一个门阀贵族阶层，并逐渐形成了一整套的特权制度，即"门阀政治"。直到唐代，门阀制度才逐渐被以个人文化水平考试为依据的科举制度所取代。中国历史上有名的世族有春秋时期的晋国六卿（赵氏、韩氏、魏氏、智氏、范氏、中行氏），魏晋南北朝时期的南北几大世家（琅琊王氏、陈郡谢氏、陈郡袁氏、兰陵萧氏），隋唐时期的五姓七望（陇西李氏、赵郡李氏、博陵崔氏、清河崔氏、范阳卢氏、荥阳郑氏、太原王氏）。

28.《九十五条论纲》：《九十五条论纲》（Ninety-five Theses），原名《关于赎罪券效能的辩论》，是马丁·路德为抗议罗马教廷兜售"赎罪券"，于 1517 年 10 月 31 日张贴在德国维滕贝格诸圣堂大门上的辩论提纲，被认为是新教的宗教改革运动之始。马丁·路德在《论纲》中驳斥出卖"赎罪券"的做法，即反对用金钱赎罪的办法。路德提出，教皇没有直接免除人的罪恶的权力，因此信徒购买"赎罪券"可以免罪的说法是错误的。基督徒只要内心悔悟，不买赎罪券也能得救，因为上帝自会赦免其罪过。路德不仅质疑了"赎罪券"的功效，还揭露了赎罪券的本质——敛财与腐败。《论纲》第一次对天主教关于只有通过教会和教皇才能赎罪的说教予以公开的否定，因此迅速在神圣罗马帝国各地传播开来。路德此举触怒了教廷，教皇下令让路德到罗马受审。随着事态的发展，《论纲》成为引发宗教改革运动的导火线。

29. 汉谟拉比法典：《汉谟拉比法典》(*The Code of Hammurabi*)，是古巴比伦国王汉谟拉比（约公元前 1792—公元前 1750 年在位）大约在公元前 1776 年颁布的法律汇编，是最具代表性的楔形文字法典，也是世界上现存的第一部比较完备的成文法典。《汉谟拉比法典》原文刻在一段高 2.25 米，上周长 1.65 米，底部周长 1.90 米的黑色玄武岩石柱上，故又名"石柱法"。石柱上端是汉谟拉比王站在太阳和正义之神沙马什面前接受象征王权的权标的浮雕，以象征君权神授，王权不可侵犯；下端是用阿卡德楔形文字刻写的法典铭文，共 3500 行、282 条，现存于巴黎卢浮宫博物馆亚洲展览馆。《汉谟拉比法典》是古东方法从习惯法阶段进入成文法阶段的体现。它独立于宗教之外，以强制性规范确立奴隶主阶级的统治秩序，有效调整古东方早期奴隶制国家的社会关系。其法律特征之鲜明、条文规定之缜密、文字表述之准确，都是人类其他早期法所不能比拟的。

30. 黑奴贸易：罪恶的黑奴贸易开始于 15 世纪，欧洲殖民者将非洲黑人贩卖至美洲新大陆充当奴隶，大量的非洲黑人在这一时期来到美洲。因为黑奴贸易的路线经过了欧、非、美三大洲，整个航线呈三角形，故又称为"三角贸易"。奴隶贩子从欧洲出发乘船到达非洲，在非洲通过各种卑鄙的方式俘获黑人之后再将黑奴运往美洲，这些黑奴被卖给美洲的种植园主，最终，再把美洲的黄金和工业原料运回欧洲。这就是一本万利的"三角贸易"。最先进行奴隶贸易的是葡萄牙人，但英国人后来居上，成为"三角贸易"的主要经营者。黑奴贸易大约经历了四个世纪，综观黑奴贸易的发展过程，大体可以分成三个时期：15 世纪中叶至 17 世纪中叶为第一时期；17 世纪中叶至 19 世纪初为第二时期，由于美洲种植园的发展，黑奴贸易在这一时期走向高潮；1807—1808 年英、美两国通过禁止奴隶贸易的法案以后，黑奴贸易进入第三时期。这时奴隶贸易在法律上已被禁止，但黑奴走私贸易却兴盛起来。直至 1890 年 7 月布鲁塞尔会议作出废除非洲奴隶贸易的决议，黑奴贸易才算正式终止。黑奴贸易是人类历史上悲惨耻辱的一页，它持续了 400 多年，大大加速了欧洲资本原始积累，却使非洲损失了 1 亿多人口，造成非洲传统文明衰落、经济社会倒退至今，堪称资本主义的"原罪"。

31. 国际纵队：国际纵队，是指 1936—1939 年西班牙内战时期，各国工人阶级和进步人士为协助西班牙共和政府，反击德、意干涉军和西班牙叛军而组织的志愿军。1936 年 10 月，国际纵队正式在西班牙参战。由于英、法、美以中立、不干涉为名，纵容德、意法西斯干涉，共和政府终被颠覆。1938 年 9 月国际纵队被迫撤出西班牙。国际纵队自 1936 年 10 月诞生以来，同西班牙人民一起浴血奋战了两年多的时间，有 1 万多人英勇牺牲，为西班牙人民反法西斯的民族革命战争作出了巨大的贡献。他们崇高的国际主义精神和可歌可泣的英雄业绩，已永远铭刻在西班牙人民的心中，载入了国际共产主义运动的史册。中国人民也非常支持西班牙人民的反法西斯斗争，在参加国际纵队志愿军中，有 100 多名中国人，他们大多是侨居欧美各国的华工，其中多半是共产党员，代表人物有谢唯进、刘景田、张瑞书、陈文饶等人。周恩来、朱德和彭德怀同志赠送锦旗给参加国际纵队的中国志愿军战士，上面写着："中西人民联合起来，打倒人类公敌——法西斯蒂！"

32. 巴别塔：巴别塔（The tower of Babel），又称"巴比伦塔"，是指古苏美尔神话、古犹太神话故事中，人类因精诚合作而在地球上建造的，第一个宏大而具有象征意义的奇迹造物。根据《旧约·创世纪》记载：大洪水劫后，天下人起初都讲一样的语言，有一样的口音。诺亚的子孙越来越多，遍布地面，于是开始向东迁移。安居乐业许久之后，他们中的有智识者就说："来吧，我们要建造一座塔，塔顶通天，为要传扬我们的名，免得我们分散在全地上。"由于"原罪"，人类的虚荣和傲慢代代累积，终臻冒犯了神的尊严，于是他决定惩罚这些傲慢自大者，像之前惩罚偷吃了禁果的亚当夏娃一般。神看到人类这样齐心协力，心想：如果他们果然能修成宏伟的通天塔，那以后还有何事干不成呢？于是他变乱了世人的语言，使他们因无法交流而离散，那座塔就这样半途而废了。这个故事象征着人类的骄傲和傲慢，以及上帝的惩罚和对人类行为的干预。巴别塔的塔尖试图达到上帝所在的天堂，显示了人类对超越自身能力的渴望，但这种渴望被视为过于自大和不恭敬。上帝通过变乱人类的语言，强调了人类应该谦逊和尊重神的位置。这个故事也被视为对人类间通信和合作的一种警示，强调了理解和沟通的重要性。巴别塔的故事在不同的文化和宗教中都有类似的版本，是世界文学中一个广为人知的寓言，它也在历史上被用来解释不同民族和语言之间的分歧和隔阂。

33. 文艺复兴：文艺复兴（*Renaissance*）是指发生在 14 世纪到 16 世纪欧洲的一场思想解放文化运动。当时的人们认为，欧洲人的文化艺术在希腊、罗马古典时代曾高度繁荣，但在中世纪"黑暗时代"却衰败湮没，直到 14 世纪后才获得"再生"与"复兴"，因此称为"文艺复兴"。文艺复兴最先在意大利各城邦兴起，以后扩展到西欧各国，于 16 世纪达到顶峰，揭开了近代欧洲历史的序幕，被认为是中古时代和近代的分界，是西欧近代三大思想解放运动（文艺复兴、宗教改革与启蒙运动）之一。11 世纪后，随着经济的复苏与发展、城市的兴起与生活水平的提高，人们逐渐改变了以往对现实生活的悲观绝望态度，开始追求世俗人生的乐趣，而这些倾向是与天主教的主张相违背的。在 14 世纪城市经济繁荣的意大利，最先出现了对天主教文化的反抗。当时意大利的市民和世俗知识分子，一方面极度厌恶天主教的神权地位及其虚伪的禁欲主义，另一方面由于没有成熟的文化体系取代天主教文化，于是他们借助复兴古希腊、罗马文化的形式来表达自己的文化主张。

因此，文艺复兴着重表明了新文化以古典为师的一面，而并非单纯的古典复兴，实际上是资产阶级反封建的新文化运动。

34. 宗教改革：宗教改革是始于欧洲 16 世纪基督教自上而下的改革运动，通常指从 1517 年马丁·路德提出《九十五条论纲》开始，到 1648 年《威斯特伐利亚和约》的出台为止的欧洲宗教改革运动。该运动奠定了新教产生的基础，同时也瓦解了天主教会在欧洲所主导的政教体系。因此，该运动打破了天主教的精神束缚，为西欧资本主义发展和多元化的现代社会奠定基础。宗教改革的代表人物包括马丁·路德、约翰·加尔文、约翰·卫斯理等。宗教改革首先在德国爆发，迅速波及西欧各国。在新兴资产阶级势力较强的地区，如瑞士、尼德兰、法国南部，宗教改革以群众运动方式进行，因而比较彻底。在封建势力强大的中央集权君主国家，如英格兰、北欧各国，一般是自上而下进行改革，国王取代教皇成为教会首脑，削弱教廷的地位，建立独立自主的国家教会。从积极方面来看，宗教改革对教会生活进行了必要的净化，对教义给予了必要的澄清。宗教信仰变得更加个人化，也更私人化。教权衰落和教会财产的丧失促成欧洲新的民族国家的建立和加强，宗教改革动摇了天主教会的神权统治，改变了政教合一的局面。由于受人文主义的影响，诞生的新教更重视人的个性与现世生活，宣传民主思想。继文艺复兴之后，宗教改革进一步冲击了神学对科学和自由思想的禁锢，使文学、艺术、科学、哲学、教育等领域发生深刻变化。

35. 启蒙运动：启蒙运动（The Enlightenment），指发生在

17—18 世纪欧洲的一场反封建、反教会的思想文化运动，是继文艺复兴和宗教改革后的又一次伟大的反封建的思想解放运动。启蒙运动以法国为中心，其核心思想是"理性崇拜"，启蒙思想家们希望用理性之光驱散愚昧的黑暗。启蒙运动有力批判了封建主义、宗教愚昧，宣传了自由、民主和平等的思想，为欧洲资产阶级革命做了思想理论准备和舆论宣传。这个时期的启蒙运动，覆盖了各个知识领域，如自然科学、哲学、伦理学、政治学、经济学、历史学、文学、教育学等。启蒙运动对东西方近现代社会都产生了巨大的影响，启蒙运动为欧美资产阶级革命做了思想上和理论上的准备，特别是为法国大革命爆发做了充分的思想准备。在欧洲，启蒙运动极大地启迪了人们的思想，动摇了专制统治，使民主共和的思想深入人心。启蒙思想最终广泛传播至亚非拉地区，极大鼓舞了殖民地和半殖民地人民争取民族独立的斗争，特别是激励了中日等亚洲国家仁人志士为改造旧社会的斗争。

36. 巴黎公社：巴黎公社（La Commune de Paris），是一个在 1871 年 3 月 18 日（正式成立的日期为同年的 3 月 28 日）到 5 月 28 日期间短暂地统治巴黎的民主政府，是人类历史上第一个无产阶级政权。1870 年，法国在普法战争中失败，社会矛盾剧烈激化。1871 年 3 月 18 日，巴黎的无产阶级和人民群众举行武装起义，推翻了资产阶级反动统治。3 月 28 日，建立了世界上第一个无产阶级政权——巴黎公社。公社得到了第一国际的支持，公社的很多领导人都是第一国际的成员。5 月 28 日，法国资产阶级反动政府勾结普鲁士军队联合反扑，公社失败。巴黎公社作为无产阶级建立政权的第一次伟大尝试被载入史册，它的实践丰富了马克思主义的学说，为国际工人运动的发展提供了宝贵的经验和教训。

附录二　人物

1. 荷马：荷马（约前 9 世纪—前 8 世纪），古希腊诗人。相传他撰写了关于公元前 12—前 11 世纪特洛伊战争，以及关于海上冒险故事的古希腊长篇叙事代表作《荷马史诗》，此书分为《伊利亚特》和《奥德赛》两部分，是古代希腊从氏族社会过渡到奴隶制时期的一部社会史、风俗史，在历史、地理、考古学和民俗学方面具有很高价值，也表现了人文主义的思想，肯定了人的尊严、价值和力量，是研究古希腊风土人情的宝贵资料。不论荷马是否真实存在，单从《荷马史诗》开创了西方文学的先河来说，荷马堪称西方文学的始祖，他以诗歌般的记叙手法所展现的战争和生活场景至今仍为人所津津乐道。

2. 毕达哥拉斯：毕达哥拉斯（公元前 580 年—公元前 490 年）是古希腊数学家、哲学家和天文学家。在数学上，毕达哥拉斯本人以发现和证明了勾股定理著称；毕达哥拉斯还是音乐理论的鼻祖，他阐明了单弦的乐音与弦长的关系；在天文方面，首创"地圆说"。毕达哥拉斯的思想和学说对希腊文化有巨大的影响，毕达哥拉斯及其学派重视数学研究，企图用"数"来理解和解释一切。毕达哥拉斯及其信徒研究数学的目的并不在于实用，而是为了理解自然的奥秘。最终，毕达哥拉斯在意大利南部的希腊属地克劳东成立了一个秘密社团，这个社团里有男有女，地位一律平等，一切财产都归公有。社团的组织纪律非常严密，甚至带有浓厚的宗教色彩。每个学员都要在数学上达到一定的水平，加入组织还要经历一系列神秘的仪式，以求达到"心灵的净化"。他们相信依靠数学可使灵魂升华，通过数学能窥探神的思想，万物都包含数，甚至万物都是数，数才是变化多端的世界背后的真相。整个毕达哥拉斯学派持续繁荣了两个世纪之久。

3. 欧几里得：欧几里得（约公元前 330 年—公元前 275 年），古希腊数学家，被称为"几何之父"。大约在公元前 300 年，他应托勒密王的邀请，前往埃及的亚历山大，在那里工作并建立了以他为首的数学学派。欧几里得的主要贡献是《几何原本》（*Elements*），这是一部系统阐述几何学的经典著作，对后来的数学研究和发展产生了深远的影响。在《几何原本》中，欧几里得提出了五大公设，并采用演绎推理的方法，从基本公设出发，推导出各种几何定理，这种推导方式被称为"欧氏几何"。除了几何学，欧几里得还对数论、代数等领域作出了贡献，例如在数论领域提出了"素数无穷性"定理，即素数是无限的。欧几里得的其他重要作品还包括关于透视、圆锥曲线、球面几何学及数论的作品。他的生平事迹很少，但他的名字已经成为了几何学的代名词，对数学领域的发展产生了深远的影响。

4. 希波克拉底：希波克拉底（公元前 460 年—公元前 370 年）是古希腊伯里克利时代的医师，出生于小亚细亚科斯岛的一个医生世家，在古希腊，医生的职业是父子相传的，所以希波克拉底从小就跟随父亲学医。数年后，独立行医已不成问题，父亲治病的 260 多种药方，他已经能运用自如。父母去世后，他一面游历，一面行医，为了丰富医学知识，获取众家之长，希波克拉底拜请许多当地的名医为师，在接触的许多病人中，他结识了许多著名的哲学家，这些哲学家的独到见解对希波克拉底深有启发，为他提出"四体液论"提供哲学帮助。希波克拉底被西方尊为"医学之父"，对以后西方医学的发展有巨大影响。《希波克拉底誓言》是希波克拉底警诫人类的古希腊职业道德的圣典，他向医学界发出的行业道德倡议书，是从医人员入学第一课要学的重要内容，也是全社会所有职业人员言行自律的要求。

5. 阿基米德：阿基米德（公元前 287 年—公元前 212 年），伟大的古希腊哲学家、百科式科学家、数学家、物理学家、力学家，静态力学和流体静力学的奠基人，并且享有"力学之父"的美称，阿基米德和高斯、牛顿并列为世界三大数学家。阿基米德确立了静力学和流体静力学的基本原理，证明物体在液体中所受浮力等于它所排开液体的重量，这一结果后被称为"阿基米德原理"，他还给出正抛物旋转体浮在液体中平衡稳定的判据。阿基米德发明的机械有引水用的水螺旋，能牵动满载大船的杠杆滑轮机械，能说明日食、月食现象的地球—月球—太阳运行模型。阿基米德还采用不断分割法求椭球体、旋转抛物体等的体积，这种方法已具有积分计算的雏形。阿基米德对数学和物理学的发展作出了巨大的贡献，为社会进步和人类发展做出了不可磨灭的影响，即使牛顿和爱因斯坦也都曾从他身上汲取过智慧和灵感，被称为"理论天才与实验天才合于一人的理想化身"。

6. 苏格拉底：苏格拉底（约公元前 470 年—公元前 399 年）是希腊哲学的创始人之一，他的影响是巨大的，在欧洲文化史上，苏格拉底一直被看作是为追求真理而死的圣人，几乎与孔子在中国历史上所占的地位相同。哲学史家往往把他作为古希腊哲学发展史的分水岭，将他之前的哲学称为前苏格拉底哲学。他以一种对哲学的崭新理解开创了希腊哲学的新纪元，更以其灵魂转世与净化的基本思想，给柏拉图以极其深刻巨大的影响，并通过柏拉图和亚里士多德的学说一直影响到希腊化罗马时代乃至后世的西方哲学。苏格拉底要求作"心灵的转向"，把哲学从研究自然转向研究自我，即后来人们所常说的，"将哲学从天上拉回到人间"。他认为对于自然的真理的追求是无穷无尽的，感觉世界常变，因而得来的知识也是不确定的。因此，苏格拉底要追求一种不变的、确定的、永恒的真理，这就不能求诸自然外界，而要返求于己，研究自我。他的名言是"认识你自己"。从苏格拉底开始，"自我"和"自然"明显地区别开来，人不再仅仅是自然的一部分，而是和自然不同的另一种独特的实体。

7. 柏拉图：柏拉图（公元前 427 年—公元前 347 年）是著名的古希腊哲学家，柏拉图一生撰写了大量的哲学著作，并且在雅典创办自己的学院。柏拉图和老师苏格拉底及其学生亚里士多德并称为"希腊三贤"。他记载的《苏格拉底对话录》成为后人研究古希腊哲学思想的主要来源。除了荷马之外，柏拉图也受到许多在他之前的作家和思想家的影响，包括了毕达哥拉斯提出的"和谐"概念，以及阿那克萨戈拉将心灵或理性作为判断任何事情正确性的根据；巴门尼德提出的连结所有事物的理论也可能影响了柏拉图对于灵魂的概念。柏拉图指出，世界由"理念世界"和"现象世界"所组成。理念的世界是真实的存在，永恒不变，而人类感官所接触到的这个现实的世界，只不过是理念世界的微弱的影子，它由现象所组成，而每种现象是因时空等因素而表现出暂时变动等特征。由此出发，柏拉图提出了一种"理念论"和"回忆说"的认识论，并将它作为其教学理论的哲学基础。柏拉图哲学之于西方哲学史如此重要，以至于后来著名的英国哲学家怀特海评价："西方两千年的哲学史，不过是为柏拉图哲学做注脚而已。"

8. 亚里士多德：亚里士多德（公元前 384—公元前 322），是古希腊最伟大的哲学家、科学家和教育家之一，堪称古希腊哲学的集大成者。马克思曾称亚里士多德是古希腊哲学家中最博学的人物，恩格斯称他是"古代的黑格尔"。作为一位百科全书式的科学家，亚里士多德几乎对每个学科的产生和发展都作出了贡献。他的著作涉及伦理学、形而上学、心理学、经济学、神学、政治学、修辞学、自然科学、教育学、诗歌、风俗，以及雅典法律等。亚里士多德虽然是柏拉图的学生，但却抛弃了他的老师所持的观点。柏拉图认为理念是实物的原型，它不依赖于实物而独立存在；亚里士多德则认为世界乃是由各种本身的形式与质料和谐一致的事物所组成的。柏拉图断言感觉不可能是真实知识的源泉，亚里士多德却认为知识起源于感觉。这些思想已经包含了一些唯物主义的因素。在哲学上，亚里士多德提出了著名的"四因说"：第一种是质料因，即组成物体的主要物质；第二种是形式因，即主要物质被赋予的设计图案和形状；第三种是动力因，即为实现这类设计而提供的机构和作用；第四种是目的因，即设计物体所要达到的目的。

9. 马可波罗：马可·波罗（1254—1324）是意大利旅行家、商人，出生于威尼斯一个富裕的商人家庭，代表作品有《马可·波罗游记》。据称 17 岁时，马可·波罗跟随父亲和叔叔前往中国，历时约四年，于 1275 年到达元朝的首都，据说与元世祖忽必烈建立了友谊。马可·波罗在中国游历了 17 年，曾访问当时中国的许多古老城市，最远到过西南部的云南和东南地区。在最终回到威尼斯之后，马可·波罗在一次威尼斯和热那亚之间的海战中被俘，由其在监狱里口述旅行经历，由作家鲁斯蒂谦执笔写出《马可·波罗游记》。虽然史学界对马可波罗在中国的游历经历的真实性存有疑惑，但《马可·波罗游记》中对东方世界的夸大甚至神话般的描述，掀起了一股"东方热"，激起了欧洲人对东方世界的好奇心，这又无意间促进了中西方之间的直接交往。从此，中西方之间直接的政治、经济、文化交流的新时代开始了，马可·波罗及其游记积极的作用是不能忽视的。

10. 巴枯宁：巴枯宁（1814—1876）是俄罗斯早期无产阶级革命者，著名的无政府主义者，他出生于俄罗斯帝国贵族地主家庭。1849 年曾参加德意志革命，后被捕引渡回国。1861 年逃往英国，1864 年加入第一国际。在此期间，巴枯宁玩弄各种阴谋，企图分裂第一国际，篡夺第一国际领导权。他的这些伎俩，一再被马克思主义者所戳穿。1872年，第一国际在海牙召开代表大会，会上他指使其党羽搞分裂活动，最终被大会开除出第一国际。巴枯宁认为，自由是个人的绝对权利，是道德的唯一基础，无自由即无幸福。国家按其性质来说，必然是对外实行侵略，对内庇护特权阶级，剥削劳动人民的暴政独裁工具。有国家必然有统治，有统治必然有奴役，有奴役即无自由。他主张立即摧毁和破坏一切国家，只有国家的消灭才有资本、剥削和奴役的消灭。他提出要摧毁国家必须不断地进行暴动，由个人坚强意志领导的密谋团体组织全民暴乱是推翻资本主义的唯一途径。巴枯宁虽然认为农民是无政府主义的社会基础，但把流氓无产者看作暴动的主要力量，认为在他们身上包含着未来社会革命的全部智慧和力量。他把未来社会描绘成绝对自由的无政府状态。他反对一切权威、社会立法和建立无产阶级政党，拒绝进行政治斗争，主张个人和社会的绝对"自治"。

11. 孟德斯鸠：孟德斯鸠(1689—1755)，法国启蒙思想家、法学家。孟德斯鸠不仅是18世纪法国启蒙时代的著名思想家，也是近代欧洲国家比较早的系统研究古代东方社会与法律文化的学者之一。孟德斯鸠的著述虽然不多，但影响广泛，代表作为《论法的精神》《波斯人信札》《罗马盛衰原因论》，尤其是《论法的精神》这部集大成的著作，奠定了近代西方政治与法律理论发展的基础，也在很大程度上影响了欧洲人对东方政治与法律文化的看法。孟德斯鸠的理论对世界资产阶级革命运动产生过巨大而又深刻的影响。

他的理论曾被欧美资产阶级革命家用作反对封建暴政的锐利武器，尤其是他关于分权和法制的理论更为美国等资产阶级国家所直接采用。

12. 伏尔泰：弗朗索瓦-马利·阿鲁埃，笔名伏尔泰（1694—1178），18 世纪法国启蒙思想家、文学家、哲学家。伏尔泰是 18 世纪法国资产阶级启蒙运动的泰斗，被誉为"法兰西思想之王""法兰西最优秀的诗人"和"欧洲的良心"。伏尔泰主张开明的君主政治，强调自由和平等，代表作为《哲学通信》《路易十四时代》《老实人》等。18 世纪法国启蒙运动是人类历史上一个光辉灿烂的时代，在当时众多的思想家中，伏尔泰是公认的领袖和导师。他博学多识，才华横溢，著述宏富，在戏剧、诗歌、小说、政论、历史和哲学诸多领域均有贡献。他一生反对专制主义和封建特权，追求自由平等和资产阶级君主立宪制，并在最终导致法国大革命的舆论变化中发挥了重要的作用。伏尔泰漫长的一生几乎跨越了整个启蒙时代，他崇高的威望、广泛的社会影响和大无畏的斗争精神，推动着法国启蒙运动的发展并使其影响扩展到整个欧洲。

13. 弗朗西斯·福山：弗朗西斯·福山（Francis Fukuyama），出生于 1952 年，日裔美籍政治学者，曾师从塞缪尔·亨廷顿。福山著有《历史的终结及最后之人》、《后人类未来——基因工程的人性浩劫》、《跨越断层——人性与社会秩序重建》、《信任》、《政治秩序的起源：从前人类时代到法国大革命》等。他的第一本著作《历史的终结及最后之人》让他一举成名，是"历史终结论"的缔造者，也曾提出"共产主义失败论"。2022 年 3 月 30 日，英国政治文化杂志《新政治家》(*New Statesman*)发表了对福山的专访文章，他表示，自己写下"历史终结论"时没有想到西方政治会出现倒退，当今走向极端化和分裂的美国政坛正在削弱西方的自由主义。但在承认错误的同时，福山仍拒绝推翻自己的理论。

14. 埃德加·斯诺：埃德加·斯诺(Edgar Snow，1905 年 7 月 19 日—1972 年 2 月 15 日)，生于美国密苏里州，美国记者，代表作有纪实文学作品《红星照耀中国》。斯诺于 1928 年来华，曾任欧美几家报社驻华记者、通讯员。1933 年 4 月到 1935 年 6 月，斯诺同时兼任北平燕京大学新闻系讲师。1936 年 6 月斯诺访问陕甘宁边区，写了大量通讯报道，成为第一个采访红区的西方记者。抗日战争爆发后，又任《每日先驱报》和美国《星期六晚邮报》驻华战地记者。1939 年到延安，再访毛泽东等中共领导人，并了解到中国共产党对抗日战争的态度。1942 年去中亚和苏联前线采访，离开中国。新中国成立后，他曾三次来华访问，并与毛泽东主席见面。1972 年 2 月 15 日，斯诺因病在瑞士日内瓦逝世。后人遵照其遗愿，将其一部分骨灰葬在中国，地点在北京大学未名湖畔。2009 年 9 月 10 日，斯诺被评为"100 位为新中国成立作出突出贡献的英雄模范人物"之一。

15. 董仲舒：董仲舒(约公元前 179 年—公元前 104 年)是中国西汉时期的一位重要思想家、政治家和文学家，也是儒家学派中的代表人物之一。董仲舒对儒家思想的发展和汉朝的政治制度有着深远的影响。董仲舒早年曾游学于各地，广泛涉猎各种学说。后来，他成为了汉武帝的幕僚和重臣，对汉朝的政治和治理提出了许多建议和改革方案。元光元年（前 134 年），汉武帝下诏征求治国之策，经历汉初黄老之治，汉武帝不得不迁徙富豪，打击豪强。董仲舒上《举贤良对策》，主张教化民众，唯贤是举。提出"天人感应""大一统"之说，并进言"诸不在六艺之科、孔子之术者，皆绝其道，勿使并进""罢黜百家，独尊儒术"等。在汉武帝采纳了董仲舒"思想要大一统"的建议之后，施行了"罢黜百家，独尊儒术"政策，将儒学作为正统思想，产生了中国特有的经学以及经学传统。汉代立五经博士，明经取士，形成经学思潮，董仲舒被视为"儒者宗"。董仲舒的著作很多，有一百多篇文章、词赋传世，尚存的有《天人三策》《士不遇赋》《春秋繁露》及严可均《全汉文》辑录的文章两卷。

16. 秦始皇：秦始皇嬴政（公元前 259 年—公元前 210 年），中国古代杰出的政治家、战略家、改革家，中国历史上第一个专制主义中央集权国家——秦朝的建立者，中国第一位称皇帝的君主。嬴政为秦庄襄王和赵姬之子，因父亲在赵国做人质，故生于赵都邯郸。秦庄襄王成为秦国太子后，嬴政被放回秦国。前 247 年，嬴政继承王位。前 238 年，平定长信侯嫪毐叛乱，并铲除权臣吕不韦，开始亲政，起用李斯、尉缭等客卿。自前 230 年起，先后灭韩、赵、魏、楚、燕、齐，完成了一统六国的大业。前 221 年，嬴政自诩"德兼三皇，功过五帝"，采用三皇之"皇"、五帝之"帝"构成"皇帝"称号，被称为"始皇帝"。政治上，嬴政在中央设置三公九卿，地方上废除分封制，代以郡县制；经济上，统一货币和度量衡；社会文化上，实施书同文、车同轨的政策，以首都咸阳为中心修筑通往各地的道路，规定以法为教，以吏为师；军事上，北击匈奴，收取河南地，修筑万里长城；南征百越，修筑灵渠，沟通长江和珠江水系。前 210 年，嬴政驾崩于沙丘平台，享年五十岁，葬于骊山秦始皇陵。死后由胡亥继位，翌年就爆发了埋葬秦朝的秦末农民战争。嬴政结束了春秋战国诸侯纷争的局面，奠定了中国两千余年政治制度基本格局，被明代思想家李贽誉为"千古一帝"。同时，他推行严刑峻法、焚书坑儒、穷奢极欲、大兴土木、妄图成仙、滥征徭役等行为也引发后世争议。

17. 米开朗基罗：米开朗基罗（1475—1564）是意大利文艺复兴时期伟大的绘画家、雕塑家、建筑师和诗人，文艺复兴时期雕塑艺术最高峰的代表，与拉斐尔和达·芬奇并称为文艺复兴三杰。米开朗基罗生于意大利佛罗伦萨，他的才华早在年轻时期就得到了认可，受到了佛罗伦萨最杰出的文艺复兴大师之一、雕塑家多纳泰罗的赏识和指导。在其职业生涯中，米开朗基罗创作了许多杰出的作品，其中包括《大卫像》《圣母与圣子》《西斯廷圣堂天顶》《圣殿大殿》等，他的作品展现了其卓越的艺术技巧、深刻的情感和对人体结构的深刻理解。米开朗基罗是人类天才、智慧和勇气的结晶，他的光荣与成就属于全人类，作为文艺复兴的巨匠，以他超越时空的宏伟大作，在生前和后世都造成了无与伦比的巨大影响。

18. 马丁·路德：马丁·路德（1483－1546）是 16 世纪德国的一位宗教改革家，也是新教运动的重要人物之一。马丁·路德生于德国撒克逊地区的一个小镇，曾在修道院里度过一段时间，后成为一名神学教授。他对罗马天主教会的一些教义和实践持怀疑态度，特别是对教会出售赎罪券（宽恕罪过的凭证）等商业化行为感到愤慨。因此他在 1517 年 10 月 31 日，按传统说法，贴出了著名的《九十五条论纲》(The Ninety-Five Theses)，公开质疑了教会的诸多行为。这一事件被认为是宗教改革的开始，成为了新教运动的标志性事件之一。马丁·路德的改革观点强调个人对上帝的直接信仰的重要性，反对天主教会的教规、仪式和中介。他主张《圣经》应该成为基督教信仰和实践的唯一权威，强调每个基督徒都应该有权解释圣经。他还强调了神学上的一些重要理念，比如"唯独信仰"(sola fide)和"唯独恩典"(sola gratia)，这些理念成为了新教教义的核心。马丁·路德的宗教改革运动在欧洲迅速扩展开来，影响深远。

19. 卢梭：让-雅克·卢梭（Jean-Jacques Rousseau，1712—1778），法国 18 世纪启蒙思想家、哲学家、教育家、文学家，民主政论家和浪漫主义文学流派的开创者，启蒙运动代表人物之一。主要著作有《论人类不平等的起源和基础》《社会契约论》《爱弥儿》《忏悔录》等。卢梭出身于瑞士日内瓦的一个贫苦家庭，当过学徒、仆役、私人秘书、乐谱抄写员。一生颠沛流离，历尽艰辛。1749年曾以《科学与艺术的进步是否有助敦化风俗》一文而声名鹊起。1762 年卢梭因发表《社会契约论》《爱弥儿》而遭到法国当局的追捕，避居瑞士、普鲁士、英国，1778 年在巴黎逝世。卢梭的学说对后世影响极大，在政治上，他的反封建、反专制的精神影响了资产阶级自由民主传统，他的文学创作也具有鲜明的民主主义倾向，同样深深地影响了以后的许多作家。卢梭返归自然、崇尚自我、张扬情感的思想，直接导致了 19 世纪欧洲浪漫主义文学。许多诗人作家都受到他的影响，就连歌德、雨果、乔治·桑、托尔斯泰都无一例外地声称是卢梭的门徒。

20. 洛克：约翰·洛克（John Locke，1632—1704），英国最早的经验主义哲学家，被认为是最有影响力的启蒙思想家之一和"自由主义"之父，洛克的哲学思想极大地影响了认识论和政治哲学的发展。洛克的自然法思想是他的哲学思想的基础。他认为，自然法是一种客观存在的道德规律，它是由上帝赋予的，适用于所有的人类。洛克认为，政治和社会制度应该建立在自然法的基础上，政府的职责是保护人民的自由和财产，而不是剥夺人民的权利。洛克的社会契约论是他的政治思想的核心。他认为，政府的合法性来自于人民的授权，政府的职责是保护人民的权利和利益。在自然状态下，人们是平等的，拥有同样的权利和自由。但是，在自然状态下，人们的生命、财产和自由等权利得不到保障，因此，人们需要通过社会契约来建立政府，以保护自己的权利和利益。洛克的知识论是他的哲学思想的另一个重要组成部分。他认为，人类的知识来自于经验和感觉，而不是先天的知识。他主张人类应该通过观察、实验和思考来获得知识，而不是通过神秘主义或信仰来获得知识。

21. 利玛窦：利玛窦（1552—1610），意大利人，天主教耶稣会传教士、学者。1582 年（明万历十年）被派往中国传教，直至 1610 年在北京逝世，在华传教 28 年，是天主教在中国传教的最早传教士之一。利玛窦来华后，先后在澳门、肇庆、南京、北京等地传教，他对中国的传统习俗保持宽容的态度，主张以"天主"称呼天主教的"神"，一方面用汉语传播基督教，另一方面用自然科学知识来博取中国人的好感。这种传教策略和方式，一直为之后跟随他到中国的耶稣会传教士所遵从，称之为"利玛窦规矩"。一方面利玛窦向中国社会传播了西方的几何学、地理学知识以及人文主义的观点，开了晚明士大夫学习西学的风气；另一方面利玛窦还积极向西方传播中国文化，首次将《四书》译为拉丁文，与郭居静神父一同编修了第一本中西文字典《平常问答词意》。

22. 尤里·加加林：尤里·阿列克谢耶维奇·加加林（1934年3月9日—1968年3月27日），苏联航天员，苏联英雄，苏联红军上校飞行员，是第一个进入太空的人，也是第一个从太空中看到地球全貌的人。加加林身高159厘米，白俄罗斯人，生于苏联斯摩棱斯克州格扎茨克区的克卢希诺镇一个集体农庄庄员家庭。1955年从萨拉托夫工业技术学校毕业后参军。1957年在契卡洛夫第一军事航空飞行员学校结业，成为红旗北方舰队航空兵歼击机飞行员。1960年被选为航天员，加入苏联共产党。1961年4月12日，加加林身着90千克重的太空服、乘坐重达4.75吨的东方1号宇宙飞船进入太空，成为世界上第一个进入宇宙空间的人。加加林因此立即驰名全球，他荣获列宁勋章并被授予苏联英雄和苏联航天员称号。1968年3月27日，他因一架双座喷气式飞机坠毁而罹难，年仅34岁。为纪念加加林首次进入太空的壮举，俄罗斯把每年的4月12日定为宇航节。

附录三　事件

1. "露西"（Lucy）骨骼化石："露西（Lucy）"骨骼化石是 1974 年在埃塞俄比亚发现的南方古猿阿法种的古人类化石的代称。这是一具完整 40％的女性骨架，生前才 20 多岁，根据其骨盆推算生过孩子，脑容量为 400 毫升。据考证，"露西"生活的年代是 320 万年前，因此被认为属于第一批直立行走的人类，是所知人类的最早祖先。这具南方古猿化石之所以取名"露西"，缘于发现者在当时播放了一首披头士乐队的歌《Lucy in the Sky with Diamonds》，于是这具化石便被命名为"露西（Lucy）"。目前"露西"（Lucy）骨骼化石是埃塞俄比亚国家博物馆的镇馆之宝。

2. 殷墟发掘：殷墟为殷商王朝后期都城遗址，发现于 20 世纪初，1928 年开始发掘。是中国考古发掘时间最长、次数最多、面积最大的古代都城遗址。该处丰富的出土文物为商史研究中的一系列问题的解决提供了实证资料，引起国内外的重视。民国十七年（1928 年），傅斯年被任命为当时"中央研究院"史语所代理所长，游历欧洲受西学熏染的他一改博古学家"躺在安乐椅上"研究的作派，上任伊始便响亮地提出"上穷碧落下黄泉，动手动脚找东西"，并派董作宾赴安阳实地调查。董作宾到达安阳的第二天，便前往小屯进行实地调查。对殷墟遗址做实地调查后，董作宾得到了殷墟现状的第一手资料。随后，董作宾回到北京汇报了在安阳的考察情况，几天后带着发掘费再次来到安阳。发掘结束后，董作宾写出了《民国十七年十月试掘安阳小屯报告书》，闻名于世的"殷墟发掘"由董作宾开始拉开序幕。历经十五次发掘，基本弄清了殷墟的总体布局和结构，发现了洹北商城、青铜器等商代文物和甲骨文。

3."夏商周断代工程"：夏商周断代工程，是一项中国的文化工程，是一个以自然科学与人文社会科学相结合的方法，来研究中国历史上夏、商、周三个历史时期的年代学的科学研究项目，是一个多学科交叉联合攻关的系统工程，是中华人民共和国"九五计划"中的一项国家重点科技攻关项目。正式启动于 1996 年 5 月 16 日，2000 年 9 月 15 日结题。1995 年秋，国家科委（今科技部）主任宋健邀请在北京的部分学者召开了一个座谈会，会上宋健提出并与大家讨论建立夏商周断代工程这一设想，旨在研究和排定中国夏商周时期的确切年代，为研究中国五千年文明史创造条件。

4."二里头遗址"考古：二里头遗址，全国重点文物保护单位，中华文明探源工程首批重点六大都邑之一。遗址位于洛阳盆地东部的偃师区境内，遗址上最为丰富的文化遗存属二里头文化，其年代约为距今 3800—3500 年，相当于古代文献中的夏、商王朝时期。该遗址南临古洛河、北依邙山、背靠黄河，范围包括二里头、圪垱头和四角楼等三个自然村，面积不少于 3 平方公里。作为全国重点文物保护单位，二里头遗址对研究华夏文明的渊源、国家的兴起、城市的起源、王都建设、王宫定制等重大问题具有重要的参考价值，是学术界公认的中国最引人瞩目的古文化遗址之一。

1959 年开始发掘，遗存可划分为四个时期。遗址内发现有宫殿、居民区、制陶作坊、铸铜作坊、窖穴、墓葬等遗迹。出土有大量石器、陶器、玉器、铜器、骨角器及蚌器等遗物，其中的青铜爵是目前所知中国最早的青铜容器。二里头遗址的发现揭开了古老"夏都"的神秘面纱，时至今日，二里头遗址实证为夏朝中晚期都城遗存已成为学界的普遍共识。二里头文化与二里头都邑的出现，表明当时的社会由"满天星斗"式的若干相互竞争的政治实体并存的局面，进入到"月明星稀"式的广域王权国家时期。由之前多元化的邦国文明走向一体化的王朝文明。作为东亚大陆最早的广域王权国家遗存，二里头文化堪称"最早的中国"，二里头文化的文明底蕴通过商周时代王朝间的传承扬弃，成为华夏文明的主流。

5."四大发明"的传播：造纸术、指南针、火药、印刷术是国际公认的中国古代四大发明，对全世界人类文明的发展作出过重大贡献，而正因古丝绸之路使得四大发明得以流传至国外，阿拉伯人是四大发明传入欧洲的桥梁。第一个发明是造纸术。公元105年，中国东汉时期的蔡伦发明了造纸术，使信息传播变得更加方便快捷。当时，造纸术只在中国境内使用，但随着丝绸之路的开通，中国的造纸术开始传播到西方世界。公元 751 年，唐朝的战败导致了大量中国技术的流失，其中就包括了造纸术。这些技术最终传到了阿拉伯地区，然后通过阿拉伯商人传播到欧洲。第二个发明是指南针。中国古代的航海家们发明了指南针，极大地改变了航海的方式。指南针最早是用磁石制成的，可以指示出地球的磁北。公元 11 世纪，中国的指南针技术传到了阿拉伯地区，然后通过阿拉伯商人传播到欧洲。第三个发明是活字印刷术。中国的活字印刷术是由北宋时期的毕昇发明的，它使书籍的印刷变得更加快捷高效。活字印刷术最早在中国境内使用，但随着丝绸之路的开通，它开始传播到西方世界。最后一个发明是火药。火药最早是由中国的道士发现的，它最初被用于炼丹术。后来，火药被发现可以用于军事用途，成为战争中的重要武器。公元13世纪，蒙古帝国的扩张使火药技术传到了阿拉伯地区，然后通过阿拉伯商人传播到欧洲。

6. 皇家开发非洲公司：皇家非洲公司（Royal African Company）是1660年在查理二世的命令下，由英国王室与伦敦商人共同成立的旨在经营英国在西非商业利益的大型公司，成立时的领导人为约克公爵詹姆斯。成立之初，皇家非洲公司即被英格兰王国政府授予在西非当地的商业专营权。1672年，皇家非洲公司经过业务重组，正式将塞内冈比亚方面的业务与皇家非洲公司主体分割，改革后的皇家非洲公司经英国政府认可有权在西非沿海建立堡塞、商栈，可以拥有自己的武装力量，可以行使一定程度的司法权，此后皇家非洲公司成为英国在当地的唯一代表，业务进入扩张期。

7. 阿拉伯"百年翻译"运动：阿拉伯百年翻译运动是中世纪阿拉伯帝国开展翻译介绍古希腊和东方科学文化典籍的大规模、有组织的学术活动。从8世纪中叶起，阿拔斯王朝哈里发实施博采诸家、兼容并蓄的文化政策，大力倡导和赞助将古希腊、罗马、波斯、印度等国的学术典籍译为阿拉伯语，吸取先进文化遗产。

翻译活动初始自伍麦叶王朝,哈里发哈立德和阿卜杜·阿齐兹命令宫廷学者将一些希腊语和科普特语的炼金术、占星术和医学书籍译成阿拉伯语。翻译运动的鼎盛时期在阿拔斯王朝,当时翻译活动的特点是以零散的个人译述为主,缺乏统一的规划和领导。由于阿拔斯帝国哈里发(如曼苏尔、拉希德、麦蒙等)重视伊斯兰教法、财政制度、文化事业的创制与完善,倡导、鼓励学术活动,实行宽松的政治文化政策,吸收容纳帝国境内不同民族、不同宗教信仰者的文化和学术成果,这些作品被学者们翻译、介绍和注释,或由波斯文、古叙利亚文,或由希腊文,译成阿拉伯文。在欧洲文艺复兴时代,正因阿拉伯保存了文明的火种,当欧洲文本失传时,就不得不把一些翻译成阿拉伯文的古典文本从阿拉伯文又重新译成拉丁文。阿拉伯民族具有独创性的理论体系,对欧洲文化的形成和发展产生过重要的作用,在世界思想史和文化史上占有极为重要的地位。

8.“逆全球化”运动:逆全球化,即与全球化进程背道而驰,重新赋权于地方和国家层面的思潮。在由国际经济交流中心和新华社国家高端智库联合举办的“全球不确定条件下的亚洲经济前景”研讨会上,中华人民共和国商务部原副部长魏建国表示,特朗普上任以来,亚洲经济面临的全球不确定风险越来越大,持这种观点的不仅有东盟国家的一些领导人,还包括中国香港、澳门和台湾地区的领导人,以及亚洲一些主要以营销进出口商品为主的企业家,他们将当前的不确定形势称为逆全球化。英国脱欧、美国大选等国际形势无不涌动着逆全球化的思潮,曾经的“地球村”

的观念在一些国家正在被贸易保护、边境修墙、控制移民等思潮掩盖。而与此同时，以中国为代表的发展中国家主导的经济全球化正在世界经济体系中扮演越来越重要的角色。

9. 美日"广场协议"签订：1985 年 9 月 22 日，美国、日本、联邦德国、法国以及英国的财政部长和中央银行行长在纽约广场饭店举行会议，达成五国政府联合干预外汇市场、诱导美元对主要货币的汇率有秩序地贬值、以解决美国巨额贸易赤字问题的协议。因协议在广场饭店签署，故该协议又被称为"广场协议"。"广场协议"的表面经济背景是解决美国因美元定值过高而导致的巨额贸易逆差问题，但从日本投资者拥有庞大数量的美元资产来看，"广场协议"是为了打击美国的最大债权国——日本。"广场协议"签订后，五国联合干预外汇市场，各国开始抛售美元，继而形成市场投资者的抛售狂潮，导致美元持续大幅度贬值。1985 年 9 月，美元兑日元在 1 美元兑 250 日元上下波动，协议签订后，在不到 3 个月的时间里，快速下跌到 200 日元附近，跌幅 20％。据说在广场会议上，当时的日本财长竹下登表示日本愿意协助美国采取入市干预的手段压低美元汇价。在这之后，以美国财政部长贝克为首的美国政府当局和以弗日德·伯格斯藤（Fred Bergsten，当时美国国际经济研究所所长）为代表的专家们不断地对美元进行口头干预，表示当时的美元汇率水平仍然偏高，还有下跌空间。在美国政府强硬态度的暗示下，美元对日元继续大幅度下跌。1986 年底，1 美元兑 152 日元，1987 年，最低到达 1 美元兑 120 日元，在不到三年的时间里，美元兑日元贬值达 50％，也就是说，日元兑美元升值一倍。

10. 美欧滞胀：滞胀(Stagflation)最初是英国保守党议员伊恩·麦克劳德(Iain Macleod)于 1965 年 11 月 17 日在英国议会辩论发言时提出的概念。当时英国月度物价和工业生产出现几个月反常匹配，这位反对党影子财政大臣批评工党政府政策时新创滞胀概念。西方世界大规模滞胀到 20 世纪 70 年代才全面展开，执西方经济之牛耳的美国理所当然地成为最重要舞台。美国 20 世纪 70 年代滞胀经历三个阶段：一是内外扩张推动滞胀形成。1952—1965 年美国消费物价年均涨幅约为 1.4%，属于低通胀，1963 年底在约翰逊政府"伟大社会"纲领下大规模扩大支出，财政和外贸赤字扩大并推高通胀。1969 年初尼克松总统主政后通胀形势更趋恶化。1970 年经济增速出现 -0.25% 负增长而通胀达到 5.8%，滞胀现象初步形成。二是在石油危机冲击下滞胀全面展开。尼克松政府经济决策团队笃信通胀是价格现象而不是货币现象，主要采用工资与价格双控制手段应对通胀。价格行政干预初期收到短期效果并赢得民意赞同，但是真实通胀压力有增无减。1973 年第一次石油危机导致国际原油均价从 1972 年的 1.82 美元/桶增长到 1973 年的 2.8 美元/桶和 1974 年的 10.97 美元/桶，美欧主要西方国家出现深度衰退与严重通胀组合，滞胀全面展开。三是 1979—1980 年再次滞胀。1978 年卡特就任总统，美国经济增速从上年 5.5% 回落到 3.2%，但是通胀反而从 7.6% 飙升到 11.3%，提示第三波滞胀压力形成。1979 年伊朗伊斯兰革命及 1980 年"两伊战争"引爆第二次石油危机，国际原油均价从 1978 年的 12.9 美元/桶飙升到

1979 年的 31 美元/桶和 1980 年的 36.9 美元/桶，导致西方经济再次落入滞胀泥潭。

11. 日本"失去的三十年"：平成时代（1989—2019 年），是日本从泡沫经济崩溃转向经济增长低迷的三十年，所以又被称为"失去的三十年"。日本经济的衰落是由多种因素造成的。其中有政策失误，也包括纯粹的坏运气，比如 1995 年和 2011 年的地震，以及国际冲击，尤其是全球金融危机带来的负面影响，但可以肯定的是，泡沫破灭是衰退的开端。随着 20 世纪 80 年代后半期房地产泡沫破裂，日本银行业的天量房地产商业贷款沦为坏账，冲击金融体系和实体产业，日本的土地价格进入了漫长的下跌历程，朝歌夜弦的昭和岁月终结：过去 30 年日本 GDP 年均增长率仅为 1%甚至更低。而名义 GDP 则更加低迷，1991 年至 2022 年期间，名义 GDP 几乎没有任何增长。

参考文献

[1]《马克思恩格斯选集》第 1 卷，人民出版社 2012 年版。

[2]《马克思恩格斯选集》第 2 卷，人民出版社 2012 年版。

[3]《马克思恩格斯选集》第 3 卷，人民出版社 2012 年版。

[4]《马克思恩格斯全集》第 9 卷，人民出版社 1961 年版。

[5]《马克思恩格斯全集》第 21 卷，人民出版社 1965 年版。

[6]《马克思恩格斯全集》第 23 卷，人民出版社 1972 年版。

[7]《马克思恩格斯全集》第 25 卷，人民出版社 2001 年版。

[8]《马克思恩格斯全集》第 39 卷，人民出版社 1974 年版。

[9]《马克思恩格斯全集》第 42 卷，人民出版社 1979 年版。

[10]《马克思恩格斯文集》第 2 卷，人民出版社 2009 年版。

[11]《马克思恩格斯文集》第 4 卷，人民出版社 2009 年版。

[12]马克思：《资本论》第 1 卷，人民出版社 2004 年版。

[13]恩格斯：《自然辩证法》，人民出版社 2015 年版。

[14]恩格斯：《反杜林论》，人民出版社 1999 年版。

[15]习近平：《青年要自觉践行社会主义核心价值观——在北京大学师生座谈会上的讲话》，人民出版社 2014 年版。

[16]习近平：《在庆祝中国共产党成立 100 周年大会上的讲话》，人民出版社 2021 年版。

[17]习近平：《在纪念马克思诞辰 200 周年大会上的讲话》，人民出版社 2018 年版。

[18]习近平：《在庆祝中国共产党成立 95 周年大会上的讲话》，人民出版社 2016 年版。

[19]习近平：《在文化传承发展座谈会上强调担负起新的文化使命努力建设中华民族现代文明》，《人民日报》2023 年 6 月 3 日。

[20]习近平：《以史为鉴、开创未来，埋头苦干、勇毅前行》，《求是》2022 年第 1 期。

[21]《中共中央关于党的百年奋斗重大成就和历史经验的决议》，人民出版社 2021 年版。

[22][美]弗朗西斯·福山：《历史的终结及最后之人》，远方出版社 1998 年版。

后 记

　　呈奉给各位读者的《大历史观下的人类文明新形态》一书是本人和博士生团队集体合作完成的。全书起初定位就是针对人类文明新形态形成一本通俗理论读物，既有鲜明的主题主线，突出思想性与政治性的统一，又能够让读者愿意读，突出可读性。为此，我们在写作风格上力求轻松活泼，寓理于事，尽可能做到娓娓道来。与本书同时写作的还有《大时代观下的中国式现代化》，写作这两本书是本人在和学生讨论交流过程中形成的"点子"。

　　"人类文明新形态"和"中国式现代化"是习近平总书记在庆祝中国共产党成立100周年大会上的重要讲话中首次提出的，既是一个崭新的学术概念，也是一个重要的学术话语创新。人类文明新形态和中国式现代化概念提出来之后，学术界给予了高度的关注，如何认识和理解中国式现代化何以成功开创人类文明新形态问题也成为学界关注讨论的新问题。

在和我的研究生讨论过程中，我深感中国式现代化与人类文明新形态的提出，是一个重大的学术概念与学术话语的创新。怎样去把握中国式现代化和人类文明新形态的基本思想，怎样去理解中国式现代化和人类文明新形态的内在关系，特别是二者的深远世界历史意义，遂成为我们集中讨论的问题。有鉴于此，我们有创作的冲动，就中国式现代化和人类文明新形态，各写作一本通俗理论读物。两本书的名字定为《大历史观下的人类文明新形态》和《大时代观下的中国式现代化》。

全书是我带着我的学术团队共同完成的。这期间，我们广泛讨论和深入交流，为本书的写作带来了诸多灵感和思路。本书写作前后历时近两年，三次集体统稿，这期间，随着学习理解的深入，我们对很多问题的认识也逐步深化。毫无疑问，我们写作的过程是极为快乐的，丝毫没有觉得写作这两本书是一种负担和痛苦，相反，特别期盼着早点公开出版，不能"留给老鼠的牙齿去批判"，为此，大家都很努力。

参与本书写作的全部是我指导的博士后、博士和硕士研究生。他们分别是北京师范大学博士生修政、张浩一，清华大学博士生杜成敏，南开大学博士生侯耀宗，复旦大学博士生王博，以及硕士研究生吴菌墨。几位研究生满怀热情参与全书写作。特别是修政完成了全书的汇总和校对，并完成了全书的补注。他们认真思考，协同合作，集体研讨，表现出了对本书所涉问题的浓烈的学术旨趣和学术志向，展现出了非常出色的研究能力，也让我深深感受到他们的强烈的"生命意志"。我为有这样的博士生团队而备感欣慰。

本书出版过程中，北京师范大学出版社的祁传华编审高度负责，对本书的编校付出了大量心血，在此表示衷心感谢。

书稿在统稿过程中，河北农业大学祝大勇教授、内蒙古大学孙大为教授、玉溪师范学院科研处处长赵永胜教授等给予了积极的支持。衷心感谢北京师范大学马克思主义学院的各位领导和老师，学院为本书的顺利出版也给予了帮助。

由于时间仓促，加之我们水平能力有限，书中难免有不少疏漏和错误，敬请广大读者批评指正。

杨增崟

2023 年 11 月

图书在版编目(CIP)数据

大历史观下的人类文明新形态 / 杨增崇、修政等著. —北京：
北京师范大学出版社，2024.6(2025.6重印)
ISBN 978-7-303-29972-0

Ⅰ. D610

中国国家版本馆 CIP 数据核字第 2024PV2128 号

营 销 中 心 电 话　010-58805385
北 京 师 范 大 学 出 版 社
主题出版与重大项目策划部

DALISHIGUAN XIA DE RENLEI WENMING XINXINGTAI
出版发行：北京师范大学出版社　www.bnupg.com
　　　　　北京市西城区新街口外大街 12-3 号
　　　　　邮政编码：100088
印　　刷：北京盛通印刷股份有限公司
经　　销：全国新华书店
开　　本：710 mm×1000 mm　1/16
印　　张：18
字　　数：200 千字
版　　次：2024 年 6 月第 1 版
印　　次：2025 年 6 月第 3 次印刷
定　　价：78.00 元

策划编辑：祁传华　　　　责任编辑：祁传华
美术编辑：王齐云　　　　装帧设计：王齐云
责任校对：陈　民　　　　责任印制：马　洁　赵　龙